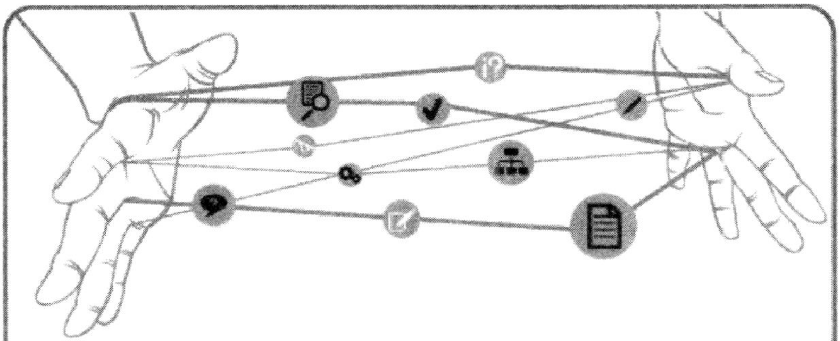

작문의 원리와 전략

박영목 지음

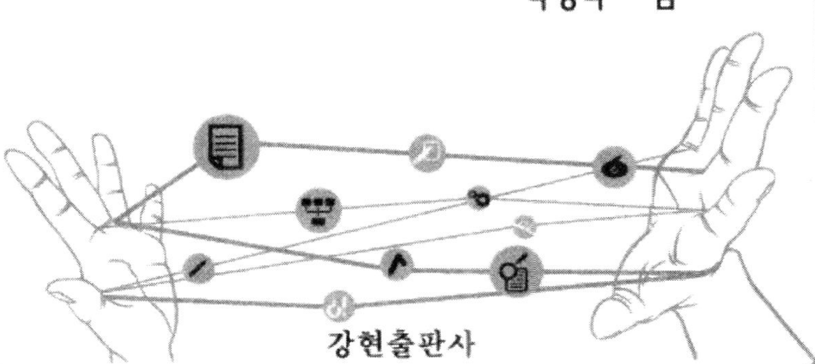

강현출판사

이 책은 2011학년도 홍익대학교 학술연구진흥비에 의해 지원되었음.

머리말

작문은 문자 언어를 통하여 자신의 의사를 표현하고, 다른 사람들과 의사를 소통하며, 문제를 발견하여 해결하고, 새로운 의미를 창조하는 언어 사용 행위이다. 글을 잘 쓸 수 있는 기능은 학습을 위한 기본적인 기능임과 동시에 인간적이고 창조적인 생활을 영위하기 위한 필수적인 능력이다.

작문 능력은 논리적이고도 창의적인 사고 능력, 합리적인 의사 결정 능력 및 문제 해결 능력을 필요로 하는 고등 정신 능력이다. 작문 능력은 문자 언어로 표현하는 데 있어서의 유창성, 아이디어 생성에 있어서의 유창성, 작문에 관한 일반적인 규칙 및 관습에 대한 통달, 글을 쓰는 상황을 적절히 고려할 수 있는 사회적 인지 능력, 우수한 글을 판단할 수 있는 감상력 및 비판력, 그리고 통합적 사고력 및 통찰력 등의 하위 기능으로 구성된다.

작문 능력을 효과적이고도 체계적으로 신장하기 위해서는 '작문의 본질'에 관한 선언적 지식, '작문의 원리와 전략'에 관한 절차적 지식, '작문의 실제' 기능을 균형 있게 갖출 필요가 있다. '작문의 본질'에서는 작문의 특성에 관한 개념적 지식이 학습의 중심이 된다. '작문의 원리와 전략'에서는 계획하기, 내용 생성하기, 내용 조직하기, 표현하기, 재고하기, 작문 상황 반영하기, 작문 과정 조정하기 등의 기능을 효과적으로 수행하는 데 필요한 원리 및 전략에 관한 절차적 지식이 학습의 중심이 된다. '작문의 실제'에서는 작문의 원리와 전략에 관한 절차적 지식을 바탕으로 하여 다양한 작문 상황에서 실제로 글을 쓰는 활동이 학습의 중심이 된다. 이들 세 영역의 내용은 서로 유기적인 관련을 맺으면서 학습되어야 한다.

이 책은 작문의 본질에 관한 내용을 다룬 제1부와 작문의 원리와 전략에 관한 내용을 다룬 제2부와 작문의 실제에 관한 내용을 다룬 제3부로 구성되어 있다. 제1부는 제1장 작문의 성격, 제2장 작문의 과정, 제3장 작문의 맥락과 가치 등으로 구성되었다. 제2부는 제1장 계획하기의 원리와 전략, 제2장 내용 생성하기의 원리와 전략, 제3장 조직하기의 원리와 전략, 제4장 표현하기의 원리와 전략, 제5장 수정하기의 원리와 전략 등으로 구성되었다. 제3부는 제1장 정보 전달을 위한 글, 제2장 설득을 위한 글, 제3장 사회적 상호작용 및 자기 성찰을 위한 글 등으로 구성되었다.

이 책은 여러 가지로 미흡한 점이 많다. 저자의 연구 실적과 연구 노력이 부족한 탓에 이 책에 수록된 내용들 중에는 앞으로 보완되고 수정되어야 할 부분들이 많다. 이처럼 미흡한 내용의 책을 세상에 내어 놓게 된 이유는 작문의 원리와 전략에 관하여 지금까지 산발적으로 발표한 내용을 종합하여 정리해 보고 싶은 마음이 간절했기 때문이다. 이 책의 제3부의 내용을 작성하는 과정에서 도움을 주신 오택환 박사에게 감사드린다. 그리고 이 책의 출판을 가능케 해 주신 강현출판사의 오동석 사장님과 편집부 여러분에게도 감사드린다.

2012년 12월 21일 와우산 기슭에서 박영목 씀

차 례

제 1 부

작문의 본질

제1장 작문의 성격

1. 문제 해결 과정으로서의 작문의 특성

작문의 과정에서 필자가 수행하게 되는 문제 해결 과정은 사람들이 작문 이외의 다른 학문 분야 또는 일상 생활에서 수행하게 되는 문제 해결과정과 매우 비슷한 특성들을 지닌다. 일반적인 문제에 대한 해결 과정과 마찬가지로 작문의 과정에서도 필자는 주어진 문제를 해결하기 위하여 자신의 기존 지식과 여러 가지 문제 해결 전략을 사용한다.

일반적으로 문제를 해결하기 위해서는 주어진 문제를 체계적으로 분석하는 일이 선행되어야 한다. 주어진 문제에 대한 엄밀한 분석을 바탕으로 하여 작문의 과정에서 해결해야 할 문제가 일단 결정되면, 필자는 일련의 문제 해결 과정을 체계적으로 밟아 나가야 한다. 작문의 인지적 과정과 관련되는 문제 해결 과정은 계획하기, 내용 생성하기, 내용 조직하기, 표현하기, 재고하기 등의 다섯 과정으로 세분할 수 있다.

글을 잘 쓸 수 있는 상태는 목표 지향적 태도와 일련의 전략을 가지고 문제를 발견하고 해결할 수 있는 능력을 갖춘 상태라고 할 수 있다. 다가오는 21세기의 전문 직업 세계에서 살아남기 위해서 집단의 각 구성원들은 직면한 문제를 분석해야 하고, 다른 사람들과 효과적으로 의사를 소통해야 하며, 새로운 상황에 들어가서 다른 사람들이 필요로 하는 것이 무엇인지를 규명해야 할 것이다.

유능한 문제 해결자는 다른 사람들과의 의사소통 및 상호작용과 의미 구성을 위하여 목표 지향적 태도를 취한다. 그리고 목표에 도달하기 위하여 일련의 강력하고도 대안적인 전략들에 의존하며 경우에 따라서는 그러한 전략들을 개발하기도 한다. 일반적으로 사람들이 해결해야 할 문제는 갈등으로부터 생겨난다. 하나의 상태에서 다른 상태로의 변화가 요구되는 경우, 또는 서로 다른 목적이나 의제 사이에 갈등이 생길 때 문제가 발생한다. 문제 해결은 문제의 발견에서 시작된다. 어떤 상황에서 사람들 사이의 공통된 의제나 내재적 목적들 사이에 갈등이 일어났을 때 그 갈등의 실체를 진술해 봄으로써 문제를 정확하게 규정할 수 있게 된다.

작문의 과정에서 필자는 자신의 앞에 가로 놓인 수사론적 상황과 담화 공동체의 측면에서 작문의 과제와 예상 독자를 분석함으로써 문제를 발견하고 규정하는 과정을 거쳐야 한다. 이러한 과정을 통하여 필자는 마음속으로 큰 그림을 그리게 되며, 이 그림은 의사소통의 입장을 드러낼 뿐만 아니라 문제 해결과 전략적 행위의 기초가 된다. 여기에서 수사론적 상황은 필자를 둘러싸고 있는 사회적 맥락, 표현 행위를 촉구하는 이유 혹은 사건, 교호작용에 참여하고 있는 사람들을 지칭하는 말이며, 담화공동체는 공통의 목표와 관심을 공유하는 사람들이 공통의 언어, 공동의 전제, 일련의 공유된 기대와 관습을 바탕으로 의사소통을 함으로써 형성되는 집단을 지칭하는 말이다. 사회인지적 관점에서 볼 때, 전문 직업 세계에서의 작문 전략은 작문 맥락의 독해 전략, 작문 계획에 관한 전략, 계획의 실행을 위한 전략, 작문 과정에서의 평가와 검증 전략 등으로 대별할 수 있다.

작문이 이루어지는 과정을 살펴보면, 작문은 문제 해결 과정과 일치한다. 작문 과정에서 필자가 수행하게 되는 문제 해결 과정은 작문 이외의 다른 학문 분야 또는 일상생활에서 수행하게 되는 문제 해결 과정과 매우 비슷한 특성을 지닌다. 즉, 작문은 여행 계획 세우기, 자기 소개서 작성하기와 같은 일상생활에서 접하게 되는 문제 해결 과정은 물론이고 예술가나 과학자, 사업가가 자신의 분야에서 겪게 되는 여러 가지 문제 해결 과정과도 공통점을 지니고 있다. 여러 상황에서의 문제 해결 과정과 마찬가지로 작문 과정에서 필자는 주어진 문제를 해결하기 위해서 여러 가지 문제 해결 전략을 사용한다.

작문을 다음과 같은 측면에서 문제 해결 과정이라고 할 수 있다. 첫째, 작문은 목표 지향적인 사고 과정이다. 필자의 최고 관심사는 자신의 목표, 자신이 글을 통해 말하고 싶은 바를 이룰 수 있는가이다. 필자는 자신이 원하는 것이 무엇인지 알고, 그 문제의 해결 방법을 찾으려는 실제적인 태도를 지닌다. 둘째, 작문은 문제를 이해하고 해결하는 방법이다. 글을 쓴다는 것은 주어진 문제 상황을 읽어내고, 문제가 요구하는 것이 무엇인지 이해하고, 의사를 결정하는 일련의 문제 해결 과정이다. 능숙한 필자들은 여러 분야의 전문가들과 마찬가지로 작문에서 접하게 되는 여러 문제들을 해결하는데 여러 가지 해결 방법을 사용한다. 작문의 절차를 일종의 문제 해결 과정으로 생각하게 되면, 체계적인 연습을 통하여 문제 해결 능력으로서의 작문 능력을 효과적으로 신장시킬 수 있다.

2. 의사소통 행위로서의 작문의 특성

어떤 주어진 문제에 대하여 글을 쓴다는 것은 의사 소통을 위한 중요한 수단이 되는 행위이다. 글을 쓰는 사람은 글을 읽는 사람에게 어떤 영향을 미치기 위한 의사 소통 수단으로써 글을 쓴다. 즉, 필자는 독자의 입장이나 태도를 변화시키기 위하여 어떤 일을 주장하기도 하며, 어떤 정보를 제공하기 위하여 설명을 하기도 한다.

정보화 사회, 고급 기술 문명 사회의 특성을 지니게 될 미래 사회에 대비하여 젊은 세대들이 의사 소통 수단으로써의 작문 능력을 제대로 갖추지 않는다면, 미래 사회가 각 개인에게 요구하는 여러 가지 문제나 사태에 대하여 능동적으로 대처할 수 없을 것이다. 그뿐 아니라 미래 사회의 주역으로서 인간다운 삶을 영위하기도 힘들 것이다.

자신의 생각을 체계적으로 조직하여 정확한 언어로 표현하지 못하는 전문직 종사자, 정확하고 간결하게 보고서 하나 제대로 쓰지 못하는 회사원, 자신의 생각을 명료하고 정확하게 전달하지 못하는 정치가, 그리고 일상 생활 속의 여러 가지 의사 소통 상황에서 상대방에게 자신의 의사를 효과적으로 전달하지 못하는 사람들이 겪게 될 고충을 생각해 보면, 의사 소통 수단으로서 작문이 지니는 중요성을 쉽게 이해할 수 있을 것이다.

의사소통은 발신자, 수신자, 메시지, 효과 등을 포함하는 일련의 과정이다. 의사소통의 개념에 대한 규정은 의사소통의 어느 측면에 초점을 어디에 두느냐에 따라 그리고 그 개념을 어디에 활용하느냐에 따라 달라질 수 있다.

의사소통에 대한 정의는 의사소통 현상을 설명하는 관점에 따라 차이가 난다. 수사학적 관점에서는, 청자에게 영향을 미치고자 하는 화자로서의 개인에 주된 관심을 가지는 반면에, 의사소통 이론의 관점에서는 한 개인이 동일한 의사소통 상황 내에서 발신자와 수신자로서의 동시적 역할에 주된 관심을 가진다. 의사소통 이론은, 정보의 정확한 교환이 특히 중요한 상황이나 경험의 공유를 필요로 하는 상황에서 각 개인의 의사소통 방식을 이해하는 데 필요한 틀을 마련하고, 의사소통 행위에 포함된 요인들을 식별하는 데 주력한다. 의사소통 이론의 관점에서는 의사소통의 과정을 중시하며, 교환된 정보의 정확성의 정도를 중시한다. 상호작용 이론의 관점에서는 의사소통의 결과가 주로 정의적이거나 정서적인 것이며, 의사소통 사건은 자신과 다른 사람에 대한 느낌과 함수 관계에 놓인다.

의사소통 현상을 체계적으로 설명하기 위하여 다양한 의사소통 모형이 제기되었다. 의사소통은 계속적이고 진행적이며 변화하는 과정이다. 의사소통 모형을 통하여 그 과정을 시각화할 수 있고, 구성 요소들을 식별하고 조직할 수 있으며, 기본 요소들과 관련되는 변인들을 체계적으로 파악할 수 있다. 그러나 의사소통 모형은 의사소통 현상을 지나치게 단순화 시켜 실제 상황과의 부적합성을 초래할 내재적 위험성을 지닐 수도 있다. 지도는 실제의 영토와는 다르기 때문이다.

의사소통이 제대로 이루어지기 위해서는 발신자와 수신자가 있어야 하고, 메시지가 있어야 하고, 발신자와 수신자 사이의 의사소통 통로가 있어야 한다. 이러한 네 가지 요인 의에도 의사소통 현상을 구성하는 요인에는 공통의 생활 공간, 의사소통의 효과, 의사소통 맥락 등이 있다 (Whitman & Boase, 1983). 발신자와 수신자는 의사소통의 과정에서 상호작용을 통한 양면적인 역할을 한다. 즉, 의사소통의 과정에서 발신자는 수신자의 역할을 해야 하고 수신자는 발신자의 역할을 해야 한다. 의사소통은 빈 공간에서 이루어지는 것이 아니고 공통적인 생활 공간에서의 의사소통 채널을 통하여 이루어진다. 생활 공간은 한 개인의 경험의 총화라고 할 수 있다. 발신자와 수신자가 공유하고 있는 경험이 많으면 많을수록 의사소통의 충실도는 더욱 높아진다. 일정한 효과를 수반하지 않는 의사소통은 진정한 의미에서의 의사소통이라고 할 수 없다. 의사소통을 통하여 발신자와 수신자의 지식 수준과 태도 면에서 상호간에 영향을 받게 된다. 의사소통은 언제나 일정한 맥락에서 이루어진다.

인간의 의사소통은 다양한 목적으로 이루어진다. 다른 사람들에게 영향을 미치기 위하여 의사소통을 하고, 정보 수집을 위하여 의사소통을 하며, 사회적 접촉을 위하여 의사소통을 하고, 안식이나 긴장 완화를 위하여 의사소통을 한다. 이처럼 의사소통은 대단히 복합적인 인간 활동이다. 의사소통이 제대로 이루어지기 위해서는 의사소통자가 있어야 하고, 메시지가 있어야 하며, 일정한 의사소통 맥락이 마련되어야 하고, 의사소통자와 메시지와 의사소통 맥락 사이의 상호작용이 있어야 한다. 의사소통을 가능케 하는 이러한 네 가지 측면을 중심으로 하여 Applbaum 등(1974)은 다음 〈그림 1〉과 같은 의사소통 모형을 제안하였다.

〈그림 1〉 Applbaum 등의 집단 의사소통 모형

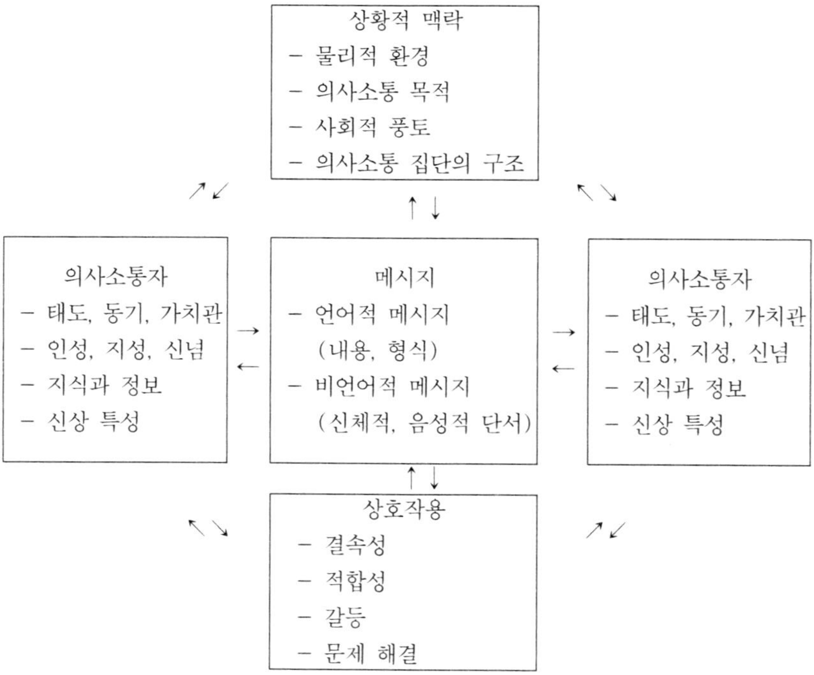

이 모형에서는 의사소통의 과정에 영향을 미치는 의사소통자 측면의 특성으로 의사소통자의 태도와 동기와 가치관, 인성과 지성과 신념, 지식과 정보, 신상 특성 등을 들고 있다. 의사소통자 사이의 상호작용에 있어서 필수적인 요인인 메시지 측면은 언어적 메시지와 비언어적 메시지로 구분하여 각 메시지의 특성을 모형 속에 포함시키고 있다. 의사소통 과정에서의 상호작용 측면의 특성으로는 결속성, 적합성, 갈등, 문제 해결 등을 제시하고 있다. 그리고 의사소통의 맥락 측면의 특성으로는 물리적 환경, 의사소통의 목적, 사회적 풍토, 의사소통 집단의 구조 등을 제시하고 있다.

의사소통은 체계적이며 역동적이고, 복합적이며 인과적인 과정이다. 의사소통은 의사소통 체계 내에서 이루어진다. 의사소통 현상을 구성하는 각각의 측면은 개별적으로 기능을 수행하는 것이 아니라 의사소통 체계 내에 있는 다른 측면들과 연결 및 상호작용을 통하여 기능을 수행한다. 의사소통은 고정된 사건이나 실체가 아니라 시간의 흐름에 따라 끊임없이 변화하는 역동적인 과정이다. 의사소통 현상을 구성하는 각 측면의 변화는 의사소통의 전 과정에 대한 유연하고도 역동적인 변화를 가져오게 된다. 의사소통은 복합적인 과정이다. 의사소통 현상을 구성하는 각 측면들은 의사소통의 과정에서 거의 동시적으로 상호작용을 하게 되며, 이러한 상호작용의 과정에서 각 측면의 주요 특성들은 끊임없이 변화하게 된다.

3. 사회·문화적 실천 행위로서의 작문의 특성

작문 연구사에 있어서 1970 년대를 작문의 인지적 과정을 규명한 시기라고 한다면 1980 년대는 작문 과정에 있어서 사회적 맥락의 역할을 규명한 시기로 규정할 수 있다. 작문 이론에 있어서 사회적 측면이 크게 부각된 외적 요인으로서는 작문 교육 분야에서의 범교과적 작문 프로그램의 성행을 들 수 있으며, 내적 요인으로서는 인지주의 작문 이론이 지닌 문제점에 대한 새로운 인식의 대두를 들 수 있다 (Nystrand, 1989).

작문의 과정에서 필자가 당면하는 문제들을 총체적으로 이해하기 위해서는 필자의 사고 과정뿐만 아니라 필자가 처한 작문 상황을 철저하게 탐구해야 한다. 왜냐하면 필자는 실제로 자신이 속해 있는 집단의 문화적 요구를 반영하기 위하여 난해하면서도 문제투성이인 사고의 통로를 헤쳐 나가면서 상충되는 문제 상황과 끊임없이 타협을 해야 하기 때문이다 (Flower, 1993). 실제로 글을 쓰는 과정에서 학생들이 예상하는 교사의 기대치와 교사의 실제 기대치는 매우 상반된다는 연구 결과들이 발표되고 있다 (Geisler, 1991; Greene. 1993). 이러한 불일치는 학생들이 글을 쓰는 상황에서 어떤 내용이 사실 중요한 것인지, 무엇이 적절한 논거 혹은 타당한 내용인지, 어떠한 형식으로 글을 구성해야 예상 독자의 요구를 충족시킬 것인지를 확실하게 알지 못하기 때문에 비롯되었을 가능성이 많다. 이러한 예들은 작문 능력이 인지적 기능과 함께 사회적 기능으로 구성된다는 사실을 입증해 주는 것이다.

작문 연구 분야에서 사회적 기능 및 인지적 기능을 동시에 중시하는 연구 풍토가 조성된 데에는 언어 발달에 관한 사회역사적 관점을 주창한 Vygotsky (1978)의 영향도 한몫을 했다고 할 수 있다. Vygotsky에 의하면 모든 기호 체계의 주된 기능은 한 개인과 다른 사람과의 상호작용의 규제 및 조정에 있다. 이러한 상호작용에 있어서 언어는 사회적 상호작용 활동을 통한 인지적 기능을 수행하는 데 촉매제의 역할을 한다. 이러한 측면에서 작문 능력의 발달에 관한 사회인지주의적 작문 연구가 활발하게 이루어졌는데, 대표적인 연구로서 Langer와 Applebee의 학교 작문 연구 (1984, 1987), Daiute와

Dalton의 협동 작문 연구 (1989) 등을 들 수 있다.

인지심리학의 한 분야인 사회인지 (social cognition) 이론 역시 사회인지주의 작문 이론을 형성하는 데 큰 영향을 미쳤다. 학교 작문의 경우 교사는 학생들이 작성한 글을 바탕으로 하여 학생들의 사고에 관한 추론을 하거나 사고의 질을 평가하려고 한다. 그런데 사회인지주의 작문 이론가들은 학생들이 글을 쓰는 과정에서 사용하는 사고 전략은 상호 이질적인 것으로서 나름대로의 경험과 논리에 바탕을 두고 있다고 설명한다. 따라서 학생들이 작성한 텍스트관을 보고 그 텍스트를 작성한 사고의 사회적 맥락을 보지 않으면 작문 수행 능력을 결정짓는 인지 작용을 제대로 파악할 수 없다는 것이다 (Hull & Rose, 1990). 텍스트의 실질적 의미는 필자 자신과 타인 사이, 개인과 사회 사이의 지적이며 정서적인 공간에서 이루어지는 협상과 해석의 결과이기 때문이다.

사회인지주의 작문 이론가들 중의 대표적인 인물인 Miller(1984)는 의미의 구성 형식으로서의 장르를 텍스트의 형식이나 본체로 보지 않고, 순환적 상황에 근거를 둔 전형적인 수사론적 행위, 즉 사회적 행위로 규정하고 있다. 사회인지주의 작문 이론가들은 작문을 학문 공동체 내에서의 특정 활동에 내포된 일상적 인지 (situated cognition)로 규정하기도 한다(Huckin & Berkenkotter, 1993).

작문에 있어서의 사회적 맥락의 역할에 관한 연구 결과에 의하면, 개별 필자는 텍스트 생산의 실제적 조건, 필요, 동기 등이 사회적 맥락에 반응하게 되며, 텍스트 공동체는 이들 개별 필자가 자신의 가치와 신념에 근거하여 표현하고자 하는 문제 및 표현의 목적 등에 대하여 일정한 조건을 부여하게 된다. 이와 같이 개인의 인지 작용과 사회적 맥락은 변증법적인 상호 영향 관계에 놓이게 된다 (Myers, 1991). 또한, 텍스트는 사회적, 역사적, 인지적, 수사론적 활동의 복합체인 사회적인 맥락에 의하여 그 구체적인 모습을 드러내게 됨과 동시에, 텍스트는 주어진 텍스트 공동제의 다양한 활동과 맥락을 연결시키는 기능을 한다 (Bazerman, 1991).

언어 사용자로서의 필자는 텍스트 공동체에 속한다. 필자는 단순히 텍스트를 만드는 것이 아니라 텍스트 공동체 내에 이미 설정되어 있는 문제들을 중심으로 텍스트에 관한 작업, 즉 의미를 구성하는 작업을 하는 것이다. 필자는 단순히 예상 독자에게 매시지를 전달하거나 어떤 영향을 미치기만 하는 것이 아니라 텍스트 공동체의 일원으로서 자신이 만든 텍스트에 의해 영향을 받기도 한다 (Fraigley. 1985). 그런데 텍스트 공동체에 대한 연구를 통해 작문 행위의 성격을 밝히는 작업은 작문 연구가들에게 새로운 문제를 제기하게 되었다. 즉 필자 개인은 사회척인 존재인 동시에 개인적인 존재이지만 사회 집단은 결코 개인적인 존재일 수가 없다. 따라서 개별 필자가 자신이 속한 텍스트 공동체로부터 영향을 받는 것을 인정한다 하더라도, 텍스트 공동체로서의 집단이 필자 개인에게 어떠한 방식으로 정보를 제공하는지를 설명하기는 쉽지 않다. 이것은 마치 인지주의 작문 이론에 있어서 사고를 텍스트로 번역하는 기제를 설명하기가 쉽지 않다는 점과 상통한다. 이러한 문제점을 해결하기 위하여 작문 연구가들 언어 생산 및 담화 분석에 관하여 다른 학문 분야에서 이루어진 연구 결과들을 주목하게 되었다.

대화자 쌍방 사이에서 이루어지는 담화는 일종의 상호작용적 협상의 과정임이 분명하다. 그러나 필자와 독자 사이에서는, 화자와 청자 사이에서 이루어지는 말 주고받기와 같은 상호작용이 이후어지지 않는다. 그렇지만 필자와 독자 사이에서는 명시적이지는 않지만 의미의 전달 및 공유하고 있는 지식의 변형과 같은 상호 작용이 이루어진다. 분명히 텍스트는 필자가 무언가를 전달하기 원하거나 무언가를 성취하고자 한다고 해서 구성되는 것은 아니다. 텍스트의 구성과 그 방향은 필자 자신의 의도 및 목적과 독자의 기대 및 요구 사이에 균형을 유지하고자 하는 필자의 의사소통적 요구에 의해서 결정된다. 여기에서 말하는 필자의 의사소통적 요구는 작문 행위의 과정에서 작동할 수 있는 상호작용적 변인들, 즉 필자가 예측하고 해석하는 독자의 기대, 독자에 대한 선행 의사소통의 영향, 필자가 지금까지 작성한 텍스트의 영향, 필자가 예측하는 독자의 반응, 의사소통을 시발하는 맥락 등과 밀접한 연관을 맺는다.

사회인지주의 작문 이론가들 사이에서 폭넓은 지지를 받고 있는 작문의 사회적 상호작용 모형 (Nystrand, 1989)에서는 작문의 개념을 필자의 목적과 의미를 텍스트로 번역하는 과정인 동시에 필자와 독자 사이에서 이루어지는 의미에 대한 협상의 과정으로 규정하고 있다. 즉 텍스트를 필자의 목적과 의미를 번역한 결과물로서 뿐만 아니라 필자와 독자의 목적과 의미를 중재하는 의사소통의 매개물로서 그 의미를 규정하는 것이다. 사회적 상호작용 모형에서는 숙련된 필자가 필수적으로 해야 할 일로서 텍스트의 시발, 텍스트 생산의 유보, 텍스트의 정교화 등 세 가지를 들고 있다. 텍스트를 시발한다는 것은 필자와 독자 사이의 상호 작용을 가능케 하는 기본 골격, 즉 의사소통의 상황을 명료하게 설정하는 것이다. 일단 숙련된 필자가 의사소통의 상황, 즉 일시적으로 공유된 사회적 실체를 시발한 다음에는 새로운 정보의 도입을 통하여 텍스트를 정교화 해 내간다. 만약, 새로운 정보가 필자와 독자의 상호작용을 위협하게 되면 텍스트 생산을 일단 유보하고 새로운 정보를 사회적 맥락에 적합하도록 조정함으로써 텍스트의 균형성을 유지해 나간다. 필자와 독자 사이의 균형성이 확보되면 숙련된 필자는 장르와 주제와 내용 면에서 텍스트를 정교화해 나감으로써 최종적인 텍스트를 생산하게 된다.

사회구성주의 작문 이론가들은 문어활동 능력을 규정함에 있어서 텍스트의 자질보다는 실제적인 담화 활동에 초점을 두고 있다. 문어활동은 사회적 상황에 기초한 문제 해결 과정으로서 텍스트적 측면과 사회인지적 측면을 구성하는 요소들의 영향을 받는다. 언어 사용 활동은 의미를 구성하는 순간들의 집합으로 이루어진다. 문어적 행위는 유목적적인 방식으로 지식을 변형하는 구성적인 인지 과정에 비롯되며, 어떤 결정적인 순간에 있어서는 의미를 구성하는 활동이 의미 협상의 과정으로 이루어진다. 이 경우 의미 협상은 개별 독자와 필자가 직면하는 대립적 요구, 서로 다른 요구와 목적과 제약, 그리고 가능성들 중에서 최선의 대안을 찾기 위해 이루어지는 것이다.

문어활동은 수사론적, 사회적, 문화적 상황의 일부로서 행해지는 활동으로서 한 개인이 보유하는 일반화될 수 있는 능력이 아니며, 기호 해독 및 인입을 위한 일련의 기술적 기능들의 집합도 아니다. 문어활동은 개인적이거나 사회적인 목적으로 읽기와 작문을 이용하는 일련의 행위와 교섭 작용의 집합이다. 문어 활동에 참여하는 사람들은 텍스트를 해독하거나 생산하는 것 이상의 일, 즉 담화 활동을 한다. 문어활동 능력의 효과적인 신장을 위하여 교육적 차원에서 중시해야 할 사항은 유능한 필자나 독자가 능동적인 담화 활동 과정에서 활용하게 되는 사회인지적 전략이다. 문어 활동을 성공적으로 하는 데 있어서 다음 두 가지 조건을 갖추어야 첫째, 담화 활동을 하는 데 기본이 되는 관습과 기대에 대한 충분한 지식을 갖추어야 한다. 둘째, 주어진 과제와 연관되는 읽기 및 작문을 위한 일련의 문제 해결 전략을 갖추어야 한다.

의미의 구성 방식을 설명하는 관점으로서 재생산, 대화, 협상의 세 가지를 들 수 있다. 작문의 과정에서 필자는 기존의 혹은 이용 가능한 의미를 재생산함으로써 의미를 구성한다고 주장할 수도 있다. 그러나 의미 구성 과정에 대한 연구 결과들을 고려할 때 이러한 주장은 논쟁의 소지가 많다. 읽기에 대한 구성주의적 연구 결과에 의하면 독자는 다음 세 가지 수단, 즉 텍스트와 문화적 바탕에 기초한 기대에 강한 영향을 받는 과정과 기존지식 등 세 가지 수단을 통하여 정보를 선정하고 조직하고 연결함으로써 능동적으로 의미를 생성한다. 다른 의미를 재생산함으로써 의미를 구성하는 일은 학습, 텍스트 간 전이, 문화의 전승 등과 같은 여러 가지 경우에 적합할 수도 있다. 그러나 의미의 구성을 재생산으로 보는 입장은 다음과 같은 의문에 대한 해답을 제공하지 못하고 있다. 전통적 의미에서 실체의 재생산이 가능한 것인가? 텍스트의 내용이 있는 그대로 사람들의 마음속에 재생산되는 것인가? 텍스트와 간텍스트는 독자와 필자가 실제로 구성하는 의미에 대한 그림을 우리에게 제공해 주는가? 재생산 이론은 의미 구성 현상을 부분적으로만 설명한다는 약점을 지닌다.

재생산이 일원적인 의사소통임에 비해 대화와 협상은 이원적인 의사소통이다. 사회적 대화주의 관점에서 보면, 의미는 절박한 동기나 일정한 논리에 따라 생성되는 것이 아니라 오히려 동등한 자격을 지닌 개체간의 비규제적 상호작용으로부터 생성된다. 사람들은 집단적 생활을 영위해야 하므로 자신의 신념과 가치관과 행동을 다른 사람들과 함께 조정해야 한다. 모든 텍스트의 의미 구성이 갖는 기능은 대화에 의해 기술되는 자유롭고도 협동적인 사회적 맥락 속에서 찾아야 한다. 그러나 대화주의적 관점은 개인의 인지와 주체성의 역할을 설명하는 데 부적절한 면이 있다. 대화로서의 의미 구성 결과는 결과적으로 개인의 마음속이나 개인의 독특한 표상에 있지 않고 상호작용의 순간이나 대화의 순간 혹은 공기 중에 존재하게 된다. 의미 구성의 주체가 없는 대화주의 모델은 비교적 비규제적 과정, 즉 의미가 일련의 가능성의 집합 내에 존재함으로써 점진적으로 배양되고 형성되고 확장되는 과정에 초점을 둔다. 따라서 시간의 연속선상에서 대화로부터 산출되는 의미는 공유된 이해의 침전물이며 공유된 상식의 축적물이라고 할 수 있다.

반면에 협상적 의미는 어떤 규제적 힘에 직면하여 딜레마에서 탈출하기 위한 목표 지향적 노력에 의하여 구성된다고 볼 수 있다. 협상적 의미의 구성 과정은 필자가 다음과 같은 두 가지 필요조건에 직면했을 때 작동한다. 첫째, 의미 구성의 과정에서 압력을 받거나 제약이나 대안을 변환해야 하거나 여러 가지 목적들 사이에서 갈등을 일으킬 때 작동한다. 둘째, 필자가 문제가 있는 인지적 수사론적 상황을 관리하거나 협상할 필요성에 대하여 주의를 돌릴 때 작동한다. 협상은 행위를 형성하는 복수의 소리, 즉 과거 경험과 현재 기회의 소리, 지혜의 소리, 요구와 판단의 소리, 가능성의 소리, 담화 관습의 소리 등에 대한 반응으로서 목표 설정, 제약 부과, 적정 언어의 제안, 보편성의 추구, 기회의 현시, 적응에 대한 요청, 대안의 제시 등과 기능을 한다.

협상을 통하여 구성되는 의미는 잠정적인 해결책이며 다양한 소리에 대한 반응이다. 복수의 소리에 대한 반응으로서 협상적 의미는 소리로 드러난 언어나 아이디어의 이질적 혼성물 이상의 것이다. 협상적 의미는 복수의 목표와 제약과 전략과 언어를 다룸으로써 얻어진 구성물이다. 아이디어와 의도와 언어에 대한 협상적 의미 망은 형성적 힘에 대한 단순 반응으로써 조성되는 것이 아니라 형성적 힘에 대한 선택적 반응으로써 주성되는 것이다. 잠정적 해결책으로서 협상적 의미는 어떤 소리들을 밝히거나 그 소리들에 대하여 행동을 취하거나 저항하거나 무시하거나 잊어버리거나 변형하거나 종합하거나 재해석함으로써 협상의 범위 내에 있는 소리들에 대해 반응한 결과이다. 잠정적 해결책으로서의 협상적 의미는 텍스트의 전 영역에 걸쳐 나타날 수 있는 다른 해결책과 일관성을 갖지 못할 수도 있고 불안정할 수도 있다. 그 해결책은 미해결의 갈등이나 모호성을 잠복시킬 수 있다. 그리고 어떤 한 시점에서는 억압되었던 소리가 다른 시점에서는 다시 부상할 수도 있다.

최근의 작문이론가들은 작문 활동이 이루어지는 보다 광범위한 사회적 맥락을 중시하고 있다 (Apllebee, 2000). 필자는 자신이 참여하고 있는 다양한 공동체 내에서 사회적 맥락이 제공하는 자원과 요구와 연관하여 적합한 의미를 구성해 내기 위하여 협상을 벌여야 한다는 것이다. 학생들이 어떤 담화 공동체 혹은 담화 영역에 효과적으로 참여하기 위해서는 그 영역 내에서의 행동 양식을 습득해야 한다. 이를 위해서는 언어의 적절한 사용에 관한 지식, 구조적 지식, 전략적 지식 등은 물론이고 해당 영역에 적합한 내용 지식과 절차 지식, 해당 영역 내에서 진행되는 담화에 참여하는 데 무엇이 중요하고 흥미있는 것인지에 관한 지식을 갖추어야 한다. 학생들이 중요한 담화에 참여할 수 있도록 하기 위해서는 그러한 담화에 적합한 방식으로 글을 쓸 수 있도록 도와 주어야 한다. 효과적인 참여자가 되기 위해서는 작문 활동을 통하여 해당 담화에 기여할 수 있어야 하며, 담화 공동체 구성원들에게 흥미와 확신감을 줄 수 있도록 정체성을 지니고 글을 쓸 수 있어야 한다. 학생들의 사회적 세계와 문화적 세계에는 중요한 담화가 매우 많이 있기 때문에 작문 능력의 발달은 다양한 담화의 장면에서 자신의 목소리를 개발해 나가고 강력하고도 효과적인 방식으로 담화 공동체에 기여하는 방식을 학습해 나가는 일과 직결된다.

제2장 작문의 과정

1. 작문의 일반적 절차

한 편의 글을 작문 위하여 필자는 일정한 단계를 밟아야 한다. 작문의 세부 절차는 글을 쓰는 사람과 목적에 따라 다를 수도 있다. 그렇지만 어떠한 경우이든 한 편의 글을 작문 위해 필자는 쓸 내용을 마련해야 하고, 마련한 내용을 조직해야 하며, 조직한 내용을 표현해야 한다. 이처럼 작문의 기본적인 단계를 '내용의 창안', '내용의 조직', '내용의 표현'의 세 가지로 구분할 수 있다.

내용의 창안 단계에서는 필자는 글을 쓰는 데 필요한 내용을 발견해 낸다. 내용의 조직 단계에서는 자기가 발견한 내용을 예상 독자가 더 잘 이해할 수 있도록 구성하고 배열한다. 내용의 표현 단계에서는 조직한 내용을 더 효과적으로 표현하기 위하여 적절한 어휘를 선택하고 적절한 문장 구조를 선택한다. 그러나 작문의 단계를 창안, 조직, 표현의 단계로 구분한 것은 편의상의 구분에 불과하다. 작문의 실제 과정에서 이들 세 단계는 순차적으로 진행되기보다는 평행적이고 상호 보완적으로 진행되는 경우가 많다. 즉, 내용의 조직 과정에서도 새로운 내용을 창안할 수 있으며, 내용의 표현 과정에서도 새로운 내용을 창안하거나 창안한 내용을 다시 조직할 수 있다.

1) 내용의 창안 단계

내용의 창안 단계에서 필자가 해야 할 가장 중요한 일은 글의 주제를 설정하는 일과 글의 재료를 선정하는 것이다. 한 편의 글을 쓰려고 할 때 필자는 먼저 '무엇'에 대하여 쓸 것인가를 생각하게 된다. 이 때, '무엇에 대한 필자의 중심 생각'에 해당하는 것이 바로 글의 주제이다.

주제에는 내용의 범위가 넓은 일반적인 주제와, 내용의 범위가 좁은 구체적인 주제가 있다. 예컨대, '신문의 중요성'이라는 일반적인 주제에 대한 구체적인 주제는 '신문의 역할과 사명의 변화' 또는 '신문과 방송의 차이점' 등을 들 수 있다. 필자는 글을 쓰는 과정에서 먼저 일반적인 주제를 정한 다음에 그것을 구체적인 주제로 바꾸어야 한다. 주제의 범위가 지나치게 넓으면 어디에 초점을 맞추어 글을 써야 할지 막연해 지기 때문이다.

구체적인 주제를 설정한 다음에는 그 주제를 하나의 주제문으로 진술할 필요가 있다. 주제문은 글의 핵심적인 내용을 문장으로 표현한 것이다. 예컨대, '신문의 역할과 사명'이라는 주제에 대한 주제문은 '정보의 홍수 시대를 맞이하여 신문의 역할과 사명은 더욱 증대되어야 한다.'와 같이 진술될 수 있다.

글의 주제를 설정한 다음에 필자가 해야 할 일은 글의 주제를 뒷받침하는 데 필요한 내용, 즉 글의 재료를 수집하고 선택하는 것이다. 글의 재료를 선정하는 가장 손쉬운 방법은 필자 자신이 직접 경험한 내용 중에서 재료를 선정하는 것이다. 사람들은 일상 생활을 해 나가면서 어떤 사건이나 사물에 대하여 자기 나름대로의 생각과 느낌을 가지게 된다. 이러한 생각과 느낌은 글을 쓰는 데 있어서 매우 가치 있는 재료가 될 수 있다.

글의 재료를 선정하는 두 번째 방법은 책, 신문, 잡지, 영화, 텔레비전 등을 통하여 간접적으로 경험한 내용 중에서 재료를 선정하는 것이다. 대부분의 필자는 책을 통하여 또는 영화나 텔레비전을 통하여 어떤 사건이나 사물에 대한 간접 경험을 할 수 있다. 이러한 간접 경험을 바탕으로 하여 필자는 얼마든지 다양한 재료를 선정할 수 있다.

글의 재료를 선정하는 세 번째 방법은 책, 신문, 잡지, 사전 등에 수록되어 있는 객관적인 정보 자료에서 글의 재료를 찾는 것이다. 이 방법은 필자가 직접 경험해 보지 못한 내용이나 자세히 알고 있지 못한 내용을 글의 재료로 삼아야 하는 경우에 사용된다. 설명문이나 연구 논문을 쓸 경우에 사람들은 일반적으로 객관적인 정보 자료를 바탕으로 하여 글의 재료를 선정하게 된다.

2) 내용의 조직 단계

내용의 조직 단계에서 필자가 해야 할 가장 중요한 일은 창안한 내용을 적절하게 구성하고 구성한 내용을 바탕으로 하여 세부 내용을 적절하게 전개하는 것이다.

글을 쓰는 과정에서 창안한 내용을 구성할 때 지켜야 할 가장 중요한 원리는 통일성의 원리이다. 통일성의 원리는 글의 주제와 그 주제를 뒷받침하는 모든 재료들이 내용상으로 일치해야 한다는 것을 말한다. 통일성의 원리를 지킴으로써 필자는 글의 주제를 선명하게 드러낼 수 있다. 글의 내용을 구성하기 위해서는 창안한 내용들 중에서 주제를 뒷받침하는 중심 내용들을 바탕으로 하여 글의 개요를 작성해야 한다. 개요를 작성할 때에는 먼저 글 전체를 '처음, 중간, 끝' 또는 '서론, 본론, 결론'의 세 부분으로 나누고 각 부분에 들어갈 중심 내용이 무엇인지를 결정해야 한다.

글의 처음 부분은 주로 글을 쓰는 동기나 목적, 글의 주제, 중간 부분에서 다룰 주요 내용 소개 등에 관한 사항을 중심으로 개요를 작성한다. 글의 중간 부분의 개요는 글의 주제를 뒷받침하는 주요 내용들을 중심으로 하여 작성한다. 이 경우에 각각의 주요 내용을 뒷받침하는 내용들을 포함시키면 보다 상세한 개요를 작성할 수 있다. 글의 끝 부분은 글의 중간 부분에서 제시한 주요 내용의 요약, 필자의 주장이나 견해 등에 관한 사항을 중심으로 개요를 작성한다.

글의 내용을 조직하는 데에서 가장 중요한 일은 글의 중간 부분에서 다룰 주요 내용을 어떠한 방식으로 구성할 것인지를 결정하는 것이다. 중간 부분의 주요 내용을 구성하는 방식에는 자연적 구성법과 논리적 구성법이 있다.

자연적 구성법은 사물의 모습을 있는 그대로 살펴 나가는 구성 방법으로서, 시간적 순서에 따라 구성하거나 공간적 순서에 따라 구성하는 방법이다. 논리적 구성법은 제재들의 자연적인 순서에는 상관없이 제재들 사이에 논리적 일관성이 유지되도록 주요 내용을 배열하는 종합적 구성법이다. 논리적 구성법에는 문제 제기와 문제 해결의 순서로 구성하는 방법, 원인과 결과의 순서로 구성하는 방법, 주요 내용을 차례대로 열거하는 구성 방법, 중요성의 정도에 따라 구성하는 방법 등 여러 가지가 있다.

글의 주요 내용에 대한 세부 내용을 전개하는 방법은 사고의 유형에 따라 달라질 수 있다. 사고의 유형에 따른 세부 내용의 전개 방법에는 분석, 묘사, 분류, 예시, 정의, 비교와 대조, 서사, 과정, 인과, 논증 등이 있다.

3) 내용의 표현 단계

내용의 표현 단계에서 필자는 조직한 내용을 완결된 글로 표현해야 한다. 이 과정에서 필자는 글의 각 부분들을 긴밀하게 결합하여 연결성을 갖춘 글이 되도록 해야 한다. 또한, 필자는 단어의 선택에서부터 문장의 구성, 문단의 구성, 글 전체의 구성에 이르기까지 무엇이 효과적인 표현 방법인지를 결정하거나 선택하면서 글을 작성해 나가야 한다. 글을 작성할 때에는 특히 문법적으로 정확한 문장을 쓰고, 맞춤법에 맞게 표기해야 한다. 이러한 표현하기의 과정이 끝나면 쓴 글을 다시 읽고 글의 목적에 비추어 그 적절성을 평가하여, 필요한 경우에는 쓴 글을 고쳐 써야 한다.

2. 작문의 심리적 과정

글을 쓰는 과정은 일종의 사고 과정이다. 사고 과정으로서의 작문의 과정은 여러 가지 하위 단계들로 구성된다. 이들 하위 단계들은 크게 계획하기 단계, 작성하기 단계, 재고하기 단계, 조정하기 단계로 구분할 수 있다.

계획하기 단계는 글의 내용을 생성해 내고, 그것을 조직하며, 글의 목적과 절차를 결정하는 단계이다. 여기에서 '계획하기'는 매우 넓은 뜻으로 사용되었는데, 생각을 실제로 종이 위에 글로 옮겨 적기 이전의 모든 사고 활동으로서 작문의 성패를 좌우하는 대단히 중요한 단계이다.

작성하기 단계는 계획하기 단계에서 만들어진 내용을 문자 언어로 표현하는 단계이다. 표현 단계에서는 개발된 아이디어들을 언어적 표현으로 전환시키는 사고 작용이 일어난다. 어떤 하나의 개념에 대한 생각은 하나 이상의 표현을 가능하게 한다. 그러나 표현 단계에 있어서는 그 개념에 가장 적합한 어느 하나의 표현을 선택해야 한다. 이 단계에서의 정보 처리 작용은 표현의 과정에서 수시로 일어나게 되는데, 여러 대안들 중에서 어느 하나를 선택하는 것은 쉽고 빠를 수도 있으며, 시간이 걸리고 어려울 수도 있다.

재고하기 단계는 계획한 내용 혹은 작성한 내용을 평가하고 고쳐 쓰는 단계이다. 만약, 평가의 결과가 부정적으로 나왔을 경우에는 반드시 고쳐쓰기 과정을 거치게 된다. 재고하기 활동은 작문의 중간 혹은 마지막 과정에서 의도적으로 이루어지는 경우가 많다. 이 경우에 필자는 계획하기 및 작성하기는 일단 제쳐두고, 지금까지 작성한 글을 읽고 체계적으로 평가하게 된다. 그러나 경우에 따라서는 재고하기 활동이 글을 쓰는 과정에서 자동적으로 발생하여 계획한 내용과 작성한 내용을 전면적으로 재조정하게 된다.

조정하기 단계는 글을 쓰는 과정에서 필자로 하여금 계획하기 단계에서 작성하기 단계로, 작성하기 단계에서 재고하기 단계로, 또는 재고하기 단계에서 계획하기 단계로 옮겨 가는 것을 결정하는 단계이다. 조정하기 단계는 필자에 따라서 혹은 작문 과제에 따라서 달리 활용될 수 있다. 어떤 필자들은 가능한 빨리 작성하기 과정으로 들어가는 반면에, 어떤 필자들은 계획하기 과정이 충분히 완결되었음을 확인한 후에야 비로써 작성하기 과정으로 들어가게 된다.

위에서 설명한 작문의 단계를 정확하게 이해하기 위해서 다음과 같은 세 가지 중요한 사실을 알아 둘 필요가 있다. 첫째, 작문의 하위 단계들은 거의 동시적이며 상호 작용적으로 이루어진다는 점이다. 즉 계획하기, 작성하기, 재고하기 등의 단계가 반드시 고정된 순서로 일어나지는 않는다는 것이다. 둘째, 작문의 모든 단계는 목표 지향적이라는 점이다. 실제로 작문을 하는 데 있어서 가장 중요한 일은 독자에게 영향을 미치기 위한 전체적 목표는 물론 작문 행위의 지침이 되는 하위 목표들을 결정하는 일이다. 이러한 목표들은 작문의 전 과정에 논리성을 부여하다. 셋째, 작문 행위는 새로운 목표의 발견을 유도한다는 점이다. 필자는 단순히 일련의 하위 목표들로서 상위 목표를 뒷받침해 나갈 뿐 아니라 작문의 과정에서 작문 행위로 말미암아 획득한 통찰로 새로운 상위 목표를 발견할 수 있게 된다.

작문의 하위 과정을 구분하는 방식은 학자에 따라 약간씩의 차이를 보인다. Collins와 Gentner(1980)는 작문의 인지적 과정을 아이디어의 생산 과정, 텍스트의 생산 과정, 그리고 고쳐쓰기 과정의 세 가지 특징적인 과정으로 구분하였다. 그리고 이들 세 가지 과정들은 표현의 과정에서 동시적이며 상호작용적으로 작용하는 것으로 설명하였다. Flower & Hayes (1981)는 작문의 인지적 과정을 계획하기, 작성하기, 재고하기, 조정하기 등의 특징적인 과정으로 구분하였다. 여기에서 계획하기는 내용을 생성해 내고, 그것을 조직하며, 글의 목적과 절차를 결정하는 사고 활동을 지칭하며, 작성하기는 계획하기 과정에서 만들어진 내용을 문자 언어로 번역하여 표현하는 인지적 과정을 지칭하고, 재고하기는 지금까지 계획된 내용 혹은 작성된 내용을 평가하고 고쳐 쓰는 과정을 지칭한다. 그리고 조정하기로 말미암아 필자는 계획하기 과정에서 작성하기 과정으로 옮겨가거나 또 다른 과정으로 옮겨가는 것을 결정할 수 있는 것으로 설명하고 있다. Flower(1993)는 작문의 과정을 일종의 문제 해결 과정으로 보고, 그 하위 과정을 계획하기, 내용 생성하기, 조직하기, 표현하기, 재고하기 등으로 구분하고 있다.

작문의 인지적 과정을 정확하게 이해하기 위해서는 다음과 같은 사실들을 중시할 필요가 있다. 첫째, 작문의 하위 과정들은 거의 동시적이며 상호 작용적으로 기능한다는 점이다. 즉 계획하기, 작성하기, 재고하기와 같은 과정들은 반드시 고정된 순서로 작용하는 것이 아니라 평행적, 회귀적, 상호보완적으로 작용한다는 점이다. 둘째, 작문의 전과정은 목표 지향적이라는 점이다. 실제로 작문을 하는 데 있어서 중요한 부분은 독자에게 영향을 미치기 위한 전체적 목표는 물론 작문 행위의 지침이 되는 하위 목표들을 결정하는 일이다. 이들 목표의 질과 양은 필자의 작문 능력과도 관계가 있다. 또한 그러한 목표들은 작문의 전과정에 논리와 연결성을 부여한다. 셋째, 작문 행위는 새로운 목표의 발견을 유도한다는 점이다. 필자는 단순히 일련의 하위 목표들로써 상위 목표를 뒷받침해 나갈 뿐만 아니라 작문의 과정에서 작문 행위로 말미암아 획득한 통찰로 새로운 상위 목표를 발견할 수 있게 된다.

계획하기, 내용 생성하기, 조직하기, 표현하기, 재고하기 등의 하위 과정에서는 각 과정별로 특징적인 인지작용이 이루어진다. 계획하기 과정에서는 수사론적 상황의 탐색과 글 전체의 개략적인 구도 탐색 등이 이루어진다. 문제 해결 과정으로서의 작문에 있어서 내용 생성하기와 조직하기는 순차적으로 진행되는 과정이 아니라 동시적이고도 상호 보완적으로 작용하는 과정들이다. 이들 두 과정에서 이루어지는 두 가지 특징적인 인지작용은 테스트의 내용에 대한 창의적이고 체계적으로 사고하기와 생성한 내용을 글의 조직 원리에 맞추어 전개하기이다. 문제 해결 과정으로써의 작문에 있어서 표현하기는 내용 생성하기 및 조직하기와 거의 동시에 이루어지는 작용이다. 내용 생성하기 및 조직하기의 결과는 완결된 언어의 모습을 갖추지 않을 뿐만 아니라 매우 유동적인 반면에 표현하기의 결과는 완결된 언어의 모습을 갖출 뿐만 아니라 고정적이다. 고쳐쓰기 작용은 대개의 경우 표현하기 과정을 거친 다음에 일어나지만 계획하기와 내용 생성하기 및 조직하기의 과정에서도 얼마든지 일어날 수 있다.

사회인지적 관점에서 작문의 과정을 총체적으로 이해하기 위해서는 협상적 의미의 구성 과정을 이해할 필요가 있다 (Flower, 1994). 협상적 의미의 구성은 다음과 같은 두가지 조건 아래에서 중요한 역할을 한다. 첫째, 의미 구성의 과정에서 필자가 서로 다른 목표 사이에서 갈등을 일으키거나 여러 가지 제약을 받게 될 때 의미 협상이 필요하다. 둘째, 필자가 복잡한 인지적 상황이나 수사론적 상황의 조정에 관하여 의식적인 노력을 해야할 경우 의미 협상이 필요하다. 여기에서 의미 협상은 작문 행위를 이끌어 나가는 데 필요한 여러 유형의 지식과 다양한 요구에 대한 필자의 반응이라고 할 수 있다. 협상의 과정을 통하여 구성된 의미는 작문의 인지적 과정에 대한 제약과 요구에 대한 임시적 해결 방안으로서의 역할을 하게 된다.

3. 문제 해결 과정으로서의 작문의 절차

작문의 과정에서 필자가 수행하게 되는 문제 해결 과정은 사람들이 작문 이외의 다른 학문 분야 또는 일상 생활에서 수행하게 되는 문제 해결 과정과 매우 비슷한 특성들을 지닌다. 일반적인 문제에 대한 해결 과정과 마찬가지로, 작문의 과정에서도 필자는 주어진 문제를 해결하기 위하여 자신의 기존 지식과 여러 가지 문제 해결 전략을 사용한다.

〈그림 1〉 문제 해결 과정으로서의 작문의 절차

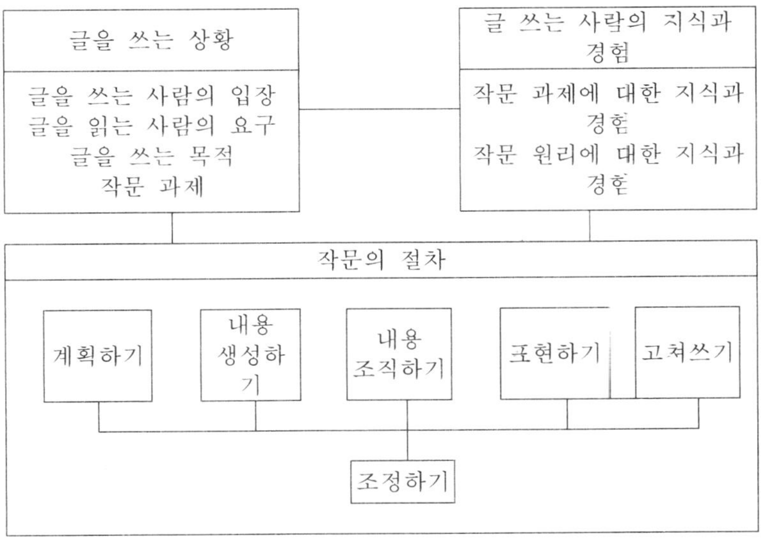

일반적으로, 문제를 해결하기 위해서는 주어진 문제를 체계적으로 분석하는 일이 선행되어야 한다. 주어진 문제에 대한 엄밀한 분석을 바탕으로 하여 작문의 과정에서 해결해야 할 문제가 인단 결정되면, 필자는 일련의 문제 해결 과정을 체계적으로 밟아 나가야 한다. 작문의 절차와 관련되는 문제 해결 과정은 〈그림 1〉에 제시된 것처럼 계획하기, 내용 생성하기, 내용 조직하기, 표현하기, 고쳐쓰기 등의 다섯 과정으로 세분할 수 있다.

〈그림 1〉에 제시된 다섯 과정들은 보다 더 작은 과정으로 세분될 수 있으며, 각 과정에서 필자는 적절한 문제 해결 전략을 사용함으로써 주어진 문제를 보다 효과적으로 해결할 수 있을 뿐만 아니라 더 나아가서는 좋은 글을 만들어 낼 수 있다. 다음에서는 작문 지도의 각 과정에서 학생들로 하여금 사용케 할 문제 해결 전략들을 탐구해 보기로 한다.

1) 계획하기 과정에서의 문제 해결 전략

문제 해결력이 뛰어난 사람과 마찬가지로 유능한 필자는 계획하기 능력이 탁월한 사람이다. 일반적으로, 작문에 관한 전반적인 계획을 세우는 데 10분을 소비하게 되면 글 전체를 생산하는 데 100분을 절약할 수 있다. 치밀한 계획 없이, 시행착오의 과정을 거치면서 무작정 글을 써 나가더라도 멋진 글을 만들어 낼 수도 있지만, 이것은 우연이거나 행운의 결과이지 결코 정상적인 결과라고는 할 수 없다. 계획하기 과정에서 필자에게 도움을 줄 수 있는 주요 전략은, 첫째 수사론적 문제를 탐색하기, 둘째 글 전체의 개략적인 구도를 작성하기 등 두 가지이다.

* 문제 해결 전략 1 : 수사론적 문제를 탐색하라.

작문의 상황을 구성하는 수사론적 문제는 필자, 예상 독자, 글의 주제, 글의 목적 등을 포괄하는 매우 광범위하고도 추상적인 영역이다. 필자로서 가장 먼저 해야 할 일은 바로 이 영역을 탐색함으로써 필자가 해결해야 할 문제의 성격을 정확하게 규정짓는 일이다. 글을 생산가는 문제를 해결하는 데 있어서 기저가 되기 때문이다. 숙련된 필자와 덜 숙련된 필자 사이의 주된 차이는 수사론적 문제를 분석하거나 인식하는 방법의 차이에서 비롯하는 일이 많다. 대개의 경우, 사람들은 스스로 직면한 문제를 해결하게 되는데 현실 세계에 놓여 있는 문제의 실체와 그 문제를 인식하는 사람들의 정신 세계 사이에는 차이가 있다. 따라서, 글을 쓰는 사람으로서는 자신이 직면한 문제 상황을 정확하게 인식하여 그 문제 상황을 자신의 정신 세계에 맞추어 적절하게 표상하는 일이 매우 중요하다.

수사론적 문제를 탐색하고 분석하는 과정에서 필요한 일은 글을 쓰는 목적과 예상 독자의 요구와 자신의 입장을 가급적 구체적으로 탐색하고 분석하여 글의 주제를 적절하게 설정하는 것이다. 글을 쓰는 목적을 결정하는 과정에서 필자는 다음과 같은 물음을 제기해 볼 필요가 있다. 이 글을 씀으로써 성취하고자 하는 바가 무엇인가? 어떠한 효과를 기대하는가? 예상 독자가 무엇을 느끼고 생각하기를 바라는가? 이상과 같은 물음에 스스로 답해 봄으로써 필자는 자신이 쓰는 글의 목적을 보다 구체적으로 설정할 수 있을 뿐만 아니라 자신이 설정한 목적을 보다 효과적으로 달성할 수 있다.

글의 목적에 대한 구체적 계획을 세우는 일은 문제 해결 과정으로서의 작문에 있어서 필수적인 일이다. 왜냐하면, 글의 목적에 대한 구체적 계획을 세움으로써 필자는 자신의 앞에 가로놓인 광범위하고 추상적인 문제를 스스로 처리할 수 있는 구체적인 문제로 바꾸어 놓을 수 있기 때문이다. 실제로 글을 쓰는 상황에서 필자가 겪는 가장 큰 어려움은 글의 목적이 지나치게 광범위하거나 추상적이거나 복잡한 경우에 발생한다. 글을 쓰는 목적에 대한 치밀한 계획 없이 글을 쓸 경우에는 필자가 처리해야 할 문제는 지나치게 추상적이고 복잡할 수밖에 없다. 그러나 주어진 주제나 제목을 바탕으로 하여 필자 나름대로 구체적 목적에 대한 계획을 치밀하게 수립하여 쓸 경우에 필자가 처리해야 할 문제는 보다 명료하고 쉬운 문제로 전환될 수 있다. 글의 목적에 관한 구체적 계획을 세울 때 전통적인 수사론에서 강조해온 방법은 글의 개요를 작성하는 것이다. 그러나 글의 개요는 필자의 목적과는 관계 없이 주요 정보를 단순하게 나열하는 기능밖에 하지 못한다. 반면에, 글의 목적에 대한 계획은 필자가 글을 씀으로써 성취하고자 하는 바가 무엇인지를 보다 명료하게 설정해 주는 기능을 한다.

* 문제 해결 전략 2 : 글 전체의 개략적인 구도를 작성하라.

계획하기 과정에서 밟아야 할 두 번째 전략은 글 전체의 개략적인 구도를 작성하는 일이다. 글의 구도를 작성하기 위해서는, 먼저 글을 쓰는 목적을 보다 효과적으로 달성하기 위한 목적을 설정해야 한다. 구체적인 하위 목적이 결여된 목적은, 그 목적을 달성하기 위한 방법이나 수단에 간하여 아무런 단서를 제공하지 못한다. 예를 들어, 학교 수업 상황에서 이루어지는 비언어적 의사 소통의 역할에 관하여 작문하는 글을 쓴다고 가정하자. 이 경우, 필자의 목적은 비언어적 의사 소통의 역할에 관한 필자의 생각을 예상 독자에게 설득시키는 것이다. 그러나 이러한 일반적인 목적에는 예상 독자를 설득시키기 위한 구체적인 방법과 내용이 결여되어 있다. 이러한 문제점을 극복하기 위해서는, 비언어적 의사 소통의 개념을 정의하기, 비언어적 의사 소통이 일어나는 구체적 예를 적적하게 제시하기, 교사의 비언어적 의사 소통이 학생들의 학업 성취에 미치는 영향에 관한 상반되는 연구 결과를 제시하기, 필자가 수행한 연구 결과를 바탕으로 하여 비언어적 의사 소통의 역할에 관한 자신의 입장을 설득력 있게 제시하기 등의 하위 목적을 설정할 필요가 있다.

구체적이 하위 목적을 설정한 다음에는 글 전체의 개략적인 구도를 작성해야 한다. 글 전체의 개략적인 구도는 전통적인 수사론에서 강조하는 개요의 형식을 취할 수도 있지만, 상위 개념과 하위 개념의 구분이 명료하나 개념 구조도의 형식을 취하는 것이 보다 효과적인 방법이다. 글 전체의 구도를 작성하는 데 있어서 두 가지 중요한 원리를 중시할 필요가 있다. 첫째, 글 전체의 구도를 작성할 때에는 세부 내용에 집착하거나 글의 하위 목적과 직결되지 않는 사항들의 처리 문제 때문에 걱정하는 일이 없어야 한다. 둘째, 계획하기 과정에서는 작성하는 글 전체의 구도는 하나의 스케치에 불과한 것으로써 글을 쓰는 과정에서 얼마든지 조정할 수 있는 것으로 인식해야 한다.

2) 내용 생성하기와 조직하기 과정에서의 문제 해결 전략

문제 해결 과정으로서의 작문에 있어서 내용 생성하기 과정과 내용 조직하기 과정은 순차적으로 진행되는 별도의 과정이라기보다는 동전의 앞면과 뒷면처럼 동일한 과정의 서로 다른 측면에 해당하는 과정으로서 동시적이고도 상호 보완적으로 작용하는 과정들이다. 이들 두 과정에서 필자가 선택해야 할 중요한 두 가지 전략은, 글의 중심 내용에 대하여 창의적이고, 체계적으로 사고하기와 생성한 내용을 글의 조직 원리에 맞추어 구성하기와 전개하기이다.

* 문제 해결 전략 1 : 중심 내용에 대하여 체계적이고 창의적으로 사고하라.

내용 생성하기 과정에서 창의적 사과 활동이 필수적이다. 창의적 사고 활동을 함으로써 필자는 주어진 문제에 대하여 자신의 기억 속에 저장하고 있는 생각의 판형을 깨뜨릴 수 있으며, 평소에는 좀처럼 떠오르지 않는 참신한 생각이나 기발한 착상을 포착할 수 있다. 또한, 창조적 사고 활동을 함으로써 필자는 추론을 할 수 있을 뿐만 아니라 자신이 기억하고 있는 아이디어들 사이의 연관성을 새롭게 발견할 수 있다.

내용 생성하기 과정에서의 창의적이고 체계적인 사고 작용을 활성화하기 위해서는 먼저 글 전체의 개략적인 구도에서 설정한 주요 내용 또는 문제에 대하여 브레인스토밍을 실시하는 것이 효과적이다. 브레인스토밍을 할 경우에는, 세 가지 규칙을 지킬 필요가 있다. 첫째, 주어진 문제에 초점을 맞추어 생각을 전개해 나가되 완벽한 생각을 이끌어 내려고 해서는 안 된다는 것이다. 주어진 문제에 대한 생각을 머릿속으로 떠오르는 대로 그냥 적어 내려가기만 하면 되는 것이다. 둘째, 브레인스토밍을 하는 과정에서는 자신이 적어 놓은 생각을 정교하게 다듬거나 순서에 맞게 조정하는 데 시간을 허비해서는 안 된다는 것이다. 셋째, 브레인스토밍은 자유 연상과는 달리 목표 지향적인 사고 활동이므로 브레인스토밍의 과정에서 필자는 자신의 생각이 문제의 핵심에서 벗어나지 않는지를 계속 점검해야 한다는 것이다. 브레인스토밍의 과정이 끝난 다음에는 이 과정에서 필자가 적어 놓은 생각의 덩이들을 바탕으로 하여 예상 독자를 앞에 두고 직접 말을 하듯이 자연스럽게 구두 작문을 해 보는 것도 효과적인 작문 방법이다. 구두 작문을 함으로써 필자는 자신을 보다 실제적이고 생생한 상황에 위치시킬 수 있을 뿐만 아니라, 말하기의 과정에서보다 작문의 과정에서 더욱 심하게 가해지는 여러 가지 제약으로부터 해방될 수 있다.

내용 생성하기 과정에서의 창의적이고 체계적인 사고를 전개해 나가는 데 있어서 가장 중요한 일은 계획하기 과정에서 설정한 여러 가지 주요 문제 또는 중심 내용에 관한 세부 사항을 체계적으로 탐색해 내는 일이다. 이를 위해서는, 조직의 원리, 문제 분석의 원리, 유추의 원리 등을 적용 할 수 있다. 주어진 문제에 대하여 조직의 원리를 적용하여 세부 내용을 생성할 경우에는 정의를 내리거나 비교하거나 원인 혹인 결과를 따져 보거나 구체적인 예를 들어 보는 등의 방법을 사용할 수 있다. 문제 분석의 원리를 적용하여 세부 내용을 생성할 경우에는 주어진 문제 자체의 특성, 시간의 흐름에 따른 변화, 주변 상황과의 관계 등을 분석할 수 있다. 유추의 원리를 적용하여 세부 내용을 생성할 경우에는 개인적 유추, 직접적 유추, 상징적 유추, 상상적 유추 등의 방법을 사용할 수 있다.

* 문제 해결 전략 2 : 생성한 내용을 글의 조직 원리에 맞게 배열하게 하라.

내용 조직하기 과정은 내용 생성하기 과정에서 만들어 낸 중심 내용과 세부 내용을 글의 조직 원리에 맞추어 배열하는 과정이다. 글의 조직 원리는 글의 구성과 관련되는 원리와 내용의 전개와 관련되는 원리로 나눌 수 있다. 글의 구성과 관련되는 조직의 원리에는 다음과 같은 것들이 있다. 모든 들은 처음·중간·끝 또는 서론·본론·결론의 구조를 가져야 한다. 하나의 문단에서는 반드시 하나의 중심 문장이 있어야 하며, 문단이 시작되는 부분에서 들여작문을 해야 한다. 모든 글은 글의 주제와 그것을 뒷받침하는 재료들이 내용적으로 일치를 이루어야 한다는 통일성의 원리를 지켜야 한다. 모든 글은 그 주제를 효과적으로 드러낼 수 있도록 모든 재료들을 적절하게 배열해야 한다는 일관성의 원리를 지켜야 한다. 글의 구성과 관련되는 이러한 원리들을 지키는 것은 좋은 글을 생산하기 위해 필요한 일이다.

문제 해결 과정으로써의 내용 조직하기 과정에서 보다 긴요하나 원리는 중심 내용 및 세부 내용의 전개에 관한 원리들이다. 내용을 전개하는 원리는 시간성을 별도로 중시하지 않는 정태적 범주에 속하는 원리와 시간성을 중시하는 동태적 범주에 속하는 원리로 나눌 수 있다. 정태적 범주에 속하는 원리에는 분석, 묘사, 분류, 예시, 정의, 비교와 대조, 유추, 삼단 논법 등이 있다. 동태적 범주에 속하는 원리에는 서사, 과정, 인과 등이 있다.

3) 표현하기와 고쳐쓰기 과정에서의 문제 해결 전략

문제 해결 과정으로써의 작문에 있어서 표현하기 과정은 내용 생성하기 과정 및 조직하기 과정과 거의 동시에 이루어지는 과정이다. 내용 생성하기 및 조직하기의 결과는 완결된 언어의 모습을 갖추지 않을 뿐만 아니라 매우 유동적인 반면에, 표현하기의 결과는 완결된 언어의 모습을 갖추어야 할 뿐만 아니라 고정적이다. 고쳐쓰기 작용은 대개의 경우 표현하기 과정을 거친 다음에 일어나지만 계획하기와 내용 생성하기 및 조직하기 과정을 밟는 과정에서도 얼마든지 일어날 수 있다. 표현하기 과정과 고쳐쓰기 과정에서 필자에게 도움을 줄 수 있는 중요한 전략에는 예상 독자 중심으로 표현하기와 글의 목적 중심으로 고쳐쓰기의 두 가지가 있다.

* 문제 해결 전략 1 : 예상 독자 중심으로 표현하라.

표현하기 과정에서 필자가 해야 할 가장 중요한 일은 예상되는 독자의 요구가 무엇인지를 정확하게 파악하고, 필자 중심으로 된 내용을 독자 중심의 내용으로 전환하는 일이다. 표현하기 과정에서 필자가 지켜야 할 원리는 독자가 쉽게 이해할 수 있게 표현할 것, 독자의 흥미를 끌 수 있게 표현할 것, 독자에게 설득력을 지닐 수 있도록 표현할 것, 독자가 기억을 보다 잘 할 수 있게 표현할 것 등 네 가지이다. 독자의 이해를 돕기 위하여 가능한 한 글을 쉽게 만드는 일은 작문에 있어서 매우 중요한 일이다. 일반적인 원리를 설명하기 위해 실례를 든다든지 논증에 있어서 논증의 세부 과정들을 명시적으로 제시한다든지, 정확한 어휘를 선택하고 간결한 문장을 사용한다든지 하는 것은 모두 독자의 이해를 돕기 위한 방법들이다. 독자의 관심을 계속 해서 끌어 나가기 위해 표현의 과정에서 필요한 장치를 하는 것 역시 작문에 있어서 매우 중요한 일이다. 독자가 어떤 이유로든 글읽기를 중도에서 그만두게 되는 경우에 대비하여 가장 중요한 정보를 구성 단위의 처음에 위치시킨다든지, 우머를 사용한다든지, 독자의 정서에 호소하여 관심을 유발하는 것 등은 모두 독자의 관심을 계속해서 끌어 나가기 위한 방법이다.

* 문제 해결 전략 2 : 글의 목적 중심으로 고쳐 쓰라.

고쳐쓰기 과정에서 필자가 해야 할 가장 중요한 일은 지금까지 작성한 글이 계획하기 과정에서 설정한 목적에 부합되는지 여부를 확인하는 일이다. 이러한 확인 과정을 거치면서 필자는 상투어 또는 무의미어의 삭제, 접속어 및 지시어의 조정, 피동문의 적절성 확인 등 문장 수준에서의 고쳐쓰기를 해야 한다. 그리고 문단 구조의 적절성 확인, 아이디어의 배열 순서 조정, 중심 문장 또는 보충 문장의 첨가, 연결어의 첨가 등 문단 수준에서의 고쳐쓰기를 해야 한다. 끝으로는 잉여적인 부분들의 삭제, 제목 및 소제목의 조정이나 첨가, 글 전체의 통일성 및 연결성 확인 등 글 전체 수준에서의 고쳐쓰기를 해야 한다. 이와 같은 여러 가지 고쳐쓰기 작용은 모두 글의 목적 중심으로 고쳐 써야 한다는 전제를 충족시킬 수 있어야 한다.

제3장 작문의 맥락과 가치

1. 작문의 상황 맥락

글을 쓰는 행위는 말을 하는 경우와 마찬가지로 일정한 상황 속에서 이루어진다. 글을 쓰는 상황에서 필자가 반드시 고려해야 할 요소는 예상 독자, 필자의 입장, 글의 주제, 작문의 목적 등 네 가지이다. 이들 네 가지 요소는 한 편의 글을 생산하는 데 있어서 주춧돌의 구실을 하는 것으로서 필자가 글을 작문 전에는 물론 글을 쓰는 과정에서 선택하고 결정해야 할 중요한 문제들이다. 다음에서는 글을 쓰는 과정에서 예상 독자의 요구와 필자 자신의 입장을 어떻게 반영해야 할지에 대해서 구체적으로 살펴보기로 하자.

글을 씀으로써 필자는 자신이 쓴 글에 반응하게 될 예상 독자에게 여러 가지 복합적인 의미를 드러내게 된다. 또한, 글을 씀으로써 필자는 예상독자에게 영향을 미칠 수 있는 필자 자신의 가치관, 사상, 의견, 인간성들을 드러내게 된다. 필자가 글을 통해 드러내게 되는 자신의 모습은 필자가 다른 사람에게 보이고자 하는 자신의 모습과는 다를 수 있으므로, 글을 쓰는 과정에서 필자는 자신에 대한 독자의 인상을 가장 좋은 상태로 유지하기 위하여 노력해야 한다. 예상독자, 필자의 입장, 글의 주제, 글의 목적 등으로 구성되는 작문의 상황에 대한 철저한 분석을 출발점으로 하여 전개되는 작문은 효과적인 작문의 전형이라고 할 수 있다.

1) 예상 독자의 요구 분석

글을 쓰는 상황에서 반드시 고려해야 할 예상 독자는 가시적 독자와 불가시적 독자로 구분할 수 있다. 가시적 독자는 필자가 쓴 글을 읽게 될 예상 독자를 필자가 분명하게 인식할 수 있는 독자, 즉 친구, 부모, 선생님 등의 특정 독자를 말한다. 불가시적 독자는 필자가 쓴 글을 읽게 될 사람이 누구인지를 필자가 분명하게 인식할 수 없는 독자를 말한다.

가시적 독자를 대상으로 하여 글을 쓸 경우에는 다음과 같은 세 가지 영역에 걸쳐 예상 독자의 요구를 분석해 보는 일이 필요하다. 첫째, 예상 독자가 처해 있는 구체적인 환경을 설정한다. 이 경우에는 예상 독자의 연령, 사회적·경제적·종교적 배경, 문화적·교육적 배경, 가치관과 신념, 취미와 관심 등이 분석 대상이 된다. 둘째, 글의 주제와 예상 독자와의 관계를 설정해 보아야 한다. 이 경우에는 글의 주제에 대한 예상 독자의 지식 수준과 견해, 예상 독자에 대한 주제의 적합성 등이 분석 대상이 된다. 셋째, 예상 독자와 필자와의 관계를 설정해 보아야 한다. 필자에 대한 예상 독자의 기대 수준 등을 분석해 봄으로써 예상 독자와 필자와의 관계를 보다 명료하게 설정할 수 있다. 넷째, 필자가 작성한 글과 예상 독자와의 관계를 설정해 보아야 한다. 이러한 관계를 설정하기 위해서는 글의 종류, 내용의 조직 방식, 내용의 표현 방식 등이 예상 독자의 요구 및 수준에 적합한지 여부를 검토하는 일이 필요하다.

불가시적 독자를 대상으로 하여 글을 쓸 경우에는 예상 독자의 범위와 실체를 가능한 한 구체적으로 추정하는 일이 필요하다. 이러한 추정을 토대로 하여 가시적 독자의 요구를 분석하는 경우와 마찬가지로 예상 독자가 처해 있는 환경, 글의 주제와 예상 독자와의 관계, 예상 독자와 필자와의 관계, 필자가 작성한 글과 예상 독자와의 관계를 분석해야 한다. 또한, 예상 독자의 요구를 분석할 때에는 예상 독자의 지식과 태도와 필요성 요인 등을 중시할 필요가 있다. 지식 요인과 관련하여 필자는 자신이 전달하고자 하는 내용을 이해할 수 있을 정도의 배경 지식을 예상 독자가 실제로 가지고 있는지에 대해서 고려해야 한다. 태도 요인과 관련하여 필자는 전달하고자 하는 지식에 대하여 예상 독자가 어떠한 태도나 관점을 지닐지에 대하여 고려해야 한다. 흔히, 필자와 독자 사이에 오가는 지식은 명시적으로 진술될 수 없는 종류의 지식이 많은데, 이러한 종류의 지식은 그 지식에 대한 관점이나 태도를 분명하게 설정함으로써 보다 정확하게 전달될 수 있다. 필요성 요인과 관련하여 필자는 예상 독자가 필요로 하는 것이 무엇인지를 추정하여 자신을 예상 독자의 요구에 적응시켜야 한다. 유능한 필자는 단순히 자신이 아는 바를 표현하는 데 그치지 않고, 자신의 지식을 활용하여 독자가 필요로 하는 바가 무엇인지에 따라 글의 내용을 조정하거나 변형시키게 된다.

2) 필자의 입장 분석

글을 쓰는 상황에서 예상 독자의 요구를 분석해 보는 일과 함께 중요한 것은 필자 자신의 입장을 객관적인 입장에서 분석해 보는 일이다. 필자는 글을 씀으로써 자신을 독자에게 드러내게 된다. 시험 문제에 대한 답안을 작성하는 경우처럼 필자 자신의 입장을 지극히 억제해야 하는 상황도 있겠지만, 자신의 입장을 정확하고 효과적으로 드러내야 하는 상황이 보다 보편적이다. 자신의 입장을 잘 드러내기 위해서는 쓰고자 하는 글의 주제를 충분히 소화해야 하고, 예상 독자의 요구를 정확히 인식해야 하며, 쓰고자 하는 글의 주제를 뒷받침할 세부 내용을 생성해 낼 수 있어야 한다. 글을 쓰는 상황에서 필자가 가지고 있는 중요한 목적 중의 하나는 글의 주제에 대한 필자 자신의 확신감과 자신감을 독자에게 드러내 보이는 것이다.

글을 쓰는 상황에서 필자 자신의 입장을 효과적으로 드러내기 위해서는 자기 중심적 필자의 입장에서 벗어나 독자 중심적 필자의 입장을 유지하도록 해야 한다. 덜 숙련된 필자들은 대개의 경우 자기 중심적이다. 이들 필자는 예상 독자를 자신의 확장자로 보는 것이다. 즉, 예상 독자는 필자가 알고 있는 것을 그대로 알고 있으며, 필자가 생각하는 방식과 동일한 방식으로 생각하고 있다고 인식하는 것이다. 이처럼 자기 중심적 필자가 쓴 글의 예상 독자는 그 범위가 매우 한정적일 수밖에 없다. 자기 중심적 필자는 상투어나 무의미어를 자주 사용하며, 필자 자신의 관점을 누구나 보편적으로 받아들일 것으로 가정하며, 예상 독자의 관점을 무시하고, 필자 자신이 전달하는 내용을 예상 독자가 익히 알고 있을 것으로 가정한다. 또한 덜 숙련된 필자들은 특정의 경험과 지식을 갖춘 독자만이 이해할 수 있는 사실에 대해 아무런 구체적 설명을 제공하지 않으며, 어떤 특수한 상황에서만 적용되는 절차 및 과정이 보편적으로 적용된다고 가정하고, 동일한 배경 지식과 경험을 갖춘 사람들만이 알 수 있는 정보를 예상 독자가 당연히 알고 있는 정보라고 생각하고는 세부 내용을 설명하는 일을 생략하는 경우가 많다. 자기 중심적 필자의 입장에서 벗어나 독자 중심적 필자의 입장을 유지하기 위해서는 예상 독자의 입장을 존중하는 일부터 시작해야 한다. 필자 자신이 잘 알고 있거나 깊이 생각한 내용을 예상 독자로 하여금 명료하게 이해할 수 있도록 도와주는 일이 바로 필자 자신의 책무라는 인식이 필요하다.

글을 쓰는 행위는 진공 속에서 일어나는 것이 아니고 언제나 일정한 상황 속에서 이루어진다. 다음에서는 글을 쓰는 상황을 구성하는 네 가지 요인, 즉 독자, 필자, 주제, 목적 중에서 글의 주제와 글을 쓰는 목적에 관하여 구체적으로 살펴보기로 하자.

3) 글의 주제 분석

글의 주제에 대하여 필자는 개인적으로 좋아할 수도 있고 싫어할 수도 있다. 글을 쓰는 상황에서 필자 스스로 주제를 선택할 수도 있겠지만, 필자의 의사와는 관계없이 글의 주제가 주어지는 경우도 있다. 어떠한 경우이든 좋은 글을 생산하기 위하서 필자는 주제가 지니는 가치와 중요성은 물론 주제와 직결되는 주요 문제나 내용 등을 정확하게 인식할 필요가 있다. 또한 필자는 글을 작문 전이나 글을 쓰는 과정에서 글을 쓰는 목적을 구체적으로 설정해야 한다. 글을 쓰는 목적이 분명하지 않으면 글 전체 내용의 일관성과 통일성을 갖출 수 없게 된다.

필자의 입정에서 볼 때, 최선의 주제는 필자 스스로 흥미와 관심을 가지고 있을 뿐만 아니라 글로 표현하고 싶은 주제, 즉 필자 스스로 선택하게 되는 주제이다. 또, 다른 종류의 주제는 필자 스스로 선택하게 되는 주제가 아니라 학업 생활이나 학문 생활 혹은 직업 생활과 관련하여 필자에게 주어지는 주제이다. 학습 활동의 과정에서 작성하게 되는 작문의 경우에 있어서는 필자가 주어진 주제에 맞추어 글을 생산해야 하는 일이 보편적이다.

필자가 글의 주제를 자유롭게 선택할 수 있는 상황은 일상적인 작문에서 흔히 발생한다. 무언가를 쓰지 않을 수 없는 상황에서 사람들은 일기를 쓰거나 수필을 쓰거나 감상문을 쓴다. 또한, 사람들은 무언가를 쓰지 않을 수 없는 상황에서 신문이나 잡지의 독자 투고란에 글을 쓰고, 정부나 관공서에 민원 편지를 쓰며, 실험·실습의 결과에 관한 보고서를 작문도 한다. 이러한 상황에서는 필자가 주제를 선택할 뿐만 아니라 주제가 필자를 선택한다고 볼 수 있다. 필자는 환경오염이나 어린이 유괴 사건을 비난하는 글을 신문이나 잡지의 편집자에게 쓸 수 있다. 이 경우의 필자에게는 환경오염이나 어린이 유괴 사건을 척결하는 것이 중요한 것이 아니고 분노와 좌절감을 표현하는 것이 주된 목적일 수 있다. 반면에 한강 오염이나 어린이 유괴 사건을 체계적으로 분석하여 그러한 사건을 예방하기 위한 대책을 제시하는 글을 쓸 수도 있다. 이러한 글은 광범위한 독자를 예상하고 쓰는 글로서, 신문의 사설이나 논단에 실리는 글이 여기에 해당하는데, 이것은 여론의 힘을 빌려 정책 당국으로 하여금 바람직한 정책을 수립하게 하는데 기여할 수 있다. 어떠한 경우이든 자기 스스로 주제를 선택해야 하는 상황에서의 필자는 그 주제에 대한 자신의 입장, 예상 독자에 대한 필자 자신의 기대, 필자 자신에 대한 예상 독자의 기대 등을 종합적으로 고려하는 것이 중요한다. 특히, 필자 스스로 선택한 주제를 보다 명료하게 한정하고, 그 주제에 대한 필자의 생각을 논리적으로 전개하며, 타당하고 설득력 있는 결론을 도출할 수 있어야 한다. 그리고 필자가 선택한 주제는 적절한 맥락에서 정확하게 진술되어야 하고, 그 주제를 뒷받침하는 내용이 상황에 맞는 것이어야 하며, 그 주제에 대한 필자의 관점이 분명하게 제시되어야 한다.

글의 주제가 필자에게 주어지는 상황 역시 학교 생활을 하거나 사회 생활을 하는 과정에서 흔히 직면하게 된다. 주어진 문제에 대하여 논술하는 글을 쓰거나, 주어진 제목이나 주제를 바탕으로 설명문이나 논설문을 작성해야 하는 경우는 모든 글의 주제가 필자에게 주어지는 상황에 해당한다. 글의 주제가 필자에게 주어지는 상황도 여러 가지가 있다. 글의 주제가 구체적으로 주어지는 경우도 있고, 일반적인 작문 과제만 제시하고 구체적인 주제는 필자 스스로 선택해야 하는 경우도 있으며, 여러 가지 주제들 중에서 어느 하나의 주제를 필자가 선택해야 하는 경우도 있다. 구체적으로 주어진 주제에 대하여 글을 쓰는 상황에서는 예상 독자의 요구를 만족시키는 것이 가장 중요하다. 예를 들어, 필자에게 주어진 작문 과제가 만해 한용운의 시의 내용이나 만해 한용운의 사상에 관해 논술하는 것은 예상 독자의 요구에 부합되지 않는 것이다. 여러 가지 주제들 중에서 어느 하나의 주제를 선택하여 글을 써야 하는 경우에는 필자의 흥미와 관심 그리고 배경 지식과 가장 잘 부합되는 주제를 선택해야 한다.

4) 글의 목적 분석

작문의 상황을 구성하는 또 한 가지 중요한 요인은 글을 쓰는 목적이다. 어떠한 종류의 글이든지 일정한 목적을 가지게 된다. 작문의 목적은 글을 쓰는 구체적인 상황에 따라 수없이 많은 종류로 구분할 수 있지만 이들 목적을 크게 범주화 하면 정보 전달적, 설득적, 문학적, 자기 표현적 목적 등의 넷으로 나눌 수 있다. 정보 전달적인 글은 독자에게 정보를 알려 주거나 어떤 사실을 가르쳐 주기 위한 글이다. 설득적인 글은 어떤 사실이나 정보를 독자에게 확신시키거나 설득시키기 위한 글이다. 문학적인 글은 언어 및 언어 형태의 독특한 사용과 관련하여 독자에게 심미적 정서를 불러일으키거나 즐거움을 느끼게 하기 위한 글이다. 자기 표현적인 글은 필자 개인의 절실한 감정이나 정서를 나타내기 위한 글이다. 위와 같은 네 가지 목적은 실제의 작문에서 중복되는 경우가 많지만, 어느 하나의 목적이 다른 목적에 비해 지배적인 경우가 대부분이다. 또한, 이들 네 가지 목적은 예상되는 독자의 반응과도 직결된다. 예를 들어, 정보 전달적인 글은 독자의 이해를 목적으로 하고, 설득적인 글은 독자에게 정서에 의하여 지배되는 행동 및 사고의 모습을 나타내 보여 준다.

전통적으로, 글을 쓰는 가장 중요한 목적 중의 하나는 설득에 있었다. 설득의 일반적인 목적은 사람들로 하여금 무언가를 믿게 하는 것, 무언가를 하도록 확신시키는 것, 찬양하거나 헌신하도록 고무시키는 것 등의 세 가지이다. 신념, 행동, 고무의 세 가지 목적은 설득을 위한 말하기에서 뿐만 아니라 설득을 목적으로 하는 작문에서도 널리 적용되는 것들이다. 일상적인 작문에 있어서 어떤 필자는 필요한 생활 경비를 가급적 충분히 보내 주도록 부모님을 설득하는 편지를 쓸 수 있다. 어떤 필자는 자신의 직업과 관련하여 법이나 규정이 자신에게 유리한 방향으로 개정되도록 청원하는 글을 의회나 행정 관서의 담당자에게 보낼 수 있다. 또한, 어떤 필자는 자라나는 청소년들이 올바른 삶을 살아갈 수 있도록 계도하는 글을 쓸 수도 있다. 이와 같이 설득을 목적으로 하는 글은 우리의 생활에서 대단히 중요한 구실을 한다.

정보 전달을 목적으로 하는 글은 여러 가지 구체적인 하위 목적을 가진다. 어떤 과정을 설명할 수도 있고, 어떤 사실을 보고하거나 해석할 수도 있으며, 필자 자신의 능력을 드러내 보일 수도 있다. 정보 전달을 목적으로 글을 쓰는 필자는 주제와 관련되는 정보를 수집하고 정리하여 그 정보의 특질을 설명하고, 의의를 해석함으로써 독자로 하여금 그 정보의 중요성을 인식하게 한다. 그리고 경우에 따라서는 단순히 정보를 제시하기만 한다. 예를 들어, 책의 요약문을 쓰는 경우에는 그 책 속에 들어 있는 주요 정보를 가급적 이해하기 쉬운 형태로 제시하기만 하면 된다. 긴 글을 쓰는 경우에는 그 글의 작성을 조정하고 통제하는 중심적인 목적과 함께 여러 가지 하위 목적, 즉 분석 보고, 과정 설명, 사실의 해석, 능력의 현시 등의 목적을 동시에 가지게 된다.

시 텍스트의 경우는 일차적으로 자기 표현적 목적과 문학적 목적을 충족하기 위하여 작성된다. 반면에, 문학 평론의 경우에는 일차적을 분석을 목적으로 하여 작성된다. 독자에게 즐거움을 주기 위하여 작성되는 글은 묘사와 서사의 방법을 흔히 동원하게 된다. 만약, 필자가 재미있는 이야기를 한 편 작성했다고 한다면, 그 필자는 독자에게 즐거움을 주기 위한 목적을 달성한 것이다. 서사적인 글은 원초적으로 자기 표현의 목적으로 작성된 것이다. 서사적인 글을 작성하는 필자는 흔히 자신의 주변에서 일어난 사건에 대한 반응과 감정을 표현하기 위하여 자신의 경험을 이야기 형태로 표현하게 된다. 이처럼 모든 글은 그 글을 작성하는 상황에 따라 일정한 목적을 가지게 된다.

글을 쓰는 목적과 관련하여 필자가 반드시 고려해야 할 한 가지 사항은 글의 종류 또는 형식이다. 일반적으로, 정보 전달을 목적으로 글을 쓸 경우에는 설명문의 형식을 택하는 것이 좋으며, 설득을 목적으로 글을 쓸 경우에는 논설문의 형식을 택하는 것이 좋다. 자기 표현을 목적으로 글을 쓸 경우에는 상황에 따라 일기나 편지, 또는 수필의 형식을 택하는 것이 효과적이며, 문학적 목적으로 글을 쓸 경우에는 문학의 여러 가지 장르 중에서 어느 하나를 택하는 것이 좋다. 독자에게 즐거움을 줄 목적으로 글을 쓸 경우에는 이야기 또는 서사문 형식이 적절하다. 경우에 따라서는 일반적인 관습과는 다른 형식을 취함으로써 글의 효과를 높일 수 있다. 설득을 목적으로 글을 작성하는 경우 논설문의 형식을 택하는 것이 일반적이지만, 일반 대중을 예상 독자로 하는 공개 서한의 형식을 택하는 것이 보다 효과적일 수도 있다.

사람들은 흔히 작문 행위를 한 사람의 마음 속에 있는 생각을 다른 사람의 마음 속으로 이송시키는 과정이라고 생각하는 경향이 있다. 그러나 이와 같은 생각은 두 가지 점에서 부적절한 것임을 밝혀낼 수 있다. 첫째, 필자의 생각은 글을 써 나가는 과정에서 끊임없이 변화되고 생각의 초점 또한 달라지게 된다는 점이다. 둘째, 필자와 독자 사이에 가로 놓여 있는 정보의 통로는 대단히 복잡하여 쉽게 예측할 수 없는 특성을 지닌다는 점이다. 이처럼 복잡한 작문의 과정을 일정한 방향으로 조절하고 통제하여 효과적인 글을 생산해 내기 위해서는 작문의 상황을 구성하는 네 가지 요인, 즉 예상 독자의 요구, 필자 자신의 입장, 글을 쓰는 상황에 적합한 주제, 글을 쓰는 구체적인 목적 등을 명료하게 분석하고 설정한 다음에 글을 써 나가도록 해야 할 것이다.

2. 작문의 사회 · 문화적 맥락

작문은 근본적으로 사회적 활동이다. 작문 활동은 의사소통의 목적으로 이루어질 뿐만 아니라 사회적 기제의 일환으로 일정한 사회적 맥락에서 수행되기 때문이다. 작문의 내용과 방식과 대상은 사회적 관습 및 사회적 상호작용에 의하여 결정된다. 의미 구성 과정에 영향을 미치는 사회적 요인과 문화적 요인에 대한 엄격한 실험연구는 아직 미미한 수준에 이르고 있다 할지라도 활발한 사례연구와 문화기술연구에 의하여 사회·문화적 요인의 중요성이 오늘날 크게 부각되고 있는 것이 사실이다. 그리고 이들 연구에 의하여 협동작문의 중요성이 규명되었다. Hayes(1996)는 그의 새로운 모형에서 사회적 환경 요인에 대한 연구는 의미 구성 과정에 대한 완벽한 이해를 필수적인 연구라는 점을 강조하고 있다.

교실 현장에서 학생들이 실제로 수행한 '읽기를 통한 작문' 활동에 대한 관찰을 통하여 Flower(1994)는 새로운 의미 구성 모형을 제시하였다. 다음 〈그림 1〉은 원래의 모형에서 작문 활동과 연관되는 부분만을 재구성하여 제시한 것이다.

〈그림 1〉 의미 구성 과정에 대한 Flower(1994)의 사회인지적 설명 모형

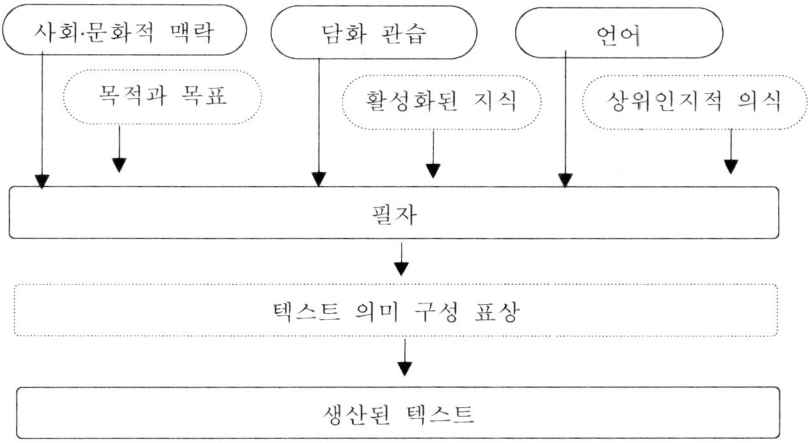

이 모형에서는 필자가 사회 문화적 맥락 요인, 언어 요인, 담화 요인, 관습 요인 등으로 구성되는 광범위한 환경 내에서 의미를 구성하는 것으로 설명하고 있다. 이들 요인들은 일반적인 목적, 구체적 목표, 직면한 과제와 연결되는 활성화된 지식 등과 같은 직접적인 범주에 영향을 주는 외적인 범주들을 형성한다. 그리고 이 모형에서 필자는 사회적인 모양새를 갖춘 의미를 개인적으로 형성한다. 사실 사람들이 수립하는 내적 표상을 이해하기 전까지는 의미 구성을 위한 개인적 · 공적인 맥락과 텍스트 사이의 연결 관계를 제대로 이해할 수 없는 것이다. 이들 개인적인 인지적 구성 요인들은 사회적 맥락과, 주어진 의미 구성 행위를 가능케 해 주는 관습 사이를 중재해 준다. 이들 요인들은 개별 필자가 공유된 사회적 기대를 해석하는 방식, 혹은 학생들이 주어진 과제, 새로운 담화의 관습, 교사의 반응 등을 해석하는 방식들 사이의 결정적인 차이를 설명해 준다.

필자가 구성하는 의미의 망에 해당하는 텍스트의 의미 구성 표상은 텍스트에 드러나지 않는 다양한 갈등과 사유 방식을 내포하고 있기 때문에 텍스트에 드러난 표상보다 훨씬 복잡하다. 이 모형에서 필자의 상위인지적 의식작용은 상대적인 특성을 지닌다. 의미 구성자는 자신의 구성 과정과 그 과정에 대하여 작용하는 요인들에 대하여 철저하게 의식할 수도 있고 막연하게 의식할 수도 있다. 그리고 일반적인 개념도와 마찬가지로 이 모형은 맥락과 텍스트 사이의 중재자 역할을 하는 의미의 복잡한 내적 표상의 표피만을 드러내고 있다. 따라서 이 모형은 사람들이 의미 구성 작용을 조정하는 전체적인 모습을 드러내는 것이 아니라 특징적인 영역을 드러내는 하나의 단순한 지도에 불과한 것이다.

의미 구성의 과정에서 필자는 일정한 목적을 달성하기 위하여 의도적으로 아이디어를 창안한다. 필자의 목적은 복합적이고도 개인적이며 사회적인 제약 하에서 자신의 태도와 감정과 다른 사람의 요구 등에 의하여 형성되기도 한다. 이러한 상황에서 필자는 선택, 제약, 갈등 등을 다루기 위해 의식적인 주의 집중을 선택적으로 기울이게 된다. 그리고 이러한 갈등과 의사 결정의 순간에 의미는 적극적인 협상을 통한 거래, 결정, 약속, 선택 등의 결과로서 구성되는 것으로 사회인지주의 작문이론가들은 설명하고 있다.

의미 구성 과정에서의 협상 활동을 깊이 있게 이해하기 위해서는 의미 구성 과정에서 야기되는 갈등의 역할, 복수의 소리의 역할, 중재와 조종의 역동성, 갈등 해결이 지닌 문제, 현실적 선택의 역할, 암묵적 지식의 역할 등을 정확하게 이해할 필요가 있다. 의미 구성 과정에서의 협상 활동은 어떤 갈등이 생기거나 제약이 부과되거나 여러 가지 대안이 떠오를 경우에 이루어진다. 갈등은 필자의 생각과 소망이 작문의 관습, 예상 독자의 요구, 지도 교사의 요구 등과 대립될 때에 생겨난다. 그리고 의미 구성의 과정에서 필자가 여러 가지 개인적 목표를 동시에 달성하고자 할 경우에도 생겨난다. 이처럼 갈등은 더욱 나은 가능성을 탐색하기 위해 치러야 하는 대가라고 할 수 있다. 필자가 의미 구성의 과정에서 여러 가지 다양한 요구나 제약이나 규제와 같은 복수의 소리에 직면했을 때도 협상 활동이 일어날 수 있다. 서로 다른, 표현 방식과 조직 방식, 작문 관습과 규칙, 작문 목적과 주제, 작문 과제에 대한 필자의 표상, 필자의 태도와 감정 등이 의미 구성의 과정에서 복수의 소리를 형성하게 된다.

의미 구성 과정에서의 협상 활동은 중재의 방식으로 진행될 수도 있고 조종의 방식으로 진행될 수도 있다. 필자는 필자 자신의 요구와 자신의 작문 행위를 둘러싸고 있는 사회적 요구를 중재함으로써 의미를 구성해 나간다. 필자는 이러한 중재 활동을 통하여 어떤 요구를 더 중시해야 할 것인지, 어떤 목적을 더 존중해야 할 것인지, 어느 선에서 타협해야 할 것인지, 어떻게 균형 감각을 유지할 것인지 등을 결정하게 된다. 또한 필자는 다양한 목적과 제약과 난관으로 구성되어 있는 문제의 공간을 최선의 방식으로 헤쳐 나가기 위한 조종 활동을 해 나가야 한다. 의미 구성 과정에서의 협상은 복수의 목적과 소리를 존중함과 아울러 서로 대립되는 요구들을 중재할 수 있는 최선의 방안을 탐색하기 위한 목적으로 이루어진다. 이러한 협상의 과정에서 발생하는 어떤 갈등을 해결하였을 경우 중요한 그 무엇인가를 잃어버릴 수도 있다. 어떤 학생이 자신의 목적과 아이디어와 지식을 통합하여 일관성을 갖춘 한 편의 텍스트를 생산하는 경우, 이 학생은 텍스트의 일관성과 자신의 목적 및 아이디어 사이에서 발생하는 갈등을 해결하기 위하여 일관성의 문제를 중시하여 갈등을 해결할 수 있다. 이렇게 되면 이 학생이 작성한 텍스트는 필자 자신의 창의적인 사고와 개성이 죽어버린 텍스트로 전락할 가능성이 많다. 필자는 협상의 과정에서 갈등의 해결로 인하여 더 중요한 것을 잃어버리지는 않는지를 면밀하게 점검해 볼 필요가 있다.

협상을 통한 의미 구성 활동은 텍스트 생산의 전 과정에 비추어 볼 때 아주 특수한 경우에 해당하는 활동임을 인식할 필요가 있다. 필자가 실제로 구성해 내는 의미는 대개의 경우 특별한 협상의 과정을 거치지 않고 필자의 지식 기저로부터 즉각적으로 구성되거나 암묵적인 추론의 과정의 거쳐 구성된다. 협상 활동은 의도적인 주의 집중이나 상위인지 작용과는 구별된다. 협상 활동은 의미 구성에 과정에서 인식한 미궁, 갈등, 대안 등에 대한 반응으로부터 시작된다. 만약에 필자가 이러한 미궁과 갈등을 해결하고자 하는 의지를 가지게 되면 협상은 시작되는 것이고 무시하게 되면 협상의 여지는 없어지는 것이다. 협상의 과정은 유형 인식, 스키마 활성화, 유추, 추론, 회상 등과 같은 기본적인 인지 과정의 확장 과정이다. 의미 협상 과정에 대한 이해는 목표 지향적 의미, 사회적 상황과 직결되는 의미를 생성하는 맥락, 인지작용 사이의 상호작용에 대한 이해를 드높여 줄 수 있을 것이다.

협상을 통한 의미 구성의 기본적인 과정은 해석 과정, 협상 과정, 반추 과정의 셋으로 구분할 수 있다. 의미 구성 과정에서 필자의 협상 활동은 작문 맥락 읽기, 다른 사람의 기대 해석하기, 작문 과제에 제시된 핵심 어휘의 의미 규정하기, 필자 자신의 역할 상정하기 등과 같은 해석 활동으로부터 시작된다. 해석 과정을 마친 필자는 작문 내용의 생성과 구성과 전개와 표현 등과 연관되는 여러 가지 제약에 직면하게 되는데 필자가 협상을 통해 해결해야 할 제약은 사회적인 것이거나 대인 관계와 연관되는 것일 수도 있고, 개인의 지식과 경험과 연관되는 것일 수도 있다. 협상의 대표적인 유형으로는 기존 지식과의 협상, 독자의 기대에 대한 협상, 지금까지 작성한 텍스트와의 협상 등을 들 수 있다. 해석 과정과 협상 과정은 의미 구성의 바탕을 제공하는 과정이고, 반추 과정은 의미 구성의 결과를 점검하고 보완하는 과정이다. 반추 과정에서 필자는 자신이 창안한 의미는 물론 자신의 목적, 가정, 전략 등에 대하여 반추적 사고 활동을 벌이게 된다.

3. 작문의 기능과 가치

교과 학습을 통하여 작문 능력을 보다 효과적으로 신장하기 위해서는 우선 작문 능력의 중요성과 특성을 정확하게 인식할 필요가 있다. 이와 관련하여 다음에서는 먼저 작문 능력의 중요성을 의사소통의 수단, 사고력 증진의 도구, 의사 결정 능력 신장의 도구, 바람직한 정서 형성의 수단 등의 측면에서 살펴보기로 한다.

1) 의사소통의 수단

어떤 주어진 문제에 대하여 글을 쓴다는 것은 의사소통을 위한 중요한 수단이 되는 행위이다. 들을 쓰는 사람은 글을 읽는 사람에게 어떤 영향을 미치기 위하여 글을 쓴다. 즉, 필자는 독자의 지적 상태를 변화시키기 위하여 어떤 일을 주장하기도 하며, 어던 정보를 제공하기 위하여 설명을 하기도 한다. 의사소통 행위로서의 작문이 갖는 여러 가지 성질들은 실제로 글을 만들어 가는 과정에서 중요한 역할을 한다. 만약, 정보화 사회 또는 고급 기술 문영 사회의 특성을 지니게 될 미래 사회에 대비하여 젊은 세대들이 의사소통 능력으로서의 작문 능력을 제대로 갖추지 않는다면, 미래 사회가 각 개인에게 요구하는 여러 가지 문제 사태에 대해서 능동적으로 대처할 수 없을 것이다. 뿐만 아니라, 미래 사회의 주역으로서 인간다운 삶을 영위하기도 힘들 것이다. 자신의 생각을 체계적으로 조직하여 정확한 언어로 표현하지 모사는 전문직 종사자, 정확하고 간결하게 전달하지 못하는 정치가, 그리고 일상 생활 속의 여러 가지 의사소통 상황에서 상대방에게 자신의 의사를 효과적으로 전달하지 못하는 사람들이 겪게 될 고충을 생각해 보면, 의사 표현 행위로서의 작문이 지닌 중요성을 쉽게 이해할 수 있을 것이다.

2) 사고력 증진의 수단

의사소통 행위로서의 작문이 지닌 실용적인 측면에서의 중요성 외에도 작문 활동은 교육 상황에서 학생들의 논리적 사고력과 창의적 사고력을 신장시키고 촉진시킨다는 측면에서 그 중요성을 찾을 수 있다. 작문 활동은 학생들로 하여금 논리적으로 생각하는 힘을 기를 수 있다. 작문 활동은 학생들로 하여금 사물들 사이의 관계를 바르게 인식하게 하고, 사물들에 대한 이해를 깊게 하며, 여러 가지 다양한 경험들에 대하여 질서를 부여할 수 있도록 한다. 또한, 작문 활동을 함으로써 학생들은 창의적이고도 비판적으로 생각하는 힘을 기를 수 있다. 작문의 실제 과정에서 학생들은 사람, 사물, 주요 현상, 주요 문제들에 관하여 자신이 어떻게 생각하고 있는지, 혹은 자신이 어떻게 생각해야 하는지에 관한 어떤 통찰을 얻게 된다. 문화 심리학자들의 연구에 의하면, 문맹 사회의 사람들에 비해 비문맹 사회의 사람들이 논리적 사고력과 창의적 사고력의 측면에서 앞서고 있다는 사실이 확인되고 있다. 다시 말하면, 작문 능력을 습득함으로써 사람들은 보다 논리적으로 생각을 전개하고 창의적으로 문제를 해결하며 비판적으로 현상을 이해할 수 있게 된다는 것이다. 따라서, 작문 능력을 제대로 갖춘다는 것은 바로 앞으로의 정보화 사회에서 직면하게 될 여러 가지 문제 상황에 대처하여 창의적으로 문제를 해결할 수 있는 능력을 획득하는 일과 직결된다.

3) 의사 결정 능력 신장의 수단

의사소통 행위로서의 작문이 갖는 중요성은 작문 행위야말로 바로 의사 결정의 과정이라는 데서 찾을 수 있다. 작문의 과정에서 필자는 자신이 표현하고자 하는 정확한 의미를 발견하고 그것을 효과적으로 전달하기 위해서 작문의 목적, 예상 독자, 작문의 내용 등에 관해 끊임없이 의사 결정을 해야 하는데, 이러한 의사 결정의 훈련이 학문을 하거나 사회 생활을 영위하는 데 매우 가치있는 경험이 된다. 의사 결정과 관련하여 글을 쓰는 사람은 작문의 과정에서 표현하고자 하는 내용과 목적이 무엇인지를 결정해야 하고, 예상 독자가 누구인지, 자신의 글을 읽을 사람이 어떻게 전달 내용을 이해하게 될 것인지를 결정해야 하며, 전달하고자 하는 내용을 예상 독자가 보다 정확하게 이해할 수 있도록 하기 위한 조직 방식과 표현 방식을 결정해야 한다. 또한, 글을 쓰는 과정에서 자신이 지금까지 쓴 글의 내용과 조직 방식과 표현 방식을 적절하게 고치는 방법도 결정해야 한다. 이처럼 작문의 모든 과정은 대단히 복잡한 의사 결정 과정이기 때문에 작문 활동을 함으로써 학생들은 의사 결정 능력을 매우 효과적으로 신장시켜 나갈 수 있다.

4) 긍정적 정서의 강화 수단

작문 활동은 학생들로 하여금 긍정적이고 바람직한 정서를 갖게 하는데 크게 기여한다. 인간의 모든 경험은 어떤 방식으로든 정서를 포함한다. 어떤 현상의 의미는 그 현상에 대하여 우리가 느끼는 정서와, 그 현상을 표현하는 데 이용할 수 있는 선택 장치에 따라 결정되는 것이다. 우리가 사용하는 언어는 우리 자신의 느낌, 감정, 태도 등의 정서와 관련되는 정보를 계속해서 투사해 낸다. 따라서, 언어 표현 행위와 정서는 불가분의 관계를 맺고 있는 것이다. 이러한 사실과 관련하여 작문 행위가 필자의 정서에 미치는 영향을 실증적으로 연구한 결과에 의하면, 부정적인 정서를 가졌던 많은 학생들이 작문 경험을 확충함으로써 긍정적 정서를 가진 학생으로 변화하게 된다는 사실이 드러나고 있다. 매사에 잘 부끄러워하고, 싫증도 잘 내고, 사고의 혼돈을 자주 경험하고, 의기소침하고, 외로워하고, 자주 창피스러워 하는 등의 수동적이고 부정적인 정서를 가졌던 학생들이 체계적인 작문 지도를 받은 후에는 매사에 흥미와 관심을 가지고, 지신이 하는 일에 기뻐 할 줄 알고, 자신감을 가지고, 스스로를 위로할 줄 아는 등의 적극적이며 긍정적인 정서를 가진 학생으로 변화하는 경우가 많다는 사실이 실증적인 연구에 의해서 뒷받침되고 있는 것이다. 이러한 연구 결과로 미루어, 작문 활동은 학생들의 정서를 바람직한 방향으로 변화시키는 기능을 지니고 있음을 알 수 있다.

작문 활동의 기능과 가치는 정보의 획득과 전달, 문학적 반응과 표현, 비판적 분석과 평가, 사회적 상호작용 등의 측면에서 그 세부를 규명할 수 있다. 다음에서는 이들 네 가지 유형의 작문 활동이 지니고 있는 기능과 가치를 간단히 정리하여 제시해 보기로 한다.

정보의 획득과 전달을 위한 작문 활동을 통하여 필자는 문제를 제기하고, 의문을 명료하게 밝히고, 자신의 언어로 정보를 해석하며, 정보를 다양한 상황에 적용하고, 정보와 그 정보에 대한 해석을 명료하고 간결하게 이해하기 쉽게 제시할 수 있게 된다. 정보의 획득과 전달을 위한 작문 활동을 통하여 창의적 필자는 다음과 같은 성취 수준에 도달할 수 있어야 한다. 첫째, 여러 교과와 연관되는 다양한 주제에 관하여 간단한 연구 보고서, 설명문, 논술문 등을 작성하고 발표할 수 있어야 한다. 둘째, 주어진 주제 혹은 작문 과제에 대한 개인적 관점과 식견을 드러내는 중심 생각을 명료하게 제시할 수 있어야 한다. 셋째, 작문의 과정에서 다양하고도 적합한 조직 유형(서사, 인과, 논증, 비교/대조 등)을 활용할 수 있어야 한다. 넷째, 명시적 진술, 근거, 적절한 논증 등을 통하여 정보의 상대적 중요성에 관한 해석과 의사 결정을 뒷받침할 수 있어야 한다. 다섯째, 재구조화, 오류의 수정, 명료성과 효과성을 높이기 위한 수정 등을 통하여 초고를 가다듬을 수 있어야 한다. 여섯째, 효과적인 의사소통을 의한 각 개인의 독창적인 문체를 개발하기 위하여 다양하고도 광범위한 문법적 구조와 어휘를 사용하고, 정보 전달을 위한 일반적이고도 표준적인 규칙과 관습을 효율적으로 적용할 수 있어야 한다.

문학적 반응과 표현을 위한 작문 활동을 통하여 필자는 문학적 텍스트의 내용과 언어에 대한 나름대로의 해석과 분석과 반응을 제시할 수 있게 되며, 창의적이고도 복합적인 특성을 지닌 언어와 구조를 사용하여 문학적 텍스트를 생산할 수 있게 된다. 문학적 반응과 표현을 위한 작문 활동을 통하여 창의적 필자는 다음과 같은 성취 수준에 도달할 수 있어야 한다. 첫째, 장르, 시대, 문학적 전통 등과 연관하여 뛰어난 작품에 대한 개인적 해석과 반응을 자시의 경험과 지식을 바탕으로 제시할 수 있어야 한다. 둘째, 문학 작품이 지니고 있는 다층적 의미를 드러내는 문학적 해석을 생산할 수 있어야 한다. 셋째, 장르 관습을 지키고 효과적인 구조와 언어를 사용하여 다양한 유형의 문학적 텍스트를 창의적으로 생산할 수 있어야 한다. 넷째, 개성적인 문체로 표준적인 국어를 능숙하게 사용할 수 있어야 한다.

비판적 분석과 평가를 위한 작문 활동을 통하여 필자는 자신의 경험과 아이디어와 정보와 주요 문제에 대한 의견과 판단을 구체적인 범주와 기준에 따라 명료하고 논리적이고 설득력 있게 제시할 수 있게 된다. 비판적 분석과 평가를 위한 작문 활동을 통하여 창의적 필자는 다음과 같은 성취 수준에 도달할 수 있어야 한다. 첫째, 설명, 논증, 비평, 문제 분석 등과 같은 여러 가지 형식을 통하여 다양한 관점에서 자신의 입장을 분석하고 설명하는 잘 짜여진 글을 쓸 수 있어야 한다. 둘째, 독자가 자신의 입장을 지지할 수 있도록 세부 내용, 근거, 논증, 표현 전략 등을 효과적으로 사용할 수 있어야 한다. 셋째, 특정 독자에게 최대한의 영향을 미칠 수 있도록 자신의 표현 방식을 점검하고 조정할 수 있어야 한다. 넷째, 공식적인 설명과 논증을 위한 규칙이나 관습을 지키고 광범위하면서도 간결한 어휘를 사용하는 등 표준적인 국어를 능숙하게 사용할 수 있어야 한다.

사회적 상호작용을 위한 작문 활동을 통하여 필자는 다른 사람들과의 관계를 설정하고 유지하고 촉진하기 위하여 문어적 메시지를 효과적으로 사용할 수 있게 된다. 사회적 상호작용을 위한 작문 학습을 통하여 창의적 필자는 다음과 같은 성취 수준에 도달할 수 있어야 한다. 첫째, 동료 학생과 성인들과의 원활한 사회적 의사소통을 위하여 다양한 유형의 인쇄매체와 전자매체를 이용할 수 있어야 한다. 둘째, 예상 독자와 작문 맥락과 메시지를 잘 연결할 수 있도록 효과적인 언어와 표현 양식을 사용할 수 있어야 한다. 셋째, 여러 사회집단과 문화집단의 필자들이 준수하고 있는 사회적 관습과 언어적 관습을 익히고, 다른 집단 구성원들과의 의사소통에 있어서 그러한 관습을 적용할 수 있어야 한다.

제2부

작문의 원리와 전략

제 장 계획하기의 원리와 전략

글을 잘 쓸 수 있는 능력은 어떻게 기를 수 있는가? 흔히 사람들은 글을 잘 쓰는 능력은 타고나는 것이라고 생각하는 경향이 있다. 글을 잘 쓸 수 있는 능력에 관한 또 하나의 미신은 글을 쓰는 동안 떠오르는 영감이 좋은 글을 만드는 조건이 된다는 생각이다. 이러한 생각은 작문 능력을 구성하는 여러 요소들 중에서 문법이나 철자법 또는 어휘력과 같은 명시적이거나 개념적인 지식 요소들을 제외하고는 마치 작문의 학습이 매우 곤란할 것이라는 사실을 전제로 하고 있다.

그러나 실제로 숙련된 필자들이 글을 쓰는 과정을 면밀히 탐구해 보면 그 과정은 곧 주어진 작문 과제에 대한 체계적이고 복잡한 방식의 문제 해결 과정이라는 사실을 알 수 있다. 작문 과정에서 필자가 수행하게 되는 문제 해결 과정은 사람들이 작문 이외의 다른 학문 분야 또는 일상 생활에서 수행하게 되는 문제 해결 과정과 매우 비슷한 특성들을 지닌다. 일반적인 문제에 대한 해결 과정과 마찬가지로 작문 과정에서도 필자는 주어진 문제를 해결하기 위하여 자신의 배경 지식과 여러 가지 문제 해결 전략을 사용한다.

일반적으로 문제를 해결하기 위해서는 주어진 문제를 체계적으로 분석하는 일이 선행되어야 한다. 주어진 문제에 대한 엄밀한 분석을 바탕으로 하여 작문의 과정에서 해결해야 할 문제가 일단 결정되면, 필자는 일련의 문제 해결 과정을 체계적으로 밟아 나가야 한다. 글을 쓰는 동안 필자의 머릿속에서 일어나는 사고 작용의 대표적인 유형에는 계획하기, 내용 생성하기, 내용 조직하기, 표현하기, 수정하기 등이 있다. 이러한 사고 작용은 고정된 순서에 따라 이루어지는 것이 아니고 상호 보완적으로 이루어진다. 작문의 과정은 대단히 복잡한 문제를 체계적으로 해결하는 과정이다. 작문의 과정에서 직면하게 되는 문제를 효과적으로 해결하기 위해서 필자는 계획하기, 내용 생성하기, 내용 조직하기, 표현하기, 수정하기 등의 문제 해결 활동을 하는 데 필요한 작문의 원리를 이해하고 이러한 원리를 실제 작문의 과정에서 적용할 수 있어야 한다.

글을 효과적으로 작문 위해서는 작문의 상황에 대한 분석을 토대로 하여 작문의 원리에 따라 일정한 문제 해결의 절차를 밟아야 한다. 작문의 과정과 절차는 글을 쓰는 상황에 따라 조금씩 다를 수 있지만, 어떠한 상황에서 글을 쓰든지 필자는 반드시 일정한 문제 해결 과정을 거치면서 글을 써 나가야 한다. 작문의 절차는 일반적으로 계획 단계, 내용 생성 단계, 내용 조직 단계, 내용 표현 단계, 수정 단계 등으로 구분할 수 있다. 어떠한 상황에서 글을 쓰든 필자는 글 전체에 대한 계획을 세워야 하고, 이러한 계획을 바탕으로 필요한 내용을 생성해야 하고, 생성한 내용을 일정한 원리에 따라 조직해야 하며, 조직한 내용을 적합한 언어로 표현해야 한다. 그리고 필자는 이와 같은 각 단계에서 작업한 결과에 대해 점검을 해 보고, 필요한 경우 수정과 보완 작업을 해야 한다. 1장에서는 계획하기의 특성, 작문 맥락 파악을 위한 계획, 계획하기 과정에서의 문제 해결 전략에 대하여 정리해 보기로 한다.

1. 계획하기의 특성

한 편의 글을 쓰기 위하여 필자는 일정한 절차를 밟아야 한다. 글쓰기의 세부 절차는 글을 쓰는 맥락에 따라 다를 수도 있다. 그렇지만 어떠한 경우이든 한 편의 글을 쓰기 위해 필자는 글 전체에 대한 계획을 세워야 하고, 쓸 내용을 마련해야 하고, 마련한 내용을 조직해야 하며, 조직한 내용을 표현해야 하고, 부족하거나 잘못된 것을 수정해야 한다. 이처럼 작문의 기본적인 절차를 '계획', '내용 생성', '내용 조직', '내용 표현', '수정'의 다섯 가지로 구분할 수 있다.

계획 단계에서는 작문의 전 과정에 대한 계획을 수립하고, 내용 생성 단계에서는 글을 쓰는 데 필요한 내용을 찾아낸다. 내용 조직 단계에서는 자기가 찾아낸 내용을 예상 독자가 더 잘 이해할 수 있도록 구성하고 배열한다. 내용 표현 단계에서는 조직한 내용을 더 효과적으로 표현하기 위하여 적절한 어휘를 선택하고 적절한 문장 구조를 선택한다. 그리고 수정 단계에서는 내용과 조직과 표현에 대하여 점검하고 보완한다. 그러나 작문의 절차를 계획, 생성, 조직, 표현, 수정 등의 단계로 구분한 것은 편의상의 구분에 불과하다. 글쓰기의 실제 과정에서 이들 각 단계는 순차적으로 진행되기보다는 평행적이고 상호 보완적으로 진행되는 경우가 많다. 즉, 내용의 조직 과정에서도 새로운 내용을 생성할 수 있으며, 내용의 표현 과정에서도 새로운 내용을 생성하거나 생성한 내용을 다시 조직할 수 있다.

계획하기는 어떤 문제를 효과적으로 해결하기 위한 목적으로 흔히 사용되는 사고 작용이다. 계획하기를 통하여 사람들은 문제의 성격을 규명하기도 하고, 문제 해결 방법을 탐색하기도 한다. 한 편의 글을 쓰기 위해 필자는 여러 가지 문제를 해결해야 하기 때문에 작문 과정에서의 계획하기는 필수적인 정신작용이다.

계획하기는 작문의 전 과정에서 일어나는 정신작용이다. 필자는 글을 쓰기 전에 먼저 작문의 상황을 탐색해야 하는데 이 과정에서 계획하기 작용이 주로 일어난다. 예상 독자의 요구를 분석하고 필자의 입장을 설정하는 일이나, 글의 주제를 설정하고 글의 목적을 결정하는 일은 모두 계획하기의 일환으로 이루어지는 것이다. 계획하기 작용은 내용을 창안하는 과정과 창안한 내용을 조직하는 과정에서도 일어난다. 글의 목적을 달성하는 데 필요한 내용을 창안하는 방법이나 창안한 내용을 체계적으로 조직하는 방법을 효과적으로 결정하기 위해 필자는 나름대로의 계획을 수립하게 된다. 표현의 과정에서도 계획하기 작용이 일어난다. 효과적인 표현을 위해서 필자는 적절한 어휘 선택과 정확한 문장 구조의 선택을 위한 계획을 수립하게 된다. 이와 같이 계획하기 작용은 긴 시간에 걸쳐 일어날 수도 있고 매우 짧은 시간 동안 일어날 수도 있다.

유능한 필자는 계획하기 능력이 탁월한 사람이다. 일반적으로 작문에 관한 전반적인 계획을 세우는 데 10분을 투자하게 되면 글 전체를 생산하는 데 100분을 절약할 수 있다. 치밀한 계획 없이 시행 착오의 과정을 거치면서 무작정 글을 써 나가더라도 멋진 글을 만들어 내는 경우가 있지만, 그것은 우연이거나 행운의 결과이지 결코 정상적인 결과라고는 할 수 없다.

계획하기 과정에서 글의 목적을 달성하기 위해서 필자는 작문 상황을 탐색해야 하고, 글 전체의 개략적인 구도를 작성해야 한다. 필자가 글을 작문 이전 단계에서 가장 먼저 해야 할 일은 바로 작문 상황을 탐색하는 일이다. 필자, 예상 독자, 글의 주제, 글의 목적 등을 포괄하는 광범위하고도 추상적인 영역으로 이루어진 작문 상황을 탐색함으로써 필자가 해결해야 할 문제의 성격을 정확하게 파악할 수 있다. 글을 생산해야 하는 문제를 해결하기 전에 먼저 작문의 상황을 탐색해야 하는 것은 이러한 작업이 바로 글을 생산하는 문제를 해결하는 데 있어서 바탕이 되기 때문이다.

주어진 작문 상황을 탐색하고 분석하는 단계에서 필요한 일은 글을 쓰는 목적과 예상 독자의 요구와 자신의 입장을 가급적 구체적으로 탐색하고 분석하여 글의 주제를 적절하게 설정하는 것이다. 글을 쓰는 목적을 결정하는 과정에서 필자는 다음과 같은 물음을 제기해 볼 필요가 있다. 첫째, 이 글을 씀으로써 성취하고자 하는 바가 무엇인가? 둘째, 이 글을 통하여 어떠한 효과를 기대하는가? 셋째, 이 글을 읽고, 예상 독자가 무엇을 느끼고 생각하기를 바라는가? 이상과 같은 물음에 스스로 답해 봄으로써 필자는 자신이 쓰는 글의 목적을 보다 구체적으로 설정할 수 있게 되어 그 목적을 더욱 효과적으로 달성할 수 있다.

글의 목적을 달성하기 위해 구체적 계획을 세우는 것은 문제 해결 과정으로서의 작문에서 필수적인 일이다. 왜냐 하면 글의 목적에 대한 구체적 계획을 세움으로써 필자는 자신의 앞에 가로놓인 광범위하고 추상적인 문제를 스스로 처리할 수 있는 구체적인 문제로 바꾸어 놓을 수 있기 때문이다.

실제로 글을 쓰는 상황에서 필자가 겪는 가장 큰 어려움은 글의 목적이 지나치게 광범위하거나 추상적이거나 복잡한 경우에 발생한다. 주어진 어떤 주제나 제목에 대하여 치밀한 계획 없이 글을 쓸 경우에 필자가 처리해야 할 문제는 지나치게 추상적이고 복잡할 수밖에 없다. 그러나 주어진 주제나 제목을 바탕으로 하여 필자 나름대로 구체적 목적에 대한 계획을 치밀하게 수립하여 쓸 경우에 필자가 처리해야 할 문제는 보다 명료하고 쉬운 문제로 전환될 수 있다.

계획하기 과정에서 밟아야 할 또 다른 전략은 글 전체의 개략적인 구도를 머릿속으로 작성하는 일이다. 글의 구도를 작성하기 위해서는, 먼저 글을 쓰는 목적을 보다 효과적으로 달성하기 위한 구체적인 목적을 설정해야 한다. 구체적인 목적이 결여된 목적은, 그 목적을 달성하기 위한 방법이나 수단에 관하여 아무런 단서를 제공하지 못한다. 구체적인 목적을 설정한 다음에는 글 전체의 개략적인 구도를 작성해야 한다. 글 전체의 개략적인 구도를 구상할 때에는 상위 개념과 하위 개념으로 구성된 내용 구조도를 머릿속으로 그려 보는 것이 효과적이다.

글 전체의 구도를 작성하는 데 있어서는 두 가지 중요한 원리를 중시할 필요가 있다. 첫째, 글 전체의 구도를 작성할 때에는 지나치게 세부 내용에 집착하거나, 글의 하위 목적과 직접적 연관이 없는 사항들의 처리 문제 때문에 걱정하는 일이 없어야 한다. 둘째, 계획하기 단계에서 작성하는 글 전체의 구도는 하나의 습작에 불과한 것이므로 글을 쓰는 과정에서 얼마든지 조정할 수 있는 것으로 인식해야 한다.

우리가 무엇에 대하여 안다는 것에는 언어로 표현할 수 있는 정보는 물론이고 언어로 표현할 수 없는 직관, 느낌 등의 비언어적 앎까지도 포함된다. 우리의 앎이란 우리 스스로에게 정보를 표상하는 행위라고 할 수 있다. 정보를 심리적으로 표상할 때 사람들은 언어적인 것 혹은 비언어적인 느낌 등 서로 다른 형태의 형식을 취할 수 있다.

다른 종류의 앎에 대한 경험에 대해 말할 때 사람들은 흔히 은유를 사용한다. 사람들은 정보를 기억하고 그 정보를 가지고 무언가를 생각하기 위해서 새로운 정보에 대한 내적인 심리적 표상을 만들어 낸다. 이러한 내적 표상들은 때로 작문을 할 때에 손쉽게 언어적 표상으로 옮겨지지만 그렇지 않는 경우도 있다. 필자의 역할은 각기 다른 방식으로 표상한 지식을 글로 옮기는 것이다. 흔히 사람들은 작문 초기 단계에서 표상이 분명하지 않거나 글로 쓸 만큼 구체적이지 않을 경우 어려움을 겪게 된다. 글로 표현하는 과정에서 필자는 여러 가지 대안적 방법을 찾게 되는데 필자가 자신에게나 독자에게 새롭고도 정교한 표상을 제공하는 것은 바로 새로운 지식을 구축하는 것이다.

작문 과정에서의 계획하기는 필자가 알고 있는 것과 말하고자 하는 것에 대해 생각할 목적으로 그것들에 대한 심리적 표상을 불러일으키는 행위이다. 그런데 필자가 실제로 많이 알고 있다고 할지라도 자신이 아는 것에 대하여 특별한 방식으로 사고할 것을 요구하기 때문에 때로는 알고 있어도 표현할 수 없는 경우가 생긴다. 작문은 자신의 지식을 누군가가 이해할 수 있도록 새로운 표상 형태로 재구성해 나가는 과정이라고 할 수 있다. 이러한 관점은 완성된 글과는 거리가 멀 뿐만 아니라 때로는 언어와 거리가 먼 이미지나 느낌, 사건에 대한 기억, 잔체로서의 담화를 이루지 못하고 느슨하게 연결된 생각의 파편 등으로 이루어진 앎의 방식 주변을 즐겁게 배회하면서 작업을 시작할 수 있게 해 준다. 따라서 작문의 계획하기 단계에서나 초고작문 단계에서는 완성된 글이 지닌 구체적 측면들, 즉 언어적 표현, 글의 형식, 문법 규칙 등을 의도적으로 무시하는 것이 바람직하다.

계획하기의 목적은 목표 설정하기와 요점 정리하기에 있다. 작문에 숙달된 필자들은 계획하기를 할 때 먼저 글의 중심목표와 하위의 목표들을 정하고 중심 내용 또는 요지와 아이디어들의 구조를 대강 만든다. 목표는 아이디어들을 어떻게 표현하고 연결시킬 지를 말하고 독자들에게 주려는 어떤 의도를 포함하며 글을 써 나가는데 일관된 관점을 유지하는 기준이 되기도 한다. 요지는 필자가 말하려고 하는 것의 본질에 대한 요약적인 진술이며 작문의 과정을 안내하는 역할을 한다.

계획하기의 특질은 다음 다섯 가지로 정리할 수 있다. 첫째, 계획은 깨어지기 위해 만들어진다. 둘째, 어떤 계획이라도 없는 것보다 좋다. 셋째, 계획은 필자 자신에게 부여하는 일종의 지침이다. 넷째, 좋은 계획은 구체적이면서도 부담이 없는 것이어야 한다. 다섯째, 실제로 사용할 수 없는 계획은 나쁜 계획이다.

사람들의 기억 체계 안에서 지식을 표상하는 효과적인 방법에는 의미 지도 혹은 기억망이 있다. 기억망은 언어적 기술방법이 보여 줄 수 없는 것을 보여줄 수 있는데 아이디어 하나하나가 수많은 연결망을 가진다. 기억 체계 안에서 여러 개의 연결망을 가진 아이디어는 접근하기도 쉽고 기억하기도 쉽다. 사람들이 알고 있는 많은 것들은 기억망보다도 더 추상적인 형태로 저장되는데 우리의 기억 속에 있는 대부분의 정보는 문장, 단어, 어구의 형태로 저장되어 있는 것이 아니라 복합적인 개념들의 연결망 형태로 저장된다. 작문 행위란 결국 이러한 연결 관계에 대해 생각해 보고, 이러한 관계들을 분명히 밝혀 나가는 과정이라고 할 수 있다.

2. 작문 맥락 파악을 위한 계획

글을 쓰는 일은 진공 속에서 이루어지는 것이 아니고 언제나 일정한 맥락 속에서 이루어진다. 작문 활동은 어떤 필요에 의해서 이루어지며, 일정한 목적을 달성하기 위해 이루어진다. 그리고 작문 활동은 주어진 작문 과제나 주제를 중심으로 이루어지며, 어떤 특정의 환경 속에서 이루어진다. 글을 쓰기 위한 계획을 수립할 때에는 무엇보다도 먼저 필자 자신이 현재 당면하고 있는 작문 맥락을 정확하게 파악할 필요가 있다.

필자가 글을 쓰기 이전 단계에서 가장 먼저 해야 할 일은 바로 작문 상황을 탐색하는 일이다. 필자, 예상 독자, 글의 주제, 글의 목적 등을 포괄하는 광범위하고도 추상적인 영역으로 이루어진 작문 상황을 탐색함으로써 필자가 해결해야 할 문제의 성격을 정확하게 파악할 수 있다. 좋은 글을 생산해야 하는 문제를 해결하기 전에 먼저 작문의 상황을 탐색해야 하는 것은 이러한 작업이 바로 글을 생산하는 문제를 해결하는 데 있어서 바탕이 되기 때문이다.

주어진 작문 상황을 탐색하고 분석하는 단계에서 필요한 일은 글을 쓰는 목적과 예상 독자의 요구와 자신의 입장을 가급적 구체적으로 탐색하고 분석하여 글의 주제를 적절하게 설정하는 것이다. 글을 쓰는 목적을 결정하는 과정에서 필자는 다음과 같은 물음을 제기해 볼 필요가 있다. 첫째, 이 글을 씀으로써 성취하고자 하는 바가 무엇인가? 둘째, 이 글을 통하여 어떠한 효과를 기대하는가? 셋째, 이 글을 읽고, 예상 독자가 무엇을 느끼고 생각하기를 바라는가? 이와 같은 물음에 스스로 답해 봄으로써 필자는 자신이 쓰는 글의 목적을 보다 구체적으로 설정할 수 있을 뿐만 아니라 그 목적을 더욱 효과적으로 달성할 수 있다.

좋은 글을 쓰기 위해서는 계획하기 단계에서 작문의 목적, 주제, 독자 등과 같은 작문 상황을 잘 분석할 필요가 있다. 작문의 상황을 구성하는 중요한 요소 중의 하나가 글을 쓰는 목적이다. 어떠한 종류의 글이든지 일정한 목적을 가지고 있다. 작문의 목적은 글을 쓰는 구체적인 상황에 따라 다양하게 분류될 수 있지만 크게 정보 전달, 설득, 사회적 상호작용, 정서 표현으로 나눌 수 있다. 정보 전달의 글은 독자에게 어떤 개념, 대상, 현상, 사건 등에 대한 정보를 제공하기 위하여 쓰는 글이다. 설득의 글은 다른 사람의 마음을 움직여서 공감과 동의를 이끌어내기 위하여 쓴 글이다. 사회적 상호작용의 글은 다른 사람, 집단과 관계를 맺고, 유지하고, 발전·확장하기 위하여 쓰는 글이다. 정서 표현의 글은 필자의 감정이나 감응 등을 드러내기 위하여 쓰는 글이다. 위와 같은 네 가지 목적은 실제 작문 활동에서 중복되는 경우가 많지만, 어느 하나의 목적이 다른 목적에 비해 지배적인 경우가 대부분이다. 따라서 글을 쓰기 전에 글쓰기 목적이 무엇인가를 분명히 하고 그 목적에 맞는 글쓰기 전략을 구사하는 것이 필요하다.

작문의 상황을 구성하는 두 번째 요소는 작문 주제이다. 작문 주제는 작문에서 무엇을 쓰느냐의 문제와 관련이 되므로 작문의 과제와 밀접한 연관이 있다. 주제는 필자의 입장에서 볼 때 두 가지 성격을 지니고 있다. 하나는 필자 스스로 흥미와 관심을 가지고 있을 뿐만 아니라, 글로 표현하고 싶은 주제, 즉 필자 스스로 선택한 주제이다. 또 다른 종류의 주제는 필자 스스로 선택한 주제가 아니라, 학교 생활, 직장 생활 등을 하는 과정에서 타인에 의해 주어지는 주제이다. 필자가 글의 주제를 자유롭게 선택할 수 있는 상황은 일상적인 글쓰기에서 흔히 발생한다. 무언가를 쓰지 않을 수 없는 상황에서 사람들은 일기를 쓰거나 수필을 쓰거나 감상문을 쓴다. 또, 신문이나 잡지의 독자 투고란에 글을 쓰고, 정부나 관공서에 민원 편지를 쓰며, 실험·실습의 결과에 관한 보고서를 쓰기도 한다. 이러한 상황에서는 필자가 주제를 선택할 뿐만 아니라 주제가 필자를 선택한다고 볼 수 있다. 글의 주제가 필자에게 주어지는 상황 역시 학교 생활을 하거나 사회 생활을 하는 과정에서 흔히 직면하게 된다. 주어진 문제에 대하여 글을 쓰거나, 주어진 주제를 바탕으로 설명문이나 논설문을 작성해야 하는 경우는 모두 글의 주제가 필자에게 주어지는 상황에 해당한다. 작문 주제를 분석할 때에는 주제에 대해 정의를 내리고, 비교하면서 주제를 보다 넓은 맥락 속에서 검토할 필요가 있다.

글을 쓰는 상황을 구성하는 세 번째 요소는 독자이다. 독자는 가시적 독자와 불가시적 독자로 구분할 수 있다. 가시적 독자는 쓴 글을 읽게 될 독자를 필자가 분명하게 인식할 수 있는 독자, 즉 친구, 부모, 선생님 등의 특정 독자를 말한다. 불가시적 독자는 필자가 쓴 글을 읽게 될 사람이 누구인지를 필자가 분명하게 인식할 수 없는 독자를 말한다.

가시적 독자를 대상으로 하여 글을 쓸 경우에는 다음과 같은 네 가지 영역에 걸쳐 예상 독자의 요구를 분석하는 것이 필요하다. 첫째, 예상 독자가 처해 있는 구체적 환경을 설정한다. 이 경우에는 일상 독자의 연령, 사회적·경제적·종교적 배경, 문화적·교육적 배경, 가치관과 신념, 취미와 관심 등이 분석 대상이 된다. 둘째, 글의 주제와 예상 독자의 관계를 설정한다. 이 경우에는 글의 주제에 대한 예상 독자의 지식의 양과 질, 주제에 대한 태도 등이 분석 대상이 된다. 셋째, 예상 독자와 필자의 관계를 설정해 보아야 한다. 필자에 대한 예상 독자의 인식, 필자와 예상 독자가 공유할 수 있는 경험이나 취미 또는 신념, 예상 독자에게 드러내고자 하는 필자 자신의 입장, 필자의 글에 대한 예상 독자의 기대 수준 등을 분석해 봄으로써 예상 독자와 필자의 관계를 보다 명료하게 설정할 수 있다. 넷째, 필자가 작성한 글과 예상 독자의 관계를 설정해 보아야 한다. 이러한 관계를 설정하기 위해서는 글의 종류, 내용의 조직 방식, 내용의 표현 방식 등이 예상 독자의 요구 및 수준에 적합한지의 여부를 검토하는 일이 필요하다.

불가시적 독자를 대상으로 하여 글을 쓸 경우에도 예상 독자의 범위와 실체를 가능한 범위에서 구체적으로 추정하는 일이 필요하다. 이러한 추정을 토대로 하여 가시적 독자의 요구를 분석하는 경우와 마찬가지로 예상 독자가 처해 있는 환경, 글의 주제와 예상 독자의 관계, 예상 독자와 필자의 관계, 필자가 작성한 글과 예상 독자의 관계를 분석해야 한다. 또, 예상 독자의 요구를 분석할 때에는 예상 독자의 지식, 태도, 필요성 등을 중시할 필요가 있다. 지식 요인과 관련하여 필자는 자신이 전달하고자 하는 내용을 이해할 수 있을 정도의 배경 지식을 예상 독자가 실제로 가지고 있는지를 고려해야 한다. 태도 요인과 관련하여 필자는 자신이 전달하고자 하는 지식에 대하여 예상 독자가 어떠한 태도나 관점을 지니고 있는지 대해서도 고려해야 한다. 흔히 필자와 독자 사이에 오가는 지식은 명시적으로 진술될 수 없는 종류의 지식이 많은데, 이러한 종류의 지식은 그 지식에 대한 관점이나 태도를 분명하게 설정함으로써 보다 정확하게 전달될 수 있다. 필요성 요인과 관련하여 필자는 예상 독자가 필요로 하는 것이 무엇인지를 추정하여 자신을 예상 독자의 요구에 적응시켜야 한다. 유능한 필자는 단순히 자신이 아는 것을 표현하는 데 그치지 않고, 자신의 지식을 활용하여 독자가 필요로 하는 것이 무엇인지에 따라 글의 내용을 조정하거나 변형한다.

작문 맥락의 파악 전략에는 수사론적 상황의 재구성 전략, 작성하고 있는 텍스트에 대한 정보전달적 독해와 수사론적 독해 전략, 문제의 발견과 분석 전략 등 세 가지가 있다(Flower & Ackerman, 1994). 수사론적 상황의 재구성 전략은 작문 과제, 예상독자, 갈등 혹은 기대 등의 분석과 연관되는 전략이다. 정보 전달적 독해 전략은 화제구조도의 작성, 요약, 주장과 근거의 발견, 요점의 발견, 반응 등과 연관되는 전략이다. 수사론적 독해 전략은 작문 의도의 독해, 작문 관습의 독해, 작문 맥락의 독해 등과 연관되는 전략이다. 문제의 발견과 분석 전략은 갈등 혹은 핵심 문제의 규정, 다른 시각에서 문제 접근, 문제의 조작적 정의, 문제를 구성하는 하위 문제 혹은 부분의 탐색, 개방적 결론에의 도달 등과 연관되는 전략이다.

3. 계획하기 과정에서의 문제 해결 전략

계획하기의 과정은 수사적 문제의 탐구 과정과 계획 수립 과정으로 나눌 수 있다. 수사적 문제의 탐구 과정에서 필요한 전략에는 자신이 생각하는 문제의 이미지 탐색하기 전략과 작문 과제를 스스로에게 설명하기 전략이 있다. 계획 수립 과정에서 필요한 전략에는 해야 할 일들에 대한 행위 계획과 무엇을 말할 것인지에 대한 내용 계획을 세우기 전략, 목표를 실행 가능한 것이 되도록 만들기 전략, 직관의 소리에 귀 기울여서 계획 변경하기 전략, 자신의 계획을 독자에게 드러내 보이기 전략, 협조적 계획하기 이용 전략 등이 있다.

1) 수사적 문제 탐구 과정

수사적 문제는 작문에서 필자와 독자, 아이디어, 그리고 필자가 할 수 있는 가능한 모든 것들을 의미한다. 수사적 문제의 탐구는 수사적 상황 속에서 목표를 설정하고 이용할 만한 전략을 선정하는 일로 주어진 과제에 대해 나름대로의 이미지를 표상해 나가는 작업으로 일종의 창의적 해석 과정이라고 할 수 있다. 수사적 문제의 탐구 과정에서 필요한 전략에 해당하는 자신이 생각하는 문제의 이미지 탐색하기 전략과 작문 과제를 스스로에게 설명하기 전략에 대해 간단히 정리하여 제시하면 다음과 같다.

(1) 자신이 생각하는 문제의 이미지를 탐색하기 전략

어떤 주제에 대해 작문을 요구하는 사람들은 그들이 원하는 것이 정확하게 전달되기를 기대하지만 필자는 자신의 수사적인 상황을 탐구하는 것이 핵심적인 일이라는 것을 알아야 한다. 그렇다면 그것이 자신에게 달렸다는 것은 무엇을 의미하는가? 가장 중요한 일은 자신이 스스로 선택해서 자신의 표상을 형성해야 한다는 것을 깨닫는 것이다. 한편 자신의 목적을 위한 자료 해석은 관심 있는 주제에 대한 탐구 기회를 부여하는 것과 동시에 목적을 정의하고 본문 전체를 조직하기 위한 사고 과정을 필요로 한다. 필자가 알아야 할 가장 중요한 사실은 스스로 자신의 목적을 창조해야 한다는 것이다.

학술적 작문에 대한 판단 기준에는 형식적 특질, 내용, 수사적 특질 등이 있다. 형식적 특질에는 문장의 길이, 어휘 선택, 문체와 같은 글의 형식적 특질, 관습적 규칙 등이 있다. 내용의 판단기준은 내용적 측면, 필자가 취하는 입장을 말한다. 수사적 특질은 필자의 작문 목적, 글의 맥락, 필자와 독자와의 관계를 말한다. 필자는 작업에 들어가기 전에 수사적 상활을 충분히 고려해야만 한다. 과제 표상을 잘 하기 위해서는 자신이 치러야 하는 비용과 누릴 수 있는 혜택이라는 측면에서 자신은 어떤 선택을 하고 있는지를 살펴보는 것이 무엇보다 필요한 일이다.

(2) 작문 과제를 스스로에게 설명하기 전략

전제, 주요 어휘, 진술되지 않은 기준들을 구체적으로 정교화함으로써 과제가 무엇인지를 스스로에게 설명할 줄 안다는 것은 작문에 있어서 가장 중요한 기술이다. 과제를 읽어내는 방법은 무엇인가를 정의하고, 비교하며, 맥락과 연관지어 보는 것이다. 또한 과제를 받았을 때 무엇을 정의하고 비교하라는 것인지, 또한 논의해야 할 맥락은 어떤 것인지를 말해 주는 용어 내지 단서들을 주의 깊게 살펴서 읽어야 한다. 과제에 제시되는 주요 어휘에는 비교하라, 대조하라, 평가하라, 어떻게(인과 관계 논의), 논증하라, 중요성(중요한 결과 내지 그것이 주는 시사점), 요약하라 등이 있다. 여기에서 '비교하라'는 것은 중요한 순서대로 그 유사점을 나열하거나 논의하라는 것이다. '대조하라'는 중요한 순서대로 그 차이점을 나열하거나 논의하라는 것이다. '평가하라'는 어떤 문제의 주요 특질을 어떤 기준에 기대어 그 가치를 평가하면서 판단하라는 것이다. '어떻게'는 무슨 일로 인해서 사건이 야기되었는가를 논의하라는 의미이다. '논증하라'는 주장을 뒷받침하는 사실과 논거를 들어 주장을 확고히 하라는 의미이다. '중요성'은 어떤 일의 중요한 결과 내지는 그것이 주는 시사점을 기술해 보라는 의미이다. '요약하라'는 자신의 말로 핵심적인 사실, 또는 요점을 정확히 다시 진술해 보라는 의미이다.

2) 계획 수립 과정

계획 수립 과정에서 필요한 전략에는 행위 계획과 내용 계획 세우기 전략, 목표를 실행 가능한 것이 되도록 만들기 전략, 직관의 소리에 귀 기울여 계획 변경하기 전략, 자신의 계획을 독자에게 드러내 보이기 전략, 협조적 계획하기 이용 전략 등이 있다. 여기에서 목표는 필자가 도달하고 싶은 지점이 어디인지에 관한 것이고, 계획은 어떻게 하면 그곳에 도달할 수 있을 것인가에 관한 것이다. 내용 계획 즉 주제 중심 계획은 글에서 다루고자 하는 내용들의 목록만을 나열하는 반면, 행위 계획 즉, 목표 중심계획은 글을 통해서 달성하고 싶은 바를 표현한다. 목표 중심 계획은 작문 작업을 한결 더 쉽게 도와준다. 계획 수립 과정에서 필요한 전략에 대하여 간단히 정리하여 제시하면 다음과 같다.

(1) 행위 계획과 내용 계획 세우기 전략

무엇을 해야 할 것인가에 대한 계획은, 필요한 정보를 자신의 기억체계와 다른 여러 자료를 보다 목표 지향적으로 접근해서 탐색할 수 있게 해 준다. 일단 자신이 원하는 목표를 중심으로 한 잠정적인 계획이 서게 되면, 무슨 내용의 말을 할 것인가에 대한 계획을 세우는 것부터 시작하는 것이 보다 손쉬운 방법이다. 이 두 가지 종류의 계획은 서로를 보완해 줄 수 있기 때문이다. 가장 바람직한 계획은 주제와 관련된 정보, 즉 말하고자 하는 내용과, 그 정브를 이용해서 달성하고자 하는 목표, 즉 글을 통해서 하고 싶은 것에 대한 계획을 함께 결합시킨 것이다.

(2) 목표를 실행 가능한 것이 되도록 만들기 전략

실행 가능한 목표 진술이란 무엇을 어떻게 할 것인가에 대해 진술하는 것을 의미한다. 실행 가능한 목표는 보다 구체적이어서 그 목표를 현실화하는 데 필요한 하위 목표들로 이루어져 있다. 어떻게 글을 구성할 것인가, 어떻게 작문 과정을 이끌어 나갈 것인가를 결정하기 위한 고민을 하는 데 시간을 충분히 사용함으로써 필자는 작문 목표를 더 실행 가능한 것으로 만들 수 있다.

실행 가능한 목표 진술은 다음 세 가지 상황, 즉 처음 글을 쓰면서 가능한 한 좋은 계획을 만들고자 할 때, 순간적으로 막히거나 불확실하다고 느낄 때, 주어진 과제에 대한 자신의 선택을 자세히 생각해보고자 할 때에 가치가 있다. 목표를 실행 가능한 것이 되도록 만들기 위한 방법으로 다음 네 가지를 들 수 있다. 첫째는 핵심어를 찾고 각 문단의 요지나 중심 생각을 이해하기 위해 독서 자료를 읽는 것과 같은 효율성 전략으로서 자료를 배우는 데에는 도움이 되지만 자신의 생각을 결정하는 데에는 어떤 역할도 하지 않는다. 둘째는 TIM(true, important, agree)전략으로서 진실되고 중요하며 자신이 동의하는 생각을 찾아가며 독서 자료를 읽는 전략으로서 친숙한 것에 대한 반박이나 그것을 찬성하거나 반대하는 증거 혹은 저자가 의도하는 것을 생각하지 않는다는 단점이 있다. 셋째는 대화 전략으로 필자는 자신의 경험을 떠올리고 다른 정보를 끌어들이며 저자에게 말하면서 저자가 되받아 말하는 것을 생각하는 것을 통해 상호대화를 하는 것이다. 넷째는 구조 전략으로 쓰고자 하는 생각을 선택하는 것과 더불어 과제에 대한 그들의 목적과 방법을 생각하는 것을 통해 목적을 더욱 조작가능하게 할 수 있다.

(3) 직관의 소리에 귀 기울여 계획 변경하기 전략

유능한 필자들은 작문을 진행 중에 있는 대화의 한 부분으로 파악한다. 실제적인 대화를 통해 사고가 변화되듯이 작문을 통해서 생각들이 변화된다. 좋은 글을 작문 위한 방법 3가지에는 계획하고 작문, 계획하고 버리고 다시 계획하기, 일단 써보고 나서 계획 세우기 등이 있다. 계획하기의 가장 어려운 점: 무언가를 새롭게 발견하였을 때 이전에 새운 계획고하 이미 쓴 글을 기꺼이 포기해야 한다는 점이다.

⑷ 자신의 계획을 독자에게 드러내 보이기 전략

독자에게 계획을 밝히는 방법은 글의 서두를 문제요소 내지 글의 목적이 무엇인가를 밝히는 문장으로 시작하는 것이다. 이를 위해서는 글의 내용이 어떤 방법으로 어떻게 전개될 것인가를 밝히기, 독자가 내용의 핵심, 필자의 논지나 주장을 잘 파악할 수 있도록 하는 텍스트 규약을 사용하기 등이 필요하다. 주제(theme)는 필자가 자신의 글을 독자가 요약하게 될 경우, 그 글을 통해서 생각하거나 기억해 주었으면 하고 바라는 내용을 의미한다. 중요한 텍스트 규약의 예에는 ① 단락마다 그 단락의 핵심을 드러내 주는 주제문을 제시하는 것, ② 자신의 주장을 드러내 주는 주제문장(thesis statement)을 제시하는 것, ③ 글에서 다루게 될 문제요소와 글을 쓰는 목적을 밝히는 것 등이 있다.

⑸ 협조적 계획하기 이용 전략

협조적 계획하기는 자신의 요구 및 문제에 적합하도록 글을 바람직한 방향으로 발전시킬 뿐만 아니라, 필자인 자신에 대해서 중요한 것들을 발견할 수 있게 도와준다. 협조적인 상대와 함께 계획하는 것은 수사적 문제를 탐색하고 작문 과제에 대해 논의하는 가장 바람직한 방법 가운데 하나이다. 협조적 계획하기 방법은 목표를 보다 실행가능한 것으로 만듦으로써 구체적인 시행계획(Plan To Do)을 수립할 수 있게 해주며, 잠정적인 독자에게 문제/제목 진술문을 이야기할 수 있도록 해준다.

협조적 계획하기는 현재 준비중에 있는 글에 대해 친구(협조자,

supporter)와 자연스럽게 만나 함께 이야기하는 과정에서, 자신(계획자, planner)의 계획을 발전시켜 나가는 일련의 과정이라 할 수 있다. 협조적 계획하기는 쓴 글을 평가한다기보다는, 계획을 발전시키는 데 주안점을 둔다는 점에서 동료에 의한 평가와는 상당히 다르다. 또한 수사적 문제와 구체적인 시행계획을 세우는 데 초점이 맞춰진다는 점에서 일반적인 토의와도 구별된다. 협조적 계획자는 '계획자의 칠판'이라 불리는 프롬프트를 이용하여 무엇을 말할 것인가에 대한 계획으로부터 작문의 목적, 요점, 독자, 글의 관습적 규약 등에 주안점을 두는 시행계획에 보다 초점을 맞추도록 상대방을 돕게 된다.

협조적 계획하기의 과정에선 계획자의 역할은 상대방에게 자신의 계획을 보다 구체적으로 설명하고, 자신이 어떠한 이유로 이러한 일을 하고자 하는지에 대해 이해시키는 것이다. 그리고 협조자의 역할은 질문해 주고, 반영해 주는 역할로 아이디어를 끄집어 낼 수 있도록 도와 주면서 계획자 나름의 생각을 비추어 주는 거울로서의 역할이다. 협조적 계획하기에 있어서 다음 세 가지 사실을 중시할 필요가 있다. 첫째, 그 글에 대한 궁극적 책임은 작문을 계획하고 고민하는 필자에게 있다. 둘째, 이러한 계획하기 과정의 목표는 여러 가능성들을 탐색하고, '계획자의 칠판'의 네 가지 영역들을 포함하는 보다 구체적인 시행계획을 수립하는 데 있다. 셋째, 협조자의 역할은 계획자로 하여금 계획을 발전시키고, 자신의 작문 전략들을 보다 분명히 인식할 수 있도록 도와주는 것이다.

제2장 내용 생성하기의 원리와 전략

1. 작문의 과정과 내용의 생성

글을 쓰는 과정은 문제를 해결하는 과정이다. 글을 쓰는 과정에서 필자는 글쓰기에 대한 전체적인 계획을 수립하고, 그 계획에 맞추어 필요한 내용을 생성하며, 생성한 내용을 체계적으로 조직하고, 조직한 내용을 적합한 언어로 표현하며, 표현한 글을 일정한 기준에 따라 평가하고 고쳐 쓴다. 내용을 생성하는 과정은 글을 쓰는 데 필요한 내용, 즉 글의 재료를 마련하는 과정이다. 글의 재료를 마련한다는 것은 마치 거미가 실을 뽑아서 거미줄을 짜듯이 필자의 머릿속에 들어 있는 생각을 뽑아서 생각의 그물을 짜는 정신 작용을 해 나간다는 뜻이다. 즉, 현재의 상황에서 명확하게 알지 못하거나 구체적으로 인식하지 못하는 어떤 문제에 대하여 생각을 깊이 있게 전개하여 그 문제를 보다 명확하고 구체적으로 인식하게 되는 정신 작용이 바로 내용의 생성이라고 할 수 있다.

글을 쓰기 이전 단계에서 필자는 누구나 창의적 사고의 과정을 거쳐야 한다. 이 과정에서 필자의 머릿속에 떠오르는 생각은 대개의 경우 명료한 것이 아니라 불확실한 것이며, 잘 정리된 것이 아니라 복잡하고 혼란스러운 것이다. 이처럼 불확실하고 혼란스러운 생각을 잘 가다듬고 더욱 정교하게 발전시켜 나가는 일이야말로 성공적인 글쓰기의 지름길이라 할 수 있다.

글을 쓰기 전에 필자는 주어진 문제에 대하여 깊이 있게 생각하거나 연구를 함으로써 필요한 내용을 생성해 낸다. 이를 위해 필자는 자신의 직접 체험이나 간접 체험을 활용할 수도 있고, 객관적인 정보 자료를 활용할 수도 있다. 글을 쓰는 과정에서 필자는 미리 생각하거나 연구한 내용에 세부 내용을 보충함과 아울러 필자의 생각이 일정한 방향으로 흐를 수 있도록 내용과 내용 사이에 논리적 연결을 짓는다.

글을 작성하는 과정은 일정한 절차에 따라 반드시 순차적으로 진행되는 과정이 아니다. 대개의 경우 필자는 한 편의 글을 쓰기 위해 필요한 내용을 생성해 내고, 생성한 내용을 검토하는 등의 창의적 사고 과정을 거친다. 그리고 내용을 생성하는 일을 일정 기간 보류한 후에 다시 새로운 내용을 생성하여 글을 작성해 나간다. 또한, 어떤 경우에는 글을 작성하는 일을 일단 멈춘 후에 주어진 문제를 다른 시각에서 생각해 보고 새로운 내용을 생성하여 새로운 시각에서 글쓰기를 다시 시작하기도 한다. 이 과정에서 필자는 글의 내용을 고치기도 하고 새로운 내용을 생성해 내기도 하며, 글을 쓰기 전에 수립한 계획을 계속해서 점검해 보기도 한다. 이처럼 글을 쓰는 과정은 먼저 내용을 생성하고, 생성한 내용을 조직한 후에 글로 표현하는 과정으로 이어지는 순차적 과정이 아니라 작문의 하위 과정들이 상호 보완적으로 작동하는 역동적인 과정이다. 따라서 내용을 생성하는 일은 작문의 모든 과정에서 이루어진다.

2. 내용 생성의 요건

글을 쓰는 과정에서 필자가 좋은 내용을 효과적으로 생성해 내기 위한 요건으로서 두 가지를 생각할 수 있다. 첫째, 주어진 문제에 대하여 필자 자신이 충분한 지식과 정보를 보유하고 있어야 한다. 둘째, 창의적 사고를 통하여 필자 자신이 보유하고 있는 지식과 정보를 최대한으로 활용할 수 있는 능력을 갖추고 있어야 한다.

(1) 지식과 정보의 획득

글을 쓰는 과정에서 만나게 되는 문제에 대하여 충분한 지식과 정보를 갖추기 위한 방법 중의 하나는 평소에 사물에 대하여 각별한 관심을 가지고 사물을 깊이 있게 관찰하는 습관과 태도를 지니는 것이다. 우리가 일상 생활을 해 나가면서 보고 듣고 겪는 일이나 사물에 대하여 무심히 지나치지 말고 깊은 관심과 애정을 가진다면, 그 사물에 대한 우리의 인식은 더욱 깊어질 것이다. 다음 〈예문 1〉은 과일 가게의 한 정경을 필자의 경험과 감상을 토대로 하여 작성한 글이다. 이 글의 내용은 필자가 일상의 일들에 대하여 각별한 관심과 애정을 가졌기 때문에 생성이 가능했던 것이다.

〈예문 1〉

과일 가게 좌판 모퉁이에서 기 펴지 못한 듯 말없이 앉은 것이 있다. 외양은 과일이 분명하나 과일 축에 끼이지 못하기 때문인지 모르겠다. 야채의 족보에 올라 있지만 야채 가게 좌판 위에 어깨 펴고 앉게 해 주지도 않는다. 야채들이 아무리 보아도 자신들과 닮지 않았으니 자리를 주지 않는 것 같다. 더부살이하는 삶이니 속이 알차고 어느 때는 예쁘게 보일 때가 있어도 큰 소리 한 번 칠 수가 있겠는가. 그는 일년감이라고도 부르는 토마토다.

과일은 나름대로 독특한 향과 맛이 있다. 초봄부터 나오는 딸기는 야무지게 웅크린 매무새와 매혹적인 빛깔이 뭇사람의 시선을 끌기에 충분하며 맛과 향기도 일품이다. 그는 새침을 부리고 있는 듯하나, 과일 가게에 오는 사람들은 누구든 한 번 쳐다봐 주니 내심 자신 만만하고 콧대 높은 어린 아가씨의 모습이다.

-손명자의 '토마토 예찬'에서-

글을 쓰는 과정에서 만나게 되는 문제에 대하여 충분한 지식과 정보를 갖추기 위한 또다른 중요한 방법은 폭넓은 독서를 통하여 사물에 대한 지식을 넓히는 것이다. 독서를 통하여 우리는 엄청난 양의 정보를 얻을 수 있을 뿐만 아니라 체계적인 지식을 획득할 수 있다. 또한, 독서를 통하여 우리는 우리가 직접 체험할 수 없는 여러 가지 일이나 현상에 대한 인식의 폭을 넓힐 수 있다. 사실 우리가 평소에 읽는 글들의 대부분은 그 글들을 작성한 필자의 독서 경험을 바탕으로 하여 작성된 것이다. 독서를 통하여 얻은 지식과 정보는 필자가 글을 쓰는 과정에서 내용을 생성하는 데 핵심적인 역할을 한다. 다음에 제시된 〈예문 2〉의 내용은 필자의 독서 경험을 바탕으로 생성된 내용이다.

〈예문 2〉

우리 문자는 지금으로부터 547년 전인 1446년 세종 대왕께서 창제·반포한 것이다. 이는 다른 문자와는 달리 독창적인 것으로 현대 언어학의 이론에도 부합되는 과학적인 문자이다.

훈민정음 서문에 의하면 한글은 국가적인 체면과, 어리석은 백성의 문자 생활의 편의를 위해 제정되었다. 종래 훈민정음이 우리의 온 국민을 위해 창제된 것으로 본 것은 확대 해석한 것이다. 어리석은 백성, 곧 민중의 편리한 문자 생활을 위해 제작했다는 것이 본래의 취지이다. 양반인 귀족층은 한글이 아니더라도 한문으로 문자 생활을 할 수 있었기 때문이다.

이러한 문자의 창제는 시대적인 흐름과도 관련이 있었을 것으로 보인다. 언어가 다른 민족이 한자로 문자 생활을 하기에는 그 글자가 부담이 됐을 것이다. 그리하여 당시 한자 문화권에서는 끊임없이 독자적으로 쉬운 표음 문자를 만들어 쓰려고 노력하였다.

거란이 920년 한자에 대항하여 표음 문자인 대소의 거란 문자를 만든 것을 비롯하여 1119년에 여진족이 금나라를 세우고 여진 문자를 만들었고, 몽고족이 1271년 원나라를 세우고 몽고의 새 문자인 파스파 문자를 만들었으며, 여진족이 다시 1636년 청나라를 세우고 몽고 문자를 개량한 만주 문자를 만든 것이 이러한 사실을 입증해 준다. 우리의 정음도 이러한 일련의 표음 문자 창제의 흐름 가운데 1443년 이루어진 것으로 볼 수 있다.

-박갑수의 '우리말의 변화 양상'중에서-

(2) 지식과 정보의 활용

글을 쓰는 과정에서 필자가 살아있는 체험이나 풍부한 독서를 통하여 아무리 많은 지식이나 정보를 보유하고 있다 할지라도 그것을 직접 활용하지 못하면 아무 쓸모가 없는 것이 된다. 또한, 필자가 글을 쓰는 상황에서 객관적인 정보 자료를 마음대로 활용할 수 없는 경우도 많다. 따라서 글의 내용을 생성하는 데 있어서 가장 중요한 일은 창의적 사고를 통하여 자신의 머릿속에 저장하고 있는 지식과 정보를 최대한으로 활용하는 일이라고 할 수 있다. 글의 내용을 생성하기 위한 창의적 사고의 방법에는 자유 연상법과 유형적 사고법이 있다.

자유 연상법은 주어진 문제에 대하여 필자의 머릿속에 떠오르는 생각을 비교적 자유롭게 그대로 종이 위에 옮겨 적는 방법이다. 그러므로 주어진 문제와 연관되는 세부 내용을 풍부하게 마련하는 데 기여할 뿐만 아니라 글을 쓰는 과정에서 필자가 손쉽게 다룰 수 있는 내용을 마련해 준다는 데 그 특징이 있다. 다음 〈보기 1〉은 '태풍'이라는 문제에 대하여 어떤 필자가 자유 연상법을 통하여 생성한 내용이다.

〈보기 1〉

태풍 : 비, 바람, 천둥, 번개, 홍수, 산사태, 떠내려 가는 가축, 쓰러진 나무, 교통 두절, 이재민, 불우 이웃 돕기 성금, …

유형적 사고법은 자유 연상법과는 달리 머릿속에 떠오르는 생각을 일정한 유형으로 묶어 가면서 내용을 생성하는 방법이다. 유형적 사고법은 주어진 문제와 연관되는 세부 내용을 비교적 체계적으로 마련해 준다는 데 그 특징이 있다. 다음 〈보기 2〉는 '도심지의 주택'이라는 문제에 대하여 유형적 사고법을 통하여 생성한 내용의 일부이다.

〈보기 2〉

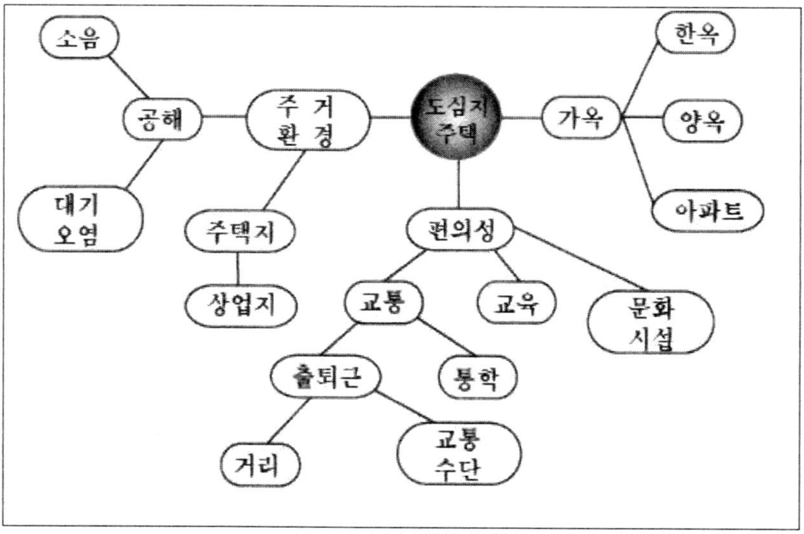

3. 내용의 상세화

글을 쓰는 데 필요한 내용을 마련하기 위하여 필자는 먼저 글의 중심 내용을 생성해 내어야 한다. 그런데 글의 중심 내용만으로 한 편의 글을 작성한다는 것은 매우 어려운 일이다. 그러므로 필자는 일반적인 수준에서 생성해 낸 중심 내용을 뒷받침할 수 있는 세부 내용을 반드시 생성해 내어야 한다. 다음에서는 글의 세부 내용을 생성하는 데 필요한 사고의 유형과 세부 내용의 생성 방법에 대해 간단히 정리하여 제시해 보기로 한다.

1) 세부 내용 생성을 위한 사고의 유형

글의 세부 내용을 생성하는 방법은 사람에 따라 다를 수 있다. 글을 쓰는 과정에서 필자는 주어진 문제와 연관되는 세부 내용을 생성하기 위해서 문제를 분석하기도 하고, 문제를 구성하는 요소들을 일정한 기준에 따라 분류하기도 한다. 또한 주어진 문제를 다른 문제와 비교하거나 대조함으로써 문제의 특성을 보다 구체적으로 밝히기도 하고, 문제의 원인이나 결과를 규명하기도 한다.

작문의 실제 과정에서 필자는 세부 내용을 생성하기 위하여 여러 가지 방법들을 복합적으로 사용하는 일이 많다. 예를 들어, 필자는 주어진 문제를 구성하는 요소들을 다른 요소들과 비교하지 않고서는 그 요소들을 분류할 수 없으며, 요소들 사이의 차이점을 인식하지 않고서는 전체를 부분으로 나눌 수 없다. 식별, 분석, 구분, 비교와 대조, 예시 등의 사고 유형은 인간의 역동적인 정신 작용을 대표하는 것들이라고 할 수 있다.

주어진 문제에 대한 세부 내용을 생성하기 위하여 필자는 어느 하나의 사고 유형에서 출발하여 다른 사고 유형으로 얼마든지 옮겨 갈 수 있다. 예를 들어 주어진 문제와 연관되는 세부 내용을 생성하기 위하여 필자는 먼저 문제에 대한 정의를 내린 다음에, 그 문제와 연관되는 사실들을 묘사하거나 구분하거나 분류하는 등의 사고 유형에 의존할 수도 있다.

세부 내용을 생성하는 데 이용되는 이러한 사고 유형들은 크게 두 가지로 구분할 수 있다. 첫째는 시간의 흐름을 중시하면서 생각을 전개해 나가는 동태적인 사고이며, 둘째는 시간의 흐름을 별도로 고려하지 않고 생각을 전개해 나가는 정태적인 사고이다.

글의 세부 내용을 생성하는 데 이용되는 사고의 유형을 체계화하여 제시하면 다음과 같다.

1. 정태적인 사고
(1) 식별 (2) 분석 (3) 묘사
(4) 분류 (5) 예시 (6) 정의
(7) 비교와 대조 (8) 논증
2. 동태적인 사고
(1) 서사 (2) 과정 (3) 인과

2) 세부 내용의 생성 방법

글을 쓰는 과정은 일종의 문제 해결 과정이다. 문제 해결 과정으로서의 글쓰기에 있어서 필자가 접하게 되는 '문제'는 바로 작문의 과제이다. 작문의 과제는 필자 스스로 선택하는 경우도 있지만 필자에게 주어지는 경우가 보편적이다. 필자 스스로 과제를 선택하든 필자에게 과제가 주어지든 필자가 해야 할 중요한 일은 작문의 과제 또는 문제를 해결하는 데 필요한 중심 내용을 생성하는 일과 그 중심 내용을 뒷받침하는 세부 내용을 생성하는 일이다.

중심 내용에 대한 세부 내용을 생성하는 일은 글쓰기 능력이 부족한 필자에게는 매우 어렵고 복잡한 과제이다. 이러한 둔제 상황을 좀 더 효과적으로 해결하기 위해서는 일정한 사고 유형에 따라 생각을 체계적으로 전개해 나갈 필요가 있다. 이를 위해 다음에서는 글의 세부 내용을 생성하는 과정에서 필자 스스로 제기해 보아야 할 질문들을 몇 가지 사고 유형별로 나누어 살펴보기로 한다. 그런데 글을 쓰는 과정에서 필자는 이러한 방법을 모두 이용하지는 않는다. 이들 중에서 문제의 성격에 따라 세부 내용을 생성하는 데 보다 적절한 방법이 있고, 적절하지 않은 경우가 있기 때문에 유능한 필자는 주어진 문제의 성격에 적합한 방법을 활용하여 세부 내용을 생성해 낸다.

① 문제의 식별

글을 쓰는 과정에서 필자는 다음과 같은 질문을 제기해 봄으로써 주어진 문제를 보다 정확하게 식별할 수 있을 뿐만 아니라 글의 세부 내용을 생성할 수 있다.

○ 그는 누구인가? 그것은 무엇인가?

○ 누가 그것을 하였는가? 무엇이 그것을 하였는가?

○ 누가 그런 일을 일어나게 하였는가? 무엇이 그런 일을 일어나게 하였는가?

② 문제의 분석

분석은 사물의 구조를 성분이나 기능을 중심으로 나누어서 살피는 사고 유형이다. 분석은 인간의 정신 작용 가운데서 가장 기본적인 사고 유형으로 묘사, 서사, 분류, 인과 등의 사고 유형과 밀접한 연관을 맺는다. 글을 쓰는 과정에서 주어진 문제를 분석함으로써 글의 세부 내용을 생성하기 위해서는 다음과 같은 질문을 제기해 볼 필요가 있다.

○ 그것을 구성하는 요소, 부분, 영역이 무엇인가?

○ 그것을 구성하는 요소나, 부분들을 어떻게 논리적으로 나눌 수 있는가?

○ 그것을 구성하는 요소나 부분들의 논리적 순서는 무엇인가?

③ 문제의 묘사

주어진 문제가 어떤 대상의 모습과 관련되는 경우 묘사의 방법을 사용하여 그 대상의 세부 내용을 생성해 내는 것이 효과적이다. 주어진 문제를 묘사함으로써 글의 세부 내용을 생성하기 위해서는 다음과 같은 질문을 제기해 볼 필요가 있다.

○ 그것을 구성하는 부분들은 무엇인가?

○ 그것의 특징적인 모습 혹은 물리적인 특성은 무엇인가?

○ 그것을 구성하는 부분들이 일정한 공간 내에서 어떠한 방식으로 배열되었는가?

④ 문제의 분류

분류는 어떤 사물 혹은 대상을 공통적인 특성을 기준으로 하여 구분 짓는 사고 유형이다. 주어진 문제에 대한 세부 내용을 생성하기 위하여 필자는 주어진 문제와 같은 종류에 속하는 것이 무엇인지 상위 종류와 하위 종류에 속하는 것이 무엇인지를 생각해 볼 필요가 있다. 문제에 대한 분류의 과정에서 필자가 제기해야 할 물음에는 다음과 같은 것들이 있다.

○ 그것의 하위 종류에는 무엇이 있는가?

○ 그것의 상위 종류에는 무엇이 있는가?

○ 그것과 대등한 종류에 속하는 것에는 무엇이 있는가?

○ 상위 종류, 하위 종류, 대등한 종류로 구분짓는 기준은 무엇인

가?

⑤ 문제의 비교와 대조

비교와 대조는 둘 또는 그 이상의 사물에 대하여 그들이 지니고 있는 비슷한 점과 차이점을 밝혀 내는 사고 유형이다. 주어진 문제에 대한 세부 내용을 생성하기 위하여 필자는 그 문제와 연관되는 문제와 비슷한 점이 무엇인지, 또는 다른 점이 무엇인지를 생각해 볼 필요가 있다. 비교와 대조 과정에서 필자가 제기해야 할 물음에는 다음과 같은 것들이 있다.

○ 그것과 비슷한 것에 무엇이 있는가?
○ 그것들은 서로 어떻게 비슷한가?
○ 그것들은 서로 어떻게 다른가?

⑥ 문제와 연관되는 사건의 서사

서사는 일정한 시간 내에서 일어나는 사건이나 행동의 전개 과정을 밝히는 사고 유형이다. 서사는 특히 '무엇이 일어났는지'에 관한 사항에 초점을 둔다. 서사의 방법으로 세부 내용을 생성할 때에는 다음과 같은 질문을 제기해 볼 필요가 있다.

○ 무엇이 일어났는가?
○ 무엇이 일어나고 있는가?
○ 무엇이 일어날 것인가?
○ 언제 그것이 일어났는가?
○ 어디서 그것이 일어났는가?

⑦ 문제와 연관되는 일의 과정 규명

과정 규명은 어떤 특정의 결말이나 결과를 가져 오게 하는 일련의 행동 방식이나 작용 방식을 밝히는 사고 유형이다. 과정은 특히 '어떻게 일어났는가'에 관한 사항에 초점을 두는 사고 유형이다. 과정의 방법으로 세부 내용을 생성하기 위해 필자는 다음과 같은 질문을 제기해 볼 필요가 있다.

○ 그것이 어떻게 일어났는가?
○ 그것이 어떻게 작용하는가?
○ 그것의 발생 단계 및 작용 단계는 무엇인가?
○ 그것을 어떻게 만드는가?
○ 그것을 어떻게 처리하는가?

⑧ 문제와 연관되는 일의 원인과 결과 규명

원인과 결과 규명은 어떤 일이나 현상을 일어나게 한 힘이 무엇이며, 그러한 힘에 의하여 결과적으로 초래될 일이나 현상이 무엇인지를 밝히는 사고 유형이다. 인과 관계 규명에서는 특히 '왜 일어났는지'에 관한 사항에 초점을 두게 된다. 인과 관계를 규명함으로써 글의 세부 내용을 생성하기 위해 필자는 다음과 같은 질문을 제기해 볼 필요가 있다.

○ 그것이 왜 일어났는가?
○ 그것의 원인은 무엇인가?
○ 그것의 결과는 무엇인가?
○ 그것의 목적 및 의도는 무엇인가?
○ 그것과 다른 것 사이에는 어떠한 인과 관계가 있는가?

4. 제재의 선정과 주제의 설정

내용 생성 단계에서 필자가 생성한 내용은 아직 다듬어지지 않은 내용이기 때문에 내용들 사이에 긴밀한 연관성이 없으며, 중심 내용과 세부 내용 사이의 관계 또한 명확하지 않다. 이러한 내용들은 필자가 작성하는 글의 실제 내용으로 아직 선택되지 않은 내용, 즉 글의 소재에 해당하는 내용들이다. 여러 가지 창의적 사고 활동을 통하여 세부 내용을 생성한 다음에 필자가 할 일은 자신이 생성한 내용을 한정하고 가다듬는 일이다. 이러한 활동을 통하여 필자는 글 속에서 직접 사용할 중심 소재, 즉 글의 제재를 선정해야 하며 나아가서는 글의 주제를 설정해야 한다.

물론, 경우에 따라서는 글의 주제를 먼저 설정한 다음에 글의 세부 내용을 생성하거나 글의 제재를 선정할 수도 있다. 그러나 작문의 과제, 즉 문제가 먼저 필자에게 주어졌을 때에는, 그 문제에 대한 중심 내용과 세부 내용을 생성한 다음에 제재를 선정하고 주제를 설정하는 것이 보다 효과적인 글쓰기 방법이 될 수 있다. 다음에서는 제재 선정의 방법과 주제 설정의 방법에 대해서 살펴보기로 한다.

1) 제재의 선정

제재는 필자가 내용의 생성 단계에서 생성한 내용이나 재료들 중에서 글을 쓰는 데 직접 사용하는 재료를 말한다. 필자가 글을 쓰는 데 직접 사용하기 전의 재료는 소재라 하여 제재와 구별하기도 한다. 한 편의 글에는 수없이 많은 제재가 사용된다. 각각의 제재는 글 전체에서 어떠한 역할을 하느냐에 따라 일반 제재와 종속 제재로 구분된다. 그리고 종속 제재는 각 제재들 사이의 관계에 따라 1차 종속 제재, 2차 종속 제재 등으로 나뉜다.

〈보기 1〉에서 '물과 환경'은 글 전체에서 가장 중심이 되는 일반 제재에 해당된다. 그리고 '물의 성질', '물의 오염', '물의 정제' 등은 일반 제재를 직접 뒷받침하는 1차 종속 제재에 해당한다. '물의 오염'이라는 1차 종속 제재를 뒷받침하는 '담수의 오염'과 '해수의 오염'은 2차 종속 제재에 해당한다.

〈보기 1〉 제재의 종류

{일반 제재}	(1차 종속 제재)	(2차 종속 제재)
물과 환경	물의 성질	
	물의 오염	담수의 오염
		해수의 오염
	물의 정제	담수의 정제
		해수의 정제

글을 쓰는 과정에서 글의 제재를 효과적으로 선정하기 위해서는 내용의 생성 단계에서 생성한 중심 내용과 세부 내용을 바탕으로 하여 일반적인 제재를 먼저 선정하고 난 다음에 그 제재를 뒷받침할 수 있는 1차 종속 제재를 선정해야 한다. 그리고 1차 종속 제재를 뒷받침할 수 있는 2차 종속 제재를 선정해야 하며 경우에 따라서는 2차 종속 제재를 뒷받침할 수 있는 3차 종속 제재를 선정해야 하는 경우도 있다. 글을 쓰는 과정에서 선정한 제재들을 보다 체계적으로 활용하기 위해서는 제재 선정의 결과를 개요표의 형식으로 작성하거나 내용 구조도의 형식으로 작성해 두는 것이 편리하다.

〈보기 2〉에 제시된 내용 구조도는 '21세기에 대비한 교육의 방향'이라는 문제에 관한 글을 쓰기 위해 선정한 제재를 체계적으로 배열해 놓은 내용 구조도이다. 이 내용 구조도에서 일반 제재는 '21세기에 대비한 교육의 방향'이며, 1차 종속 제재는 '미래의 문제', '미래 사회가 요구하는 인간상', '교육의 올바른 방향' 등이다. 그리고 '지력(智力)을 지닌 인간', '감수성을 지닌 인간', '투철한 가치관을 지닌 인간' 등은 제 2차 종속 제재에 해당한다.

〈보기 2〉 제재의 선정과 내용 구조도

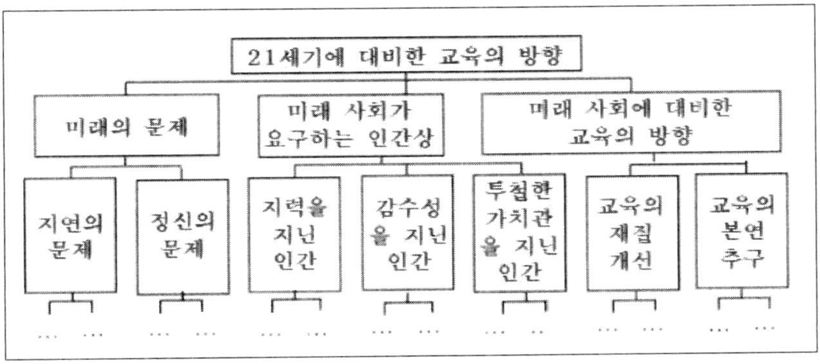

제재를 선정하는 과정에서 필자는 다음 사항에 유의할 필요가 있다.

첫째, 글의 제재를 선정할 때에는 글을 쓰는 구체적인 목적을 달성하는 데 도움이 되는 내용을 선정해야 한다.

둘째, 글의 제재를 선정할 때에는 독자의 요구와 흥미를 고려하여 내용을 선정해야 한다.

셋째, 글의 제재를 선정할 때에는 정확하고 확실한 내용을 중심으로 선정해야 한다.

넷째, 글의 제재를 선정할 때에는 내용과 내용 사이의 관계를 따지면서 체계적으로 선정해야 한다.

2) 주제의 설정

주제는 필자가 자신의 생각이나 의견을 독자에게 드러내고자 하는 글의 중심 생각이다. 다시 말하면, 주제는 필자가 작성하는 글이나 작성한 글에 드러나 있는 여러 가지 생각들을 지배하는 핵심적인 생각이다.

주제는 일반적으로 제재에 대한 필자의 의견이나 가치 판단, 또는 주장을 드러낸다. 주제는 구절 형식으로 표현될 수도 있고 문장 형식으로 표현될 수도 있다. 〈보기 3〉에 제시된 것처럼 문장 형식으로 표현된 주제를 주제문이라 하여 주제와 구별하기도 한다.

〈보기 3〉 제재와 주제와 주제문

○ 제재 : 우리 마을

○ 주제 : 문화 유산이 풍부한 자랑스런 우리 마을

○ 주제문 : 우리 마을은 문화 유산이 풍부한 자랑스런 마을이다.

글을 쓰는 과정에서 필자는 내용을 생성하고 글의 제재를 선정한 다음에 글의 주제를 설정할 수도 있고, 경우에 따라서는 글의 주제를 먼저 설정한 다음에 글의 제재를 선정하고 내용을 생성할 수도 있다. 이와 같은 두 가지 방법 중에서 어느 방법이 보다 효과적인 방법인지는 글을 쓰는 상황에 따라 다를 수 있다. 글의 주제를 먼저 설정한 다음에 제재를 선정하고 내용을 생성하는 방법은 제재 선정 및 내용 생성의 방향이 명확하다는 장점이 있는 반면에, 좋은 주제를 설정하기가 어렵다는 단점이 있다. 글의 내용을 생성하고 글의 제재를 선정한 다음에 글의 주제를 설정하는 방법은 내용 생성 및 제재 선정의 과정에서 얻은 통찰력으로 인하여 좋은 주제를 선정할 수 있다는 장점이 있는 반면에 내용 생성 및 제재 선정의 과정이 매우 복잡하다는 단점이 있다. 주어진 작문 과제에 대한 내용을 생성하거나 제재를 선정하는 과정에서 필자는 무엇을 주제로 할 것인지를 끊임없이 생각해야 하며 주제의 윤곽을 미리 설정해야 한다.

한 편의 글에는 하나의 주제가 있어야 한다. 한 편의 글은 여러 부분으로 구성된다. 그리고 글의 각 부분에서는 필자가 드러내고자 하는 중심 생각이 있다. 각 부분의 중심 생각은 글 전체의 주제를 뒷받침하는 생각이어야 한다. 이처럼 글 전체의 주제를 뒷받침하는 각 부분의 중심 생각을 종속 주제 또는 소주제라고 부르기도 한다. 다음 〈보기 4〉는 글 전체의 주제와 그 주제를 뒷받침하는 종속 주제와의 관계를 예로 든 것이다.

〈보기 4〉 주제와 종속 주제

○ 주제 : 인간은 합리적 사고와 비합리적 의식을 동시에 지닌 양면적인 존재이다.

○ 종속 주제

-1. 인간은 양면적인 존재다.

-2. 세계에 대한 불확실성은 합리적으로 접근한다.

-3. 미래에 대한 불확실성은 비합리적으로 접근한다.

-4. 동양에서는 미신으로 불확실성을 해명하려 했다.

-5. 서양에서는 불확실성을 과학적 방법으로 해명하려 했다.

-6. 과학과 미신은 동전의 양면과 같다.

주제를 설정할 때에는 다음 사항에 유의해야 한다.

첫째, 주제는 참신하고 독창적인 내용이어야 한다. 지나치게 상투적인 내용이나 이미 다른 사람들에게 수없이 알려진 내용을 주제로 설정하게 되면 독자의 흥미와 관심을 끌 수 없을 뿐만 아니라 글의 가치도 떨어지게 된다.

둘째, 주제는 되도록 간단하고 명료한 내용이어야 한다. 주제의 내용이 선명하지 않으면 필자는 자신의 의도를 독자에게 전달할 수가 없을 뿐만 아니라 글을 작성한 목적을 달성할 수도 없다.

5. 문제 분석하기와 주제 설정하기

문제 분석은 일종의 탐색적인 작업이다. 문제 분석은 특정 상황의 잡다한 세부 항목 아래 숨어있는 문제의 핵심 부분을 발견해 내는 활동이다. 분석 과정은 사람들이 어렵다고 생각하는 일을 접했을 때 시작된다. 문제 분석에서 가장 중요한 것은 갈등 요인이 무엇인지를 정확히 가려내는 것이다. 이 때 적용되는 질문은 바로 "문제가 되는 것이 과연 무엇인가?"이다. 이 질문에 대답하기 위해서는 다음과 같은 다섯 가지 방법을 이용할 수 있다.

① 갈등 혹은 핵심 문제를 정의하라.

문제 분석의 첫 번째 단계는 문제의 핵심을 파악하기 위해 문제를 확대해서 클로즈업해 보는 것이다. 문제 분석가의 제1과업은 어렵게 느껴지는 일의 핵심적인 요소나 결정적인 갈등을 발견하는 일이다. 문제를 이해하기 위해서는 문제를 정의하는 것(갈등을 발견하는 것)과 화제 언급하기 혹은 상황 기술하기 사이의 차이에 대한 분명한 인식이 필요하다. 인간 조직에서 대부분의 갈등은 높은 생활수준과 아름다운 환경과 같은 두 가지 좋은 것들 사이의 문제 이거나 농부와 농산물 소비자 두 집단의 합법적인 요구 사이에서 발생한다.

② 더욱 넓은 맥락에서 문제를 놓고 보라.

문제 분석의 두 번째 단계는 문제를 더욱 넓은 관점에서 보기 위해 뒤로 물러서는 것이다. 문제를 더욱 맥락 안에서 살펴보아야 할 뿐만 아니라 그 문제를 유사한 다른 문제들의 범주 안에 맞추어서 보려고 해야 한다. 이렇게 함으로써 같은 문제를 서로 다르면서도 상보적인 두 개의 층위(클로즈업과 맥락)에서 기술할 수 있게 된다. 한 걸음 뒤로 물러서서 문제를 바라보기 위한 한 가지 방법은 당신과 독자가 공유할만한 보다 큰 관심사 찾아보는 것이다.

③ 문제를 더욱 조작적으로 정의하라.

당면 문제가 누군가에 행동을 요구하거나 누군가를 설득하는 것과 같은 실제적인 것이라면 문제를 더욱 조작적인 것으로 정의할 필요가 있다. 문제의 조작적 정의는 문제나 목표를 실제로 이행할 수 있는 행동이나 과제와 같이 구체적인 것으로 언급하는 것을 의미한다. 조작적 정의는 가능한 시행방안이나 바람직한 해결책을 시사해 줄 수 있다는 점에서 추상적인 문제 정의보다 훨씬 유용하다.

④ 문제의 부분들을 탐구하라.

문제가 정의되면 그 안에 있는 다양한 하위 논점이나 하의 문제를 탐구할 필요가 있다. 이것은 복잡한 문제를 다루기 쉬운 부분으로 나누어 작업할 수 있도록 도와준다. 분석자는 하위 문제를 분리할 때 그 하위 문제들이 큰 문제의 부분으로서 어떻게 계층적 구조를 이루고 있는지 이해해야 할 필요가 있다.

⑤ 열려진 결론을 도출하라.

결론에서 제시한 대안이 최선의 것인지 아닌지는 다른 좋은 대안들을 충분히 고려했을 때 알 수 있다. 좋은 결론이란 어떤 입장을 견지하고 있으면서도 전혀 다른 입장에 대해서 개방적인 태도를 취한다. 좋은 결론을 쓰기 위해 다음 세 가지를 명심해야 한다. 첫째, 진지하게 대안을 고려하라. 둘째, 자신의 입장이 함의하는 바를 인식하도록 하라. 셋째, 합리적이면서도 열린 태도를 취하되 확고한 입장을 견지하라.

문제 분석의 최종 내용을 평가하기 위해서는 문제 정의, 전체 구조, 결론 등의 측면으로 나누어 평가할 필요가 있다. 문제 정의의 경우, 독자와 공유하는 문제 혹은 보다 넓은 맥락에 제시되어 있는가?, 주요 갈등 요인이나 핵심적이 문제의 논점이 정의되어 있는가?, 문제를 조작적으로 정의하고 있는가? 등을 점검해야 한다. 전체구조의 경우, 구체적 하위 논점, 혹은 하위 문제가 명확하게 드러나 있는가?,

글의 전체적인 계층구조가 명확하게 드러나 있는가? 등을 점검해야 한다. 결론의 경우에는 결론에 여러 대안들을 적극적으로 고려한 것이 반영되어 있고 자신의 입장이 개방적인 가정과 함의를 토대로 한 것인가?, 해결 방안이 글의 서두에서 정의된 문제 및 글의 전체 논의와 분명히 관련된 것인가? 등을 점검해야 한다.

문제 분석에 있어서의 함정에는 정의의 함정, 구조의 함정, 결론의 함정 등이 있다. 정의의 함정은 문제를 정의하는 대신에 화제를 논의하면서 상황을 기술하거나 핵심주제와 개념을 제시하는 대신에 관찰한 것을 기술하는 경우와 연관된다. 구조의 함정은 문단을 단순하게 사실들의 목록들만을 제시하거나 각 문단이 모두 동등하게 중요해 보이는 것 같지만 서로 관련되어 있지 않은 경우와 연관된다. 결론의 함정: 결론에서 해결방안이 미리 정해진 것이어서 필자가 정의한 문제와 관련이 없는 주장이거나 절대로 잘못될 수 없는 결론이기 때문에 어느 누구도 다른 의견을 내세우지 않을 것이라는 경우와 연관된다.

문제분석에서 주제로 옮겨갈 때 도움을 주는 방법에는 두 가지가 있다. 첫째, 논문은 주제를 집중적으로 조명하면서 그것을 중심으로 구성되며, 문제요소 및 그 하위 논점들에 대해 논의하는 문제 분석이 그 핵심을 이룬다. 둘째, 문제를 심사숙고하고 분석하는 과정을 통해서 문제의 결론, 해결 방안, 혹은 새로운 아이디어를 얻게 되며, 바로 그러한 결론이 글의 주제가 될 수 있다.

화제는 단순하게 영역, 알고 있는 주요 부분, 상황 등을 지칭하는데 비해 문제 분석은 정의에 의해서 문제적 상황을 탐구하는 것이다. 주제는 화제에 관해서 진실이라고 믿고 논문에서 뒷받침하고 설명하고자 하는 화제에 관한 주장을 말한다. 필자가 문제 분석의 결과를 주제로 전환시키는 방법은 문제가 있다고 주장하는 주제, 가설 혹은 문제를 새롭게 이해해야 한다고 주장하는 주제, 문제에 대한 해결책을 주장하는 주제를 사용하는 것이다.

주제 설정의 과정을 시작 단계, 중간 단계, 검증 단계로 나누어 살펴보면 다음과 같다.

시작 단계: ① 문제에 관한 자신의 경험과 직관으로 작업을 시작하는 것이 좋다. ② 우선 자신이 논의하고 싶은 문제의 개요를 세운다. ③ 자신이 알고 있는 내용을 탐구하는 것 외에 과제를 탐구하고, 그리고 무엇을 주제로 하여 논의를 전개해 나가야 할 필요가 있을 것인지에 관해 생각해보라.

중간 단계: ① 제일 처음 떠오르는 매력적인 논거로 글을 시작하지 말고, 충분히 많은 자료들을 읽고, 모으고, 사고해 나가는 과정을 통해 합리적인 주장이 많이 떠오르게 한다. ② 문제에 대해 일단 예비적인 정의를 내리도록 하고 잠정적인 주제를 설정하도록 한다.

주제 검증하기 단계: ① 글쓰기의 목적과 독자에 대한 고려가 가능한지 살펴본다. ② 주제를 구체화시키면서도 이것을 검증해 줄 아이디어를 위한 연결 관계를 찾아본다.

6. 내용 생성하기 과정에서의 문제 해결 전략

내용 생성하기 과정에서 가장 필요한 활동은 창의적 사고 활동이다. 창의적 사고 활동은 글을 편집한다거나 깔끔하게 다듬는 것 따위에는 신경 쓰지 않으면서, 문제에 몰두하여 아이디어를 생성해 내는 데만 집중한다는 데 그 특징이 있다. 창의적 사고 활동은 필자로 하여금 심리적인 '틀'을 깨고 새로운 아이디어의 창안을 가로막아 오던 진부한 사고방식으로부터 벗어날 수 있게 해 준다. 그리고 창의적 사고 필자가 이제까지 잘 정제된 아이디어에만 관심을 기울여 옴으로써 놓쳐 버리기 쉬웠던 직관들을 포착할 수 있게 해 줌과 아울러 필자 자신이 가지고 있던 아이디어를 바탕으로 추론을 이끌어 내고, 그 아이디어 간의 새로운 연결 관계들을 발견할 수 있게 도와준다.

내용 생성하기 과정에서 필요한 전략에는 작문 활동을 일단 멈추고 브레인스토밍하기 전략, 독자에게 이야기하기 전략, 체계를 세워 주제 탐색하기 전략, 쉬면서 아이디어를 배양하기 전략 등이 있다. 다음에서는 이들 각 전략에 대하여 간단히 정리하여 제시해 보기로 한다.

(1) 작문 활동을 일단 멈추고 브레인스토밍하기 전략

브레인스토밍은 창의적이면서도 목표지향적인 사고 활동으로서 어떤 형식에 구애받지 않는다. 브레인스토밍의 장점은 창의적 사고력을 자극하고 뭔가 좋은 아이디어인긴 하지만 충분히 정리되지 않았기 때문에 놓쳐 버리기 쉬운 아이디어를 간직할 수 있게 해준다다는 데 있다.

브레인스토밍의 규칙은 다음과 같다. 첫째, 어떠한 가능성도 배제하지 말고 생각이 나는 대로 그저 종이 위에 적어 나가라. 둘째, 잘 정제되거나 완성된 글을 쓰려고 하지 말라. 셋째, 주된 관심은 계속해서 스스로 설정한 질문이나 문제 위에 고정시키도록 하라.

브레인스토밍과 유사한 활동에는 자유연상 작문이 있다. 자유 연상 작문 방법은 목표 지향적으로 글을 쓰기 보다는 자유롭게 연상되는 것들을 글로 옮기는 방법이다. 자유연상 작문의 방법은 다음과 같다. 첫째, 마음속으로 주제를 상정하고 글을 써내려간다. 둘째, 어휘들 사이의 연상관계를 만들어 나갈 수 있도록 하면서, 사용하는 어휘가 새로운 어휘들과 아이디어들을 이끌어 낼 수 있도록 하라. 셋째, 원래의 정제되지 않은 글로 돌아가서 주요 아이디어를 발견하고 자신의 글에서 새로운 요점을 형성해 나가도록 하라. 자유연상 작문의 장점은 생각이 떠오르지 않거나 자신의 글에 대해서, 또는 주제에 대해서

뭔가 그럴듯한 이야기를 할 게 없다고 생각될 때 유용하게 활용될 수 있다는 점이다. 반면에 자신이작성한 글을 편집하기가 대단히 어렵다는 단점이 있다.

(2) 독자에게 이야기하기 전략

사람들은 얼굴을 맞대고 이야기하는 대면적 상황에 있을 때 좋은 아이디어나 설득력 강한 주장들을 가장 잘 떠올린다. 마찬가지로 자기 혼자서도 마음속으로 대면적 상황을 상정하여 필자 자신이 모든 역할들을 도맡아 토의하는 것처럼 연기를 해봄으로써 내용 생성하기 과정에서 도움을 받을 수 있게 된다. 역할극을 이용한 아이디어 생성하기의 방법은 다음과 같다. 첫째, 필자 자신의 글을 읽게 될 독자의 방으로 걸어가는 자신의 모습을 상상해 보라. 둘째, 독자에게 말해야 하는 내용과 상대방에게 꼭 전하고 싶은 말을 하고 있는 자신의 모습을 상상하라. 셋째, 상상속의 내용을 큰 소리로 말하면서 종이에 옮겨 적어라. 넷째, 이러한 과정을 계속해 가면서 당신의 이야기를 듣는 다양한 독자들과 청중들의 반응을 상상해 보라.

독자에게 이야기하기는 다음과 같은 두 가지 측면에서 의의를 지닌다. 첫째, 실제적인 독자가 있는 현실적 상황 안에서 생각할 수 있도록 함으로써, 이야기할 수 있는 모든 것들 가운데 이야기할 필요가 있는 것들을 선택할 수 있도록 도와준다. 둘째, 작문을 말하기 전략으로 전환할 수 있게 해 줌으로써, 처음부터 완결된 글을 쓰려고 하는 대신에 방 안을 배회하면서 자신에게 중얼거려 봄으로써 작문에 대한 제약을 줄이고, 여러 가지 아이디어나 구체적인 표현들을 보다 손쉽게 떠올릴 수 있게 된다.

(3) 체계를 세워 주제 탐색하기 전략

주제를 체계적으로 탐색하는 활동은 주제를 다양한 관점에서 볼 수 있도록 해줌으로써 간과하기 쉬운 많은 것들을 놓치지 않도록 해준다. 그리고 대상들 간의 새로운 관계들을 파악할 수 있게 해 주거나 새로운 아이디어를 창안할 수 있게 해준다. 주제 탐색하기의 과정에서 체계적인 질문은 필자의 생각을 적절한 방향으로 이끌어 나갈 수 있게 해준다. 주제 탐색하기에 관한 체계적인 접근 방법의 예에는 아리스토텔레스의 원리, 현대 문법소론, 유추의 사용 등이 있다.

아리스토텔레스는 사람들이 주제에 대해서 생각하는 방식과 아이디어들을 조직하는 기초적인 몇 가지 방법들을 제시하였는데 정의, 비교와 대조, 원인과 결과, 증거제시를 통한 합리화 등이 그 예이다.

문법소론은 체계적 사고를 위한 현대적 방법이라 할 수 있는데 어떤 사물의 진정한 본질을 이해하는 가장 바람직한 방법은 그것을 다양한 관점에서 바라보는 것이라는 입장을 취한다. 문법소론은 문제 또는 제재를 그 자체로 존재하는 입자(粒子: particle)로, 시간의 흐름에 따라 변화해 가는 파(波: wave)로, 보다 큰 맥락 안에 위치해있는 요소인 장(場: field)의 부분으로 볼 수 있게 해 준다. 문법소론은 아이디어들을 풍부하면서도 복합적으로 생성해 낼 수 있도록 해주는 방법이다.

유추를 이용하는 체계적 방법의 대표적인 예로 창조공학을 들 수 있다. 창조공학은 실제적인 문제에 대해서 창의적으로 새로운 해법을 찾는 데 골몰하는 발명가 · 예술가 · 심리학자 등의 두뇌에 의해 개발된 것이다. 현안 문제에 이 창조공학을 적용해서 집단적으로 혹은 개인적으로 네 가지 종류의 유추, 즉 개인적 유추, 직접적 유추, 상징적 유추, 공상적 유추를 생성해 낼 수 있다. 개인적 유추는 자신이 바로 주제 내지는 문제에 대한 해법이라고 상상하는 것이다. 직접적 유추는 대상을 뭔가 구체적인 것과 비교하는 것이다. 상징적 유추는 대상을 추상적인 원리와 비교하는 것이다. 공상적 유추는 머릿속에 떠오르는 것이면 무엇이나 활용하는 것이다.

(4) 쉬면서 아이디어 배양하기 전략

아이디어 배양하기 전략은 적절하게만 사용하면 가장 생산적인 전략이 될 수 있다. 생각을 하다가 쉬고 일정한 간격의 시간을 보내고 다시 그것을 생각해 보라. 그러면 이전에 생각하지 못했던 새로운 것을 발견할 수 있게 된다. 이전에는 사람들이 잠을 자면서 무의식이 문제를 풀어 나간다고 생각했다. 그러나 최근에는 사람들이 문제에 구체적으로 접근하기 전에 그것을 푸는 다소 제한적이고 효과 없는 계획을 세운다는 것으로 이해하기 시작했다.

배양하기의 과정을 통해서 사람들은 오래 전에 가졌던 부적절한 계획을 잊어버리거나 파기해버리기도 하고, 배운 모든 것들을 이용할 수 있게 되기도 한다. 배양하기 활동은 아직 끝나지 않은 작업을 수시로 돌아봄으로써 머릿속에서 그 작업에 대한 아이디어들이 활발하게 이루어질 수 있도록 한다.

제3장 조직하기의 원리와 전략

1. 글의 구성 원리

좋은 글을 작성하기 위하여 좋은 내용을 창안하는 일은 매우 중요하다. 그러나 아무리 좋은 내용을 창안하였다 할지라도 그 내용을 바르게 구성하지 못하면 결코 좋은 글을 만들어 낼 수 없다. 내용을 바르게 구성하기 위해서는 일정한 원리를 지킬 필요가 있다. 글의 내용을 바르게 구성하기 위해서 필자가 지켜야 할 원리에는 통일성(unity)의 원리, 일관성(coherence)의 원리, 강조성(emphasis)의 원리 등이 있다 (Brooks and Warren, 1979; 이대규, 1994). 국어과 교육과정 해설서 등에는 'unity'를 따로 설정하지 않고, 'coherence'를 통일성이라고 명명하고 있다. 그리고 'cohesion'이라는 개념을 도입하여 응집성이라고 명명하고 있다. 이는 전통적 수사학이 아닌 텍스트언어학의 영향인 것으로 추정된다.

1) 통일성(unity)

글 전체에서의 통일성이란, 글의 주제와 그것을 떠받들어 서술하는 모든 재료들은 내용적으로 일치를 이루어야 한다는 재료 선택의 요건을 말한다. 즉, 통일성의 원리는 글의 내용을 선택하는 방식에 관한 원리이다.

글에는 일반적인 제재와 종속적인 제재가 있다. 그리고 글에는 글 전체의 주제와 그 주제를 뒷받침하는 종속적인 주제가 있다. 통일성을 갖춘 글을 쓰기 위해서 필자는 종속적인 제재를 선택함에 있어서 반드시 글 전체의 일반적인 제재와 직결되는 것을 선택해야 하며, 2차적 종속 제재를 선택함에 있어서도 반드시 1차적 종속 제재와 직결되는 제재를 선택해야 한다.

다음 〈보기 1〉에 제시된 일반 제재와 종속 제재 사이에는 내용상으로 밀접한 연관성이 있을 뿐만 아니라 종속 제재가 일반 제재를 직접 뒷받침하고 있다. 따라서 〈보기 1〉에 제시된 내용들을 중심으로 하여 구성한 글은 통일성을 갖춘 글이 될 가능성이 많다.

〈보기 1〉

○ 일반 제재 : 미래의 에너지

○ 종속 제재

- 1. 태양 에너지
- 2. 지열 에너지
- 3. 자기 동력 에너지
- 4. 풍력 에너지
- 5. 조력 에너지

통일성을 갖춘 글을 구성하기 위해서는 글 전체의 주제를 직접 뒷받침할 수 있는 종속 주제들을 선택해야 한다. 글의 본론 부분에 제시되는 종속 주제들이 글 전체의 주제와 아무런 연관성이 없거나 글 전체의 주제에 비해 상위 개념일 경우 그 글은 결코 통일성을 갖춘 글이 될 수 없다.

다음 〈보기 2〉에 제시된 종속 주제들은 모두 글 전체의 주제를 직접 뒷받침할 수 있는 내용일 뿐만 아니라 글 전체의 주제에 포함될 수도 있는 내용이다. 만약에 '경제 발전에 따라 국민의 생활 수준이 높아진다.'라는 종속 주제를 〈보기 2〉에 포함시켜서 글을 구성하게 되면 그 글은 통일성을 갖춘 글이 될 수 없다.

〈보기 2〉

주제 : 경제 발전은 여러 가지 부정적인 문제들을 유발한다.

종속 주제

- 1. 공장이 많이 건설됨에 따라 공해 문제가 심각해진다.
- 2. 도시화를 촉진시킴으로써 여러 가지 사회 문제가 발생한다.
- 3. 일터에서 재해 발생이 점점 빈번해진다.

다음 〈예문 1〉은 글 전체의 주제와 종속 주제 사이에 긴밀한 연관성이 있기 때문에 통일성을 갖춘 글이다. 〈예문 1〉의 둘째 문단은 공해 문제를, 셋째 문단은 도시화 문제를, 넷째 문단은 산업 재해 문제를 각각 다루고 있는데, 이들 문제는 모두 경제 발전에 따르는 부정적인 부산물이다.

〈예문 1〉

경제 발전은, 재화와 용역의 양을 증가시키고 질을 향상시킴으로써 국민 생활 수준을 높이는 좋은 면이 있는 반면에, 발전에 불가피하게 따르는 부산물로서 다음과 같은 문제들을 유발시키는 부정적인 면도 있다.

경제 발전에 따라 공장이 많이 건설되면 산업 폐기물이 늘어나고, 매연과 폐수 때문에 대기와 하천이 오염된다. 대기 오염과 수질 오염은 생업으로서의 터전을 파괴할 뿐만 아니라, 국민 건강을 저해하여 노동 능력마저도 약화시킨다.

경제 발전은 공업 부문의 성장에 필연적으로 도시화를 촉진시킨다. 도시는 많은 편의를 제공함에도 불구하고 새로운 문제들을 야기시킨다. 인구가 도시에 집중함에 따라 주택은 만성적으로 부족하게 되고, 공원이나 교육 시설이 모자라게 되며, 상·하수도 및 대중 교통 수단도 부족하게 된다. 또, 생활의 격차가 심화되고, 범죄, 교통 수단도 부족하게 된다. 또, 생활의 격차가 심화되고, 범죄, 청소년 비행 등의 사회 문제도 발생한다.

경제 발전에 따라 필연적으로 발생하는 또 다른 심각한 문제는, 일터에서 재해 발생이 점점 빈번해진다는 사실이다. 광부의 진폐증과 같은 직업병, 많은 공장에서 발생하는 안전 사고 등이 그 예이다. 이에 따라 근로자는 노동력의 전부 또는 일부를 상실할 뿐만 아니라, 인간으로서의 건강한 삶을 영위할 수 없는 불행을 맞게 된다. 또, 이러한 생산 능력의 감소는 국민 총생산의 감소를 초래한다.

- 고등 학교 '정치 경제' 교과서(한국 교육 개발원 편)에서-

다음 〈예문 2〉의 첫째 문장은 문단의 소주제문에 해당하며 나머지는 첫째 문장의 뒷받침 문장이다. 또한, 이 문단의 제재는 '바다의 광물 자원'이다. 그리고 뒷받침 문장에 제시된 종속 제재는 '바다의 석유·바다의 천연 가스·바다의 석탄·바다의 니켈과 망간' 등이다. 〈예문 2〉의 중심 제재는 모든 종속 제재를 대표하고 있고, 모든 종속 제재는 중심 제재에 포함되고 있다. 따라서 〈예문 2〉는 통일성을 갖춘 문단이다.

〈예문 2〉

바다는 광물 자원이 풍부하다. 이미 바다의 여러 곳에서 석유가 개발되고 있다. 석유와 함께 천연 가스도 개발되고 있다. 아직 충분히 조사되어 있지는 않으나, 바다 밑에는 석탄이 엄청나게 묻혀 있을 것이라고 추측되고 있다. 태평양 밑에는 니켈과 망간이 풍부하게 매장되어 있다고 한다.

2) 일관성(coherence)

일관성이란, 문단을 이루는 여러 문장이나, 한 편의 글을 이루는 여러 문단이 긴밀한 연결성을 가지고 있는 기본 성질을 뜻한다. 통일성의 원리가 알맞은 재료를 선택하는 요건에 관한 원리라면, 일관성의 원리는 글의 내용을 배열하는 방식에 관한 원리이다. 한 편의 글에는 글 전체의 중심 제재를 뒷받침하는 여러 개의 종속 제재가 있어야 한다. 일관성을 갖춘 글을 쓰기 위하여 필자는 이들 여러 개의 종속 제재를 바른 순서로 배열해야 한다.

글의 주요 내용을 배열하는 방식에는 시간적 순서에 의한 배열, 공간적 순서에 의한 배열, 논리적 순서에 의한 배열 등의 세 가지가 있다. 시간적 순서에 의한 배열은 사건의 주요 내용을 발생한 순서대로 배열하는 방법이다. 공간적 순서에 의한 배열은 장소나 사물과 관련되는 주요 내용을 공간적 구도에 따라 순차적으로 배열하는 방법이다. 논리적 순서에 의한 배열은 추상적 개념이나 현상과 관련되는 주요 내용을 그 내용들 사이의 논리적 관계에 따라 배열하는 방법이다. 내용들 사이의 논리적인 관계는 중요한 것과 덜 중요한 것, 일반적인 것과 특수한 것, 원인에 해당하는 것과 결과에 해당하는 것, 전체에 해당하는 것과 부분에 해당하는 것 등으로 구분할 수 있다.

시간적 순서에 의한 배열 사건의 발생과 진행 등에 관한 내용을 바탕으로 하여 일관성을 갖춘 글을 구성하고자 할 때에는 시간적 순서에 의한 배열 방법을 사용하는 것이 효과적이다. 특히 일기, 기행문, 전기, 보고문 등의 글을 구성할 경우에는 시간적 순서에 의한 배열 방법이 흔히 사용된다.

일기를 쓸 때에 아침에 일어나서부터 저녁에 잠자리에 들기까지의 하루의 일과를 아침, 점심, 저녁의 순서로 구분하여 내용을 구성하거나, 여행의 체험을 출발에서부터 도착까지의 일정별로 제시하면서 내용을 구성하는 것은 모두 시간적 순서에 따라 내용을 배열함으로써 글 전체의 일관성을 갖추게 하는 방법이다.

다음 〈예문 3〉은 어머니에 대한 그리움과 관련되는 일화를 시간적 순서에 따라 배열한 글이다. 필자는 중학 시절에 체험한 내용을 입학식 날, 첫학기, 여름 방학 등으로 구분하여 제시함으로써 일관성을 갖춘 글을 작성하였다.

〈예문 3〉

어머니,

제가 사무치게 어머니를 갈구하고, 눈물로써 어머니를 부르짖게 된 것은 역시 중학 시절이라 생각합니다. 처음으로 어머니의 슬하를 떠나서 타향살이를 하게 된 것이 제 나이가 열 넷. 원래 숙성한 소년이었기 때문에 키는 훤칠하였습니다마는, 마음은 어린 소년이었습니다. 한 번도 깃을 떠나 본 일이 없는, 햇제비 새끼처럼 자라 온 저에게 어머니의 품과 고향을 떠나는 일이 얼마나 엄청난 사실임을 어머니께서도 아시리라 생각됩니다. 저는 우리 면(面)에서 인문 중학에 진학하는 첫 유학생이었습니다마는 유학하는 기쁨보다 어머니의 품을 떠나는 것이 더욱 서러웠습니다.

입학식 날에는 아버님이 함께 동행해 주셨습니다. 어머님이 손수 지어주신 봄차림 옥양목 두루마기에, 옥양목 겹바지 저고리를 입고 고향의 조그마한 역을 떠났습니다. 아침 여덟 시 몇 분에 떠나는 첫 차편이었습니다. 그리고 습기에 절은 벽돌 냄새가 시큰하게 풍기는 기숙사에서 첫학기를 보냈습니다.

중학교 1학년 첫학기――4월에서 7월 중순까지는 제 평생에 가장 순수한 마음으로, 또한 가장 간절한 마음으로 어머니를 사모한 시기입니다. 학교 수업이 파하고 기숙사에 들어서자마자 저는 어머니를 그리워하는 마음이 가슴에 '확 풍겨' 왔습니다. 기숙사의 냉랭한 분위기, 처음 겪는 공동 생활의 서먹서먹한 인간 관계――그럴수록 제게는 오로지 어머니의 품만 그리워지게 되었습니다. 밤에는 숙제를 하다 말고 어머니의 모습이 책장 갈피에 선명하게 떠오르게 되었습니다. 그리고 잠자리에 들기 전에 어머니가 보고 싶은 심정을 신에게 호소하는 기도를 오래오래 드리곤 하였습니다.

드디어 중학교 일학기를 마치고 여름 방학은 어머니 곁에서 보내게 되었습니다. 여름 방학 때의 재회는 긴 말씀을 드리지 않겠습니다. 다만 한 학기 동안 그처럼 어머니를 그리워하고 끝내 사향병(思鄕病)에 걸려 자리에 눕게 되면서도 고향에 한 번도 다니러 간 일이 없었습니다. 아무리 교통이 불편한 그 당시라 하더라도 백 30여 리에 불과한 거리라면 토요일에 떠나 월요일 첫 수업 시간까지는 능히 돌아올 수 있을 것입니다. 그럼에도 감히 고향에 다니러 가려는 생심(生心)을 못 가진 것은 어머니의 교훈 탓입니다. '교훈 탓'이라는 말의 어감이 불손한 인상을 줍니다마는, 어머니의 허락 없이 제가 고향에 다니러 갔다면 어머니께서 얼마나 슬퍼하셨겠습니까. 한 번 말씀하신 것은 어김없이 실행하게 하시는 것이 어머니의 자식을 가르치는 신조였습니다. 지금 생각하여도 원망스럽도록 어머니는 자식의 교육에는 엄하신 분이었습니다.

-박목월의 '어머니께 드리는 글월'에서-

공간적 순서에 의한 배열　대상의 특징이나 모습 등에 관한 내용을 바탕으로 하여 일관성을 갖춘 글을 구성하고자 할 때에는 공간적 순서에 의한 배열 방법을 사용하는 것이 효과적이다. 어떤 풍경을 묘사하고자 할 때 일정한 순서 없이 묘사하는 것보다는 위에서 아래로, 왼쪽에서 오른쪽으로, 가까운 곳에서 먼 곳으로 등의 일정한 순서를 지키면서 묘사하는 것이 좋다. 이처럼 공간적 순서에 따라 내용을 구성함으로써 필자는 자신이 표현하고자 하는 내용을 독자에게 보다 쉽고 정확하게 전달할 수 있다. 다음 〈예문 4〉는 금강산 기행 여정을 공간적 순서에 의하여 배열한 글이다.

〈예문 4〉

길을 재촉해서 한참 오르다 보니 굴 같기도 하고 어떤 문 같기도 한 '금강문'이라는 문이 있었다. 입구에서 금강문까지는 계곡처럼 물이 흐르고 있었다. 물이 너무 깨끗해서 물속에 있는 돌멩이가 다 보일 정도였다. 이 멋진 풍경 때문에 힘이 드는 지도 몰랐다.

잠시 휴식을 취한 후에 길을 재촉해서 옥류동에 도착했다. 옥류동에는 다리가 있었는데, 그 다리 밑에는 시원하게 물이 폭포수처럼 흘러가고 있었다. 이렇게 멋진 자연이 우리 곁에 있었구나 생각하니 남북 분단의 현실이 새삼 안타깝게 다가온다. 그리고 하루 빨리 통일이 되어서 많은 사람들이 이 아름다운 금강산을 자유롭게 구경할 수 있는 날이 오기를 빌었다. 옥류동을 조금 지나니 비룡 폭포가 날개를 퍼득거리며 내리 쏟아지고 있었다.

비룡 폭포를 뒤로 하고 연주담이라는 곳을 지나 드디어 구룡 폭포에 도착했다. 구룡 폭포가 우리 나라 3대 폭포의 하나요, 금강 제 1의 폭포라고 하더라구요. 정말 금강 제 1의 폭포로서 손색이 없었다. 너무나 아름다워서 도저히 말로는 형언할 수 없는 장관이었다. 문득 이러한 대자연에 묻혀서 근심, 걱정 다 버리고 신선처럼 살았으면 좋겠다 하는 생각을 했다. 내일은 또 어떤 아름다움이 감동으로 다가올지 설레기만 하다.

-'금강산 기행', 학생의 글-

논리적 순서에 의한 배열 우리가 쓰고자 하는 글의 내용 중에는 시간성이나 공간성과는 직접적인 관계가 없는 내용들도 많다. 사물의 특성이나 본질을 설명하는 내용 또는 사회적 현상이나 자연적 현상을 설명하거나 논증하는 내용을 중심으로 하여 글을 구성할 경우에는 논리적 순서에 의한 배열 방법을 사용해야 한다.

주요 내용들 사이의 논리적 관계를 파악하는 과정에서 필자는 다음과 같은 질문을 스스로 제기해 볼 필요가 있다.

첫째, 어느 것이 보다 핵심적이고 중요한 내용인가?

둘째, 어느 것이 보다 일반적이고 보편적인 내용인가?

셋째, 어느 것이 원인에 해당하는 내용이며, 어느 것이 결과에 해당하는 내용인가?

넷째, 어느 것이 보다 전체적이고 포괄적인 내용인가?

이러한 질문들을 통하여 주요 내용들 사이의 논리적 관계를 파악한 다음에 필자가 해야 할 일은 주요 내용들의 배열 방식을 논리적 순서를 기준으로 하여 결정하는 일이다. 〈예문 5〉는 성도덕의 문란 현상을 설명한 글로서 모두 4개의 문장으로 구성되어 있다. 이 글의 필자는 첫째 문장에서 성도덕의 문란에 관한 일반적인 문제를 제시하였고, 둘째 문장에서 구체적인 문제를 제시하였으며, 셋째 문장에서는 성도덕의 문란으로 인한 사회적인 문제를 제시하였다. 그리고 넷째 문장에서는 이들 문제의 원인을 제시하였다. 이처럼 〈예문 5〉는 성도덕의 문란 현상을 논리적 순서에 따라 차례로 제시한 다음에 그 원인을 제시함으로써 문단의 일관성을 확보하고 있다.

〈예문 5〉

1980년대 이후에 우리 사회의 성 도덕이 크게 문란해지고 있다. 특히 여성의 성(性)을 매개로 한 향락 산업이 번창하였으며, 이로 인하여 인신 매매범이나 가정 파괴범이 늘어나고 있다. 에이즈(AIDS), 동성 연애, 매춘, 성 폭행, 마약, 음란 비디오, 저질 만화 등이 늘어나면서 성 도덕의 문란이 사회 문제가 되고 있다. 이러한 문제는 가치관의 혼란과 성을 상품화하는 상업주의에서 기인하며, 개인적으로는 성에 대한 무지와 그릇된 성 윤리관에서 비롯된다고 하겠다.

-고등 학교 윤리 교과서(서울대 사대 1종 도서 연구 개발 위원회 편)에서-

3) 강조성(emphasis)

강조성의 원리는 글의 핵심이 되는 내용이나 주요 내용을 두드러지게 드러내는 방식에 관한 것으로 글 전체를 구성할 때에는 물론이고 하나의 문단을 구성할 때에도 지켜야 할 원리이다.

글 전체에서의 강조성 글 전체를 구성하는 과정에서 핵심적인 내용을 두드러지게 드러내는 방법에는 대체적으로 다음과 같은 세 가지 방법이 있다.

첫째, 글의 서론 부분에서 글의 주제와 글을 쓰는 목적을 구체적으로 밝힌다. 글의 주제와 목적을 분명히 밝힘으로써 필자는 예상 독자로 하여금 무엇이 가장 중요한 내용인지를 바르게 인식할 수 있게 해 준다.

둘째, 필자가 특별히 중요하다고 생각하는 사항에 대해서는 그것을 구체적으로 설명하는 내용을 충실히 제공해 주는 것이다. 핵심적인 내용을 뒷받침하는 세부 내용을 깊이 있게 해 줄 뿐만 아니라 필자가 표현하고자 하는 핵심적인 내용이 무엇인지를 독자가 바르게 인식할 수 있게 해 준다.

셋째, 글의 본론을 구성할 경우 주요 내용들 중에서 가장 중요한 내용을 본론의 앞 부분에 놓는다. 본론의 첫째 문단에서 가장 중요한 내용을 다룸으로써 독자로 하여금 필자가 강조하고자 하는 핵심적인 내용이 무엇인지를 인식할 수 있도록 해 준다.

문단 차원에서의 강조성 문단을 구성하는 과정에서도 강조성의 원리를 지킬 필요가 있다. 하나의 문단을 통하여 필자는 하나의 완결된 생각을 드러낸다. 하나의 완결된 생각이란 중심적인 생각과 그것을 뒷받침하는 생각들로 구성된다.

필자는 독자에게 하나의 문단을 통하여 드러내고자 하는 중심 생각이 무엇인지를 분명하게 전달할 수 있어야 한다. 이를 위해서 숙련된 필자들은 중심 생각을 강조하는 여러 가지 장치들을 사용하는데, 가장 대표적인 장치는 문단의 중심 문장 즉 소주제문을 그 문단의 처음에 놓는 것이다. 그리고 문단의 중심 생각을 다시 한번 강조하기 위해 소주제문을 문단의 끝에 반복하여 놓기도 한다.

문단의 중심 생각을 강조하기 위한 또다른 장치는 소주제문을 문단의 끝에 놓는 것이다. 소주제문을 문단의 끝에 놓는 것은 독자에게 긴장감을 불러일으킨다든지 호기심을 갖게 함으로써 중심 생각을 강조하기 위한 방법이다.

〈예문 5〉는 네 개의 문단으로 구성되어 있는데, 둘째 문단을 제외하고는 문단의 중심 문장을 문단의 처음에 놓음으로써 필자의 생각을 강조하고 있다. 〈예문 5〉의 첫째 문단에서 필자는 중심 내용과 유사한 내용을 반복하여 제시함으로써 필자의 생각을 강조하는 방법을 사용하고 있다.

〈예문 5〉

첫째, 독서는 교양인의 필수 조건이다. 책을 읽지 않는 사람은 교양인이 아니다. 재치있는 말씨와 깨끗한 매너가 교양인을 만드는 것이 아니다. 교양인은 근본적으로 통일된 지식을 추구하고, 공통된 문화 유산의 가치를 감상할 수 있고, 사회적 및 도덕적 의무감을 인식할 수 있는 자유롭고 합리적인 사람이다. 그러므로, 진정한 교양은 책을 읽지 않고는 전혀 기대할 수 없는 것이다. 정보는 지식이 아니며, 지식이 지성은 아니다. 이것들을 서로 혼용함으로써 교양인이 될 수 있는 것이 아니다.

둘째, 그러면 무조건 많은 책을 읽기만 하면 되는가? 많이 읽을수록 훌륭한 일인가? 절대로 그렇지가 않다. 진정으로 인생에 도움이 되는 독서가 되려면 몇 가지의 법칙을 따라야 한다.

(1) 우리의 마음을 진리로 채우려면 먼저 우리의 마음을 텅 비워야 한다. 비우지 않은 마음에서는 아무 것도 들어갈 수 없다. 우리의 의견, 인생관, 편견, 고립을 먼저 버려야 한다. 그리하여 어느 때는 나의 모든 가치 판단을 중지시켜야 되고, 어느 때는 지금까지 확신해 왔던 모든 신념과 신앙을 의심해야 되고, 더 나아가서는 자신의 입장에서 도저히 받아들일 수 없는 사상을 유일한 진리로 간주할 필요가 있다. 니체에 대한 선입관을 가진 기독교인은 「짜라투스트라는 이렇게 말했다」에서 아무런 진리를 발견할 수 없으며, 미국인을 무조건 무시하는 동양인은 윌리엄 제임즈의 「믿으려는 의지」를 읽으면서도 아무런 교훈을 얻을 수 없다. 비판하기 위하여 읽는 책은 진정한 독서가 아니다.

(2) 쉽게 읽고 쉽게 이해하려는 태도를 버려야 한다. 요약판을 읽고서 원작을 읽은 채 행세를 하거나, 영화를 보고 원작을 이해하려는 태도는 현대인

의 철면피성인 것이다. 그리고 읽기도 전에 선배나 선생님을 찾아가서 이른바 일반적인 지식(?)을 얻으려는 사람은 독서의 정수를 모르는 사람이다.

-황필호의 '타인을 통해 나를 본다'에서-

2. 글의 개요 작성 원리

한 편의 글을 효과적으로 작성하기 위해서 필자는 일정한 절차를 밟아야 한다. 글을 쓰는 절차는 글을 쓰는 상황에 따라 달라질 수 있지만 어떠한 경우이든 한 편의 글을 보다 효과적으로 쓰기 위해서는 글 전체에 대한 계획을 세우고, 내용을 창안하고, 창안한 내용을 조직하고, 조직한 내용을 문자 언어로 표현하고, 표현한 내용을 고쳐 쓰는 활동을 한다. 그리고 이러한 활동은 순차적으로 하는 것이 아니라 어떤 하나의 활동을 하다가 앞서 한 활동으로 다시 돌아가서 이미 한 작업을 반복하기도 한다. 작문에 대한 계획을 세우는 활동 역시 글을 쓰는 과정에서 필요에 따라 여러 번 되풀이해야 하는 경우가 많다.

글의 개요를 작성한다는 것은 글 전체에 대하여 구체적이고도 체계적으로 계획을 세우는 일이다. 글의 제재를 선정하고 주제를 설정한 다음에 필자는 글의 중심 내용과 세부 내용을 어떻게 구성할 것인지를 결정해야 한다. 이 과정에서 필자는 글의 구성 원리에 맞추어 글의 내용을 구성하기도 해야 한다.

글의 내용을 어떻게 구성할 것인지를 결정한 결과를 일목요연하게 표로 나타낸 것이 바로 글의 개요이다. 글의 개요를 작성함으로써 필자는 작문의 과정에서 내용을 보다 구체적이고 체계적으로 조직·배열할 수 있고, 문자 언어로 표현하는 일을 보다 효과적으로 해 나갈 수 있다. 글의 개요는 바로 작문의 지침이 되기 때문이다.

글의 개요를 작성하는 방법에는 여러 가지가 있다. 글의 중심 제재와 종속 제재를 바탕으로 하여 개요를 작성할 수도 있고, 글 전체의 주제와 종속 주제를 바탕으로 하여 개요를 작성할 수도 있다. 또한 글의 중심 내용들을 나열하는 방식의 개요표를 작성할 수도 있고, 글의 중심 내용들 사이의 위계 관계를 보다 명시적으로 드러내는 방식의 내용 구조도를 작성할 수도 있다.

1) 제재 중심의 개요

제재 중심의 개요는 글의 중심 제재와 종속 제재를 바탕으로 하여 작성한 개요이다. 제재 중심의 개요를 작성할 때에는 중심 제재와 종속 제재 또는 1차 종속 제재와 2차 종속 제재의 관계가 분명히 드러나도록 하는 것이 중요하다. 그리고 개요의 구조에 있어서도 서론, 본론, 결론의 구조를 갖추는 것이 좋다.

다음에 제시된 〈보기 1〉은 제재 중심의 평견적 개요이다. 이 개요의 서론 부분에는 글의 중심 제재를 제시하였고, 본론 부분에서는 중심 제재를 뒷받침하는 1차 종속 제재와 2차 증속 제재를 제시하였다. 결론 부분에서는 글의 중심 제재를 반복하여 제시하였다.

〈보기 1〉

○ 서론 : 애국 지사 안창호 선생님의 생애

○ 본론

　1. 어린 시절

　　(1) 유년기

　　(2) 소년기

　2. 수학 시절

　　(1) 국내 수학 시절

　　(2) 외국 유학 시절

3. 장년기
    (1) 교단 생활
    (2) 지도자 생활
4. 노년기
    (1) 저술 활동
    (2) 사회 활동

○ 결론 : 안창호 선생의 생애와 업적

제재 중심의 개요는 내용 사이의 계층적 관계를 분명하게 드러내 주는 역동적 개요의 형식으로 작성할 수도 있다. 역동적 개요를 작성할 때에도 서론, 본론, 결론의 구조를 갖출 필요가 있다.

다음에 제시된 〈보기 2〉는 '환경 오염'에 관한 글을 쓰기 위해 작성한 역동적 개요이다. 이 개용의 서론 부분에는 중심 제재를 제시하였고, 본론 부분에는 1차 종속 제재와 2차 종속 제재를 제시하였으며, 결론 부분에는 중심 제재를 반복하여 제시하고 있다. 역동적 개요는 제재들 사이의 상하 관계를 보다 분명하게 드러낼 수 있고 글을 쓰는 과정에서 종속 제재를 보다 용이하게 보충하거나 수정할 수 있다는 특징을 지닌다.

〈보기 2〉

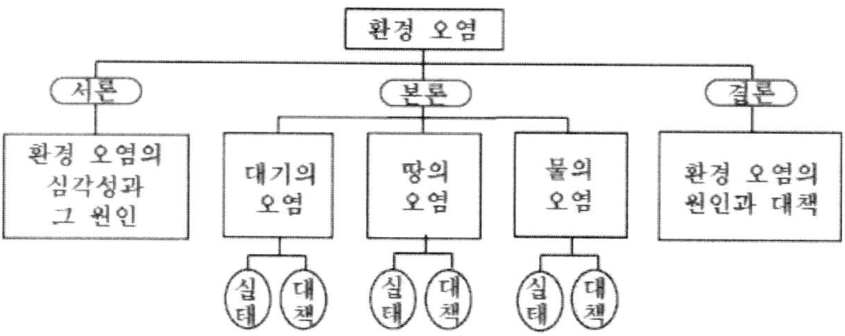

2) 주제 중심의 개요

주제는 제재에 대한 필자의 생각을 진술한 것이다. 주제는 제재에 비해 보다 정교하게 다듬어진 내용을 담고 있다. 그러므로 주제 중심의 개요는 제재 중심의 개요에 비해 보다 구체적이고 정교한 내용을 담을 수 있다.

주제 중심의 개요를 작성할 때에도 서론, 본론, 결론의 구조를 갖추어서 작성하는 것이 좋다. 개요의 내용이 자세할수록 필자는 그 개요를 바탕으로 하여 보다 쉽게 글을 작성할 수 있다. 서론 부분의 개요는 서론의 주요 내용을 무엇으로 할 것인지를 가급적 구체적으로 결정하여 서론 부분의 개요를 작성해야 한다. 본론 부분의 개요는 본론을 구성하는 각 문단의 소주제문을 모두 포함해야 한다. 그리고 소주제문을 뒷받침하는 주요 내용들을 함께 제시하는 것도 글을 보다 효과적으로 작성하기 위한 방법이다. 결론 부분의 개요는 서론 부분의 개요와 마찬가지로 가급적 구체적으로 작성해야 한다.

다음 〈보기 3〉은 '한국 문화의 서양화(西洋化)'에 관한 글을 쓰기 위해 작성한 주제 중심의 개요이다. 이 개요의 본론 부분에서는 종속 주제와 함께 그 종속 주제문을 뒷받침하는 주요 내용도 함께 제시하고 있다.

〈보기 3〉

[서론]

○ 주제 : 한국의 현대 문화는 대부분 서양화되었다.

○ 방법 : 이러한 문화 변화의 예는 물질 문화, 정신 문화, 제도 문화에서 발견된다.

○ 배경 : 문화란 한 사회의 모든 구성원이 공통적으로 가지고 있는 생활 방식이다.

○ 접근 : 수십 년 전에 세상을 떠난 사람들이 다시 살아나서 오늘날 우리의

생활 모습을 보면 외국에 처음 온 것 같은 착각을 일으킬 것이다.

[본론]

○ 종속 주제 1 : 우리의 물질 문화는 거의 서양화되었다.

· 식생활 - 음식의 종류와 재료, 요리 방법, 식사 방법, 식기와 식탁, 음식점의 종류와 이용

· 의생활 - 양복과 양장, 옷감의 재료와 생산

· 주생활 - 주택의 크기·모양·내부, 건축 방법과 재료, 가구

○ 종속 주제 2 : 우리 정신 문화는 대부분 서양화되었다.

· 언어와 문자

· 미술, 음악, 문학

· 외래 사상과 종교

○ 종속 주제 3 : 한국의 제도 문화는 대부분 서양화되었다.

· 가족 제도

· 교육 제도

· 정치 제도

[결론]

○ 주제 : 우리 나라의 현대 문화는 거의 서양화되었다.

○ 요약 : 현대 한국의 물질 문화, 정신 문화, 제도 문화는 대부분 서양화되었다.

-이대규의 '수사학'에서-

3. 글의 구성 원리

글의 내용을 구성하는 전형적인 방법은 처음, 중간, 끝의 구조 혹은 서론, 본론, 결론의 구조로 글의 내용을 구성하는 것이다. 글의 내용을 구성하는 방식은 글을 쓰는 목적과 글의 종류에 따라 다를 수 있다. 정보 전달이나 설득을 목적으로 하는 글의 경우에는 글의 구성

방식이 비교적 엄밀하며 체계적이다. 친교나 정서 표현을 목적으로 하는 글의 경우에는 글의 구성 방식이 비교적 자유롭고 다양하다. 또한 설명문, 논설문, 수필, 기행문, 소설, 편지 등은 나름대로의 독자적인 구성 방식을 필요로 한다. 글의 목적 및 종류에 따라 글의 구성 방식이 약간씩 다르기는 하지만 모든 글은 '처음, 중간, 끝'의 구조 또는 '서론, 본론, 결론'의 구조를 가진다는 점에서 공통성을 지닌다. 다음에서는 글의 서론과 본론 및 결론을 구성하는 방법에 대하여 구체적으로 살펴보기로 한다.

1) 서론의 구성

글의 서론은 글을 쓰는 동기나 목적, 작문의 과제 혹은 문제의 성격과 범위, 글의 주제, 문제를 다루는 방법 혹은 본론에서 다루게 될 주요 문제 등에 관한 내용으로 구성하는 것이 일반적이다. 그러나 글의 서론을 구성하는 방식은 글을 쓰는 목적이나 글의 형식에 따라 얼마든지 다를 수 있다.

다음에 제시된 〈예문 1〉은 '나무 없는 열매'라는 글의 서론이다. 이 예문의 첫째 문장과 둘째 문장에서는 문제를 제시하고 있고, 셋째 문장에서는 문제의 배경을 제시하고 있다. 그리고 글의 주제는 넷째 문장에 제시되어 있다. 다섯째 문장에서는 본론에서 다루게 될 내용을 제시하고 있다.

〈예문 1〉

우리 사회의 지성인들의 정신적인 상태는 지금 매우 어려운 형편에 있다. 어떤 새로운 변화나 새로운 방향이 요청된다. 우리 나라 지성인들도 이 나라의 건설에 긍정적으로 책임 있게 이바지할 권리와 의무가 있다. 이러한 권리와 의무를 다하기 위해서는 지성인들의 주변 상황과 지성인들의 정신적인 자세에 큰 변화가 있어야 겠다. 이러한 변화를 가져오기 위한 문화 혁신의 기본 원리는 민주화, 주체화, 세계화라고 해 보자.

-이규호의 '나무 없는 열매'에서-

간단한 설명문이나 논설문의 경우 글의 서론은 하나 내지 두 개의 문단으로 제시하는 것이 일반적이다. 전체 글의 길이가 짧을 경우에는 하나의 문단으로도 서론을 충분히 구성할 수 있다. 그러나 글의 길이가 길 경우에는 필요에 따라 서론을 둘 또는 둘 이상의 문단으로 구성할 수도 있다.

서론의 내용을 구성하는 데 있어서 가장 중요한 사실은 글을 쓰는 목적, 글의 주제, 글에서 다루게 되는 주요 문제, 그 문제의 범위와 성격 등을 가능한 한 구체적으로 밝히는 일이다. 다음에 제시된 〈예문 2〉는 '우정과 사랑'이라는 글의 서론 부분이다. 이 예문의 첫째 문장과 둘째 문장에서는 문제의 중요성을 제시하고 있고, 셋째 문장에서부터 여섯째 문장까지는 문제의 중요성을 보다 구체적으로 설명하고 있다. 일곱째 문장과 여덟째 문장에서는 글의 주제를 제시하고 있고, 마지막 두 문장에서는 본론에서 다루게 될 주요 내용을 제시하고 있다.

〈예문 2〉

우정과 사랑은 인생의 두 수레바퀴와 같다. 이것이 없으면 인생이 제대로 굴러가지 않는다. 우리 인생에서 사랑을 빼어 보라. 꽃이 없는 화원과 같을 것이다. 우리 인생에서 우정을 빼어 보라. 향기가 없는 꽃과 같을 것이다. 우정과 사랑은 인생의 가장 소중한 정신적 가치(價値)다. 우리 인생에 빛을 주고 향기를 주고 보람을 주고 의미를 주고 따뜻함을 주고 행복을 주는 생(生)의 원천(源泉)이다. 우정은 우리 인생에서 어떠한 의미를 가지며, 사랑은 또 어떠한 의미를 가지는가. 먼저 우정론(友情論)부터 생각하기로 한다.

-안병욱의 '우정과 사랑'에서-

숙련된 필자들은 글의 서론을 구성할 때에 글을 쓰는 목적이나 글의 주제 등을 간접적으로 제시하는 수도 있다. 글의 서론 부분을 효과적으로 작성하기 위해서는 사실을 있는 그대로 직접 진술하거나 독자의 주의를 환기할 수 있는 내용을 제시할 필요가 있다. 다음 〈예문 3〉의 필자는 '멋! 그것은 하나의 자연이다.'라는 문장으로서 독자의 주의를 환기시키고 있다.

〈예문 3〉

멋! 그것은 하나의 자연이다. 승화된 자연이다. 만들어서 나오는 것이 아니다. 꾸며서 나오는 것이 아니다. 장식해서 나오는 것이 아니다. 억지로 조작해서 나오는 것이 아니다. 그것은 지극히 자연스러운 것이며, 그렇게까지 세련된 것이며, 수양된 것이며 승화된 것이다.

-조병화의 '자연스러운 것, 세련된 것, 수양된 것'에서-

다음에 제시된 〈예문 4〉에는 글의 주제가 명시적으로 제시되어 있지 않다. 그리고 본론에서 다루게 될 주요 내용이나 그 내용을 다루는 방법도 명시적으로 제시되어 있지 않다. 그러나 〈예문 4〉의 필자는 문제의 배경과 필요성을 비교적 구체적으로 제시함으로써 독자로 하여금 글의 주제가 무엇인지 그리고 글의 본론에서 어떠한 내용을 다룰 것인지를 쉽게 짐작할 수 있도록 해 준다. 이와 같은 서론 구성 방식은 숙련된 필자들의 글에서 흔히 발견할 수 있지만 덜 숙련된 필자들이 답습하는 것은 바람직하지 못하다.

〈예문 4〉

21세기는 고도의 정보 기술 혁명의 시대가 될 것이다. 그 동안 인류는 농업 혁명·산업 혁명을 거쳐 초공업 사회를 이룩할 단계에 이르렀다. 지금 온 세계는 하이테크 시대를 맞을 채비에 여념이 없다. 과학과 기술 그리고 정보면의 선두 주자가 되기 위해 모든 개인과 국가는 치열한 경쟁에 뛰어들고 있다.

인류는 지난 1800년 동안의 발전보다도 20세기에 들어선 단 100년 사이의 발전이 훨씬 눈부신 성장을 이룩해 냈다. 세계는 그런 뜻에서 이데올로기의 종말과 함께 테크놀로지의 첨단을 위해 전력 투구를 하고 있다. 이제 세계의 주도권은 바로 과학·기술의 제패 여하에 달려 있다. 미·소를 정점으로 하는 패권주의도 이제 막을 내렸다. 고르바초프의 페레스트로이카 이후 동구권은 붕괴하였다. 철통같던 소련의 연방 체제도 어이없이 해체되어 15개의 독립국으로 개편되었다. 중국마저도 모택동(毛澤東) 사망 후 실용주의 노선으로 급격히 전환하기 시작했다. 결국 세계사는 그 어떤 이상적인 제도라도 '삶의 질'을 보장해 주지 못한다면 그 존재 의미가 없어진다는 사실을 입증해 주고 있다.

우리는 지금 어려운 시련 속에 있다. 88 올림픽 이후 우리 경제는 위축되기 시작했고, 정치는 비능률을 면치 못하고 있다. 그러나 그보다 심각한 것은 국민의 사기가 저하되고 자신감이 없어졌다는 점이다. 말하자면 바로 우리의 인간상 자체가 내부로부터의 붕괴 조짐이 보여지기 시작했다는 사실이다.

작문 능력을 체계적으로 신장시키기 위해서는 원칙적이고 정상적인 방법에 따라 글의 서론을 구성하는 연습을 해나가야 할 것이다. 이러한 연습을 끊임 없이 해 나가는 과정에서 필자들은 글을 쓰는 상황에 적합한 서론 구성 방법을 나름대로 터득해 나갈 수 있을 것이다.

2) 본론의 구성

글의 본론은 서론에서 밝힌 글의 주제를 직접 뒷받침할 수 있는 중심 내용과 세부 내용으로 구성한다. 본론의 중심 내용을 서론에서 명시적으로 밝혔을 경우에는 서론에서 밝힌 내용을 중심으로 하여 본론의 내용을 구성해야 한다. 그리고 서론에서, 본론에서 다루게 될 내용의 전개 방법이나 전개 방향을 밝혔을 경우에도 그 전개 방법이나 방향에 따라서 본론의 내용을 구성해야 한다.

본론의 내용을 구성하는 데 있어서 가장 중요한 일은 본론에서 다루게 될 중심 내용을 명확하게 결정하는 일이다. 만약 본론에서 다루게 될 중심 내용이 세 가지이면 세 개의 문단으로 본론을 구성하는 것이 좋다.

본론을 구성하는 각 문단의 중심 내용이 결정되면, 그 중심 내용을 뒷받침하는 세부 내용을 어떻게 구성할 것인지를 결정해야 한다. 각 문단의 세부 내용을 결정할 때에는 그 문단의 중심 내용을 뒷받침할 수 있는 내용인지 여부를 반드시 확인해야 한다. 다음 〈예문 5〉는 〈예문 1〉에 이어지는 글로서 본론에 해당한다. 〈예문 1〉에서 이 글의 필자는 본론에서 다루게 될 주요 내용을 '민주화', '주체화', '세계화'라고 제시한 바 있다. 따라서 〈예문 5〉는 이 세 가지 내용 중심의 본론이 전개되고 있다. 이 글의 필자는 이 세 가지 내용을 별개의 문단으로 구성하였다.

〈예문 5〉

지성인들이 건설적인 사회 참여를 할 수 있게 하기 위해서는 그들의 생활 조건의 최소한의 민주화가 요청된다. 그것은 우리의 사정을 위해서는 사치스럽게 보일 수도 있는 서구식 민주 제도를 그대로 가져와야 된다는 것은 아니다. 적어도 창조적인 문화 활동의 효율성을 보장할 수 있는 정도의 민주화가 필요하다. 더 구체적으로 말하면 우리 사회의 학교나 언론 기관들의 내부적인 민주화를 말한다. 학교나 언론 기관 혹은 연구소들이 그 자체에 있어서 관료적으로 통제되면 문화 창조는 불가능하다.

둘째로는 주체화이다. 교육·예술·종교를 위시한 모든 문화 영역들이 창조적으로 발전하기 위해서는 지성인들의 뚜렷한 주체 의식이 필요하다. 주체 의식이 없는 곳에서는 어떠한 창조도 기대하기 어렵다. 서구 문화의 모방만으로는 우리가 문화의 역사를 가진 문화 민족이라는 것을 나타낼 수 없다. 문화 혁신 운동에 있어서의 주체화 운동은 우리 생활의 모든 분야들에서 일어나야 하겠다.

셋째로는 세계화이다. 세계성이 없는 문화는 문화가 아니다. 인류의 문화적인 발전에 동참하고 이바지하지 못하는 어떠한 개성적인 민족 문화도 그것은 참다운 의미에 있어서의 문화라고 할 수는 없다. 흔히 그렇듯 주체성을 잘못 이해해서 폐쇄성과 혼동하는 일을 해서는 안 된다.

본론을 작성하는 과정에서 필자는 글의 구성 원리에 맞게 내용을 구성해야 한다. 이를 위해 필자는 본론에서 다루고자 하는 주요 내용이 글 전체의 주제와 직접 연관되는 것인지를 점검해 보아야 하고, 본론에서 다루고자 하는 주요 내용들 사이의 연결 관계가 긴밀한지 여부를 검토해 보아야 한다. 또한 필자는 독자에게 강조하고자 하는 내용이 적절하게 드러났는지 여부도 검토해 보아야 한다. 본론의 내용을 구성하는 데 있어서 핵심적인 사항은 본론의 중심 내용들을 체계적으로 배열하는 일과 그 중심 내용들을 뒷받침하는 세부 내용들을 효과적으로 전개하는 일이다.

다음 〈예문 6〉은 〈예문 2〉에 이어지는 본론의 일부이다. 〈예문 6〉의 필자는 우정의 특성을 다섯 가지 원리로 분석하여 제시하고 있는데, 이 과정에서 필자는 통일성·일관성·강조성의 원리를 충실하게 지키면서 본론의 내용을 구성하고 있다.

〈예문 6〉

우정의 구조(構造)를 살펴보기로 한다. 우정은 다음 다섯 가지 원리로 요약된다.

첫째는 만남의 원리다. 우정이 성립하려면 서로 만나야 한다. 만남이 없이는 우정이 불가능하다. 인생은 만남이다. 나와 너와의 만남에서 인생이 시작된다. 만남을 한문에서는 조우(遭遇)라고도 하고 해후(邂逅)라고도 한다.

우정의 둘째 원리는 선택이다. 선택이 없이는 우정이 성립하지 않는다. 서로 만난다고 곧 친구가 되는 것은 아니다. 우리는 만나는 사람 중에서 어떤 선택을 가한다. 우정은 인생의 중요한 선택이다. 인생 그 자체가 하나의 선택의 과정이다. 사람이 산다는 것은 부단한 선택이다. 무엇을 입을까, 무엇을 마실까, 무엇을 할까, 무슨 책을 읽을까, 어디로 갈까. 우리는 늘 선택하면서 살아간다. 산다는 것은 곧 선택하는 것이다. 선택 없이는 살아갈 수 없다.

우정의 셋째 원리는 동등성(同等性)의 원리이다. 아버지와 아들, 스승과 제자와 같은 상하(上下)의 관계가 아니다. '우정 관계는 동등의 관계다.'라고 칸트는 말했다. 나와 너는 서로 대등한 자리에서 수평적 관계를 갖는다. 나도 하나의 독립된 인격이요, 너도 하나의 독립된 인격으로서 서로 동등한 관계 위에 선다. 우정에서 가장 중요한 것은 서로 독립성을 존중하고 유지하는 것이다. 내가 너를 누르고 네가 나를 명령할 때 서르의 우정은 깨어진다. 서로 일대 일로 대하는 것이 친구다. 그렇기 때문에 다음의 부담이 없다.

우정의 넷째 원리는 상호 응수(相互應酬)의 원리다. 우정은 호의(好意)를 서로 주고 받는 관계다. 우정이 성립하려면 서로 호의를 가져야 한다. 사랑이 성립하려면 서로 연정을 느껴야 하는 거와 마찬가지다. 서로간에 호의가 없을 때 우정은 성립하지 않는다. 우리는 많은 사람을 만나지단 그들과 다 친구가 되고 우정을 느끼는 것은 아니다. 그 중의 선택된 소수의 제한된 특수인(特殊人)에 대해서 우정을 느낀다는 것은 서로 호의를 갖는다는 것이다.

우정의 다섯째 원리는 가치 추구(價値追求)의 원리다. 진정한 우정은 서로의 인격 형성(人格形成)과 자아 발전(自我發展)과 정신 향상(精神向上)을 목표로 해야 한다. 나와 너와의 만남에서 너는 나에게 나는 너에게 좋은 자극을 주어서 상호 발전에 힘써야 한다.

3) 결론의 구성

글의 결론에서는, 본론에서 밝힌 주요 내용을 간단히 요약하고 서론에서 밝힌 주제를 다시 한번 강조하여 글의 주제와 관련되는 자신의 의견이나 주장을 제시하는 것이 일반적이다.

〈예문 7〉은 〈예문 5〉에 이어지는 글로서 결론 부분에 해당한다.

이 글의 필자는 결론 부분에서 주제를 다시 한번 강조하기 위해 첫째 문장에서부터 넷째 문장에 이르기까지 배경 설명을 하고 있다. 그리고 마지막 문장에서 주제를 다시 한번 강조하여 제시하고 있다.

〈예문 7〉

우리에게는 안보와 국력 배양이라는 지상의 과제가 주어져 있다. 우리가 어느 정도 이룩한 경제 건설을 나무에 비유하면 문화는 열매이다. 나무 없는 열매를 바랄 수 없듯 경제 기반 없는 문화 건설은 기대할 수 없다. 그러나 나무는 결국 열매를 통해서 평가 받는다. 후세의 사가(史家)는 열매 없는 나무를 나무라서 찍어 불태워 버려야 한다고 말할지도 모른다. 우리 나라의 지성인들이 현재의 위기를 극복하고 우리의 문화 건설에 참여하기 위해서는 혁신 운동이 절실히 요망된다.

설명문이나 논설문과는 달리, 수필의 경우에는 글의 끝 부분에서 글의 주제를 명시적으로 드러내는 일이 드물다. 중간 부분의 내용을 요약하는 대신에 일반적인 내용을 제시하기도 하고, 글의 주제를 분명하게 제시하는 대신에 독자로 하여금 나름대로 추정할 수 있도록 여운을 남기기도 한다. 다음에 지시된 〈예문 8〉의 필자는 중간 부분에서 제시한 구체적인 내용을 일반적인 내용으로 바꾸어서 제시하고 있다.

〈예문 8〉

너무 따지고 신경쓰는 지적인 보살핌 대신 저절로 우러나는 포근한 사랑을 마음껏 쏟아 주는 게 어떨는지. 물질적인 보살핌이나 간섭은 자칫하면 넘칠 수도 있지만, 사랑은 넘치는 법이 없으니까. 사랑받는 사람만이 다시 남을 사랑할 수 있는 것으로 봐서 사랑도 일종의 교육이 아닐는지. 어린이가 나라의 보배임이 그의 무한한 가능성에 있다면 사랑할 수 있는 능력이야말로 그 가능성 중에서도 가장 소중한 가능성이라고 생각한다.

-박완서의 '진정한 사랑과 불행한 사랑'에서-

글의 결론을 효과적으로 구성하는 방법을 터득하기 위해서는 숙련된 필자들이 결론을 구성한 방법을 자세히 분석해 보고, 이러한 방법을 모방하여 결론을 구성하는 연습을 해 나갈 필요가 있다.

4. 문단의 구성

다음에서는 글의 각 부분을 구성하는 문단의 구성에 관하여 알아보기로 한다. 글의 각 부분들은 글 전체의 주제를 드러내는 데 필요한 여러 개의 중심 내용들, 즉 종속 주제들로 구성된다. 종속 주제는 내용의 위계에 따라 1차 종속 주제와 2차 종속 주제 등으로 구분할 수 있다. 그런데 이러한 종속 주제들만으로 한 편의 글을 구성할 수는 없다. 종속 주제들을 뒷받침하는 세부 내용이 있어야만 온전한 글이 성립되는 것이다. 하나의 종속 주제와 그것을 뒷받침하는 세부 내용들로 구성된 글의 단위가 바로 문단이다. 그러므로 하나의 문단은 하나의 종속 주제, 즉 하나의 중심 생각만을 포함하는 것이 원칙이다. 문단을 생각의 단위라고 규정하는 것도 바로 이러한 이유에서이다.

1) 문단의 구성 형식

문단은 종속 주제와 그것을 뒷받침하는 세부 내용들로 구성된다. 종속 주제를 드러내는 문장을 소주제문이라고 하고 세부 내용을 드러내는 문장을 전개문 또는 뒷받침 문장이라고 한다. 소주제문은 전개문들의 내용을 대표하거나 포괄하는 내용을 담은 문장이다. 전개문은 소주제문의 내용을 다른 말로 바꾸어 자세히 표현하거나 소주제문의 내용에 대한 구체적인 예를 제시하거나, 내용을 분석한 내용 등을 담고 있는 문장이다.

소주제문이 놓이는 위치에 따라 문단의 구성 형식이 달라진다. 〈보기 1〉과 같이 문단은 하나의 소주제문과 그것을 뒷받침하는 여러 개의 전개문으로 구성된다. 그리고 전개문은 내용상의 위계에 따라 1차 전개문, 2차 전개문 등으로 구분할 수 있다. 1차 전개문은 문단의 소주제문을 직접 뒷받침하는 문장이고, 2차 전개문은 1차 전개문의 내용을 뒷받침하는 내용을 담은 문장이다.

〈보기 1〉

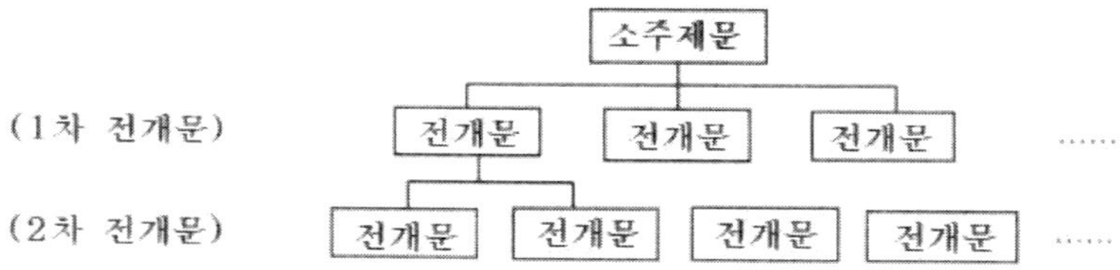

두괄식 구성

다음에 제시된 〈예문 1〉은 소주제문과 1차 전개문으로 구성된 문단이다. 〈예문 1〉에서와 같이 소주제문이 문단의 처음에 놓이는 문단을 두괄식 문단이라고 한다. 두괄식 문단은 문단의 구성 유형 중에서 가장 대표적인 유형으로, 필자의 입장에서는 구체적인 생각을 이끌어 내는 데 유리하고, 독자의 입장에서는 문단의 중심 내용을 파악하는 데 유리하다.

〈예문 1〉

관광 자원은 그 특징에 따라 자연 자원, 문화 자원, 산업 자원으로 구분할 수 있다. 자연 자원은 지형, 기후, 동물, 온천 등 자연적 요소들로 이루어진 자원이다. 문화 자원은 문화재, 박물관, 사찰 등 인간에 의해 이룩된 무형·유형의 자원이다. 산업 자원에는 공업 시설, 상품 전시관 등 산업과 관련이 깊은 시설물이나 생산물이 포함된다.

미괄식 구성

문단의 소주제문을 뒷받침하는 전개문을 먼저 제시한 다음에 소주제문을 마지막으로 제시함으로써 문단을 구성할 수도 있다. 이러한 문단을 미괄식 문단이라고 한다. 정보 전달을 목적으로 하는 글에서는 두괄식 문단 형식을 주로 사용하지만 설득을 목적으로 하는 글에서는 미괄식 문단을 사용하는 일이 많다. 미괄식 문단에서는 종속 주제를 드러내는 데 필요한 문제를 제기하고, 그 문제와 관련되는 여러 가지 사례와 종속 주제의 논리적 근거 등을 제시한 다음 종속 주제를 마지막으로 제시한다.

다음에 제시된 〈예문 2〉는 미괄식 문단의 구조를 갖춘 문단이다. 이 예문의 첫째 문장은 1차 전개문으로서 문제를 제시하고 있고, 둘째 문장은 2차 전개문으로서 문제를 보다 구체적으로 제시하고 있다. 셋째 문장은 1차 전개문으로서 제시된 문제에 대한 예상되는 결과를 제시하고 있고, 넷째 문장은 또 다른 결과를 제시하고 있다. 다섯째 문장은 이 문단의 소주제문으로서 전체 글의 종속 주제를 드러내고 있다.

〈예문 2〉

만약에 현대 사회에 국민 교육 제도와 같은 매우 체계적인 교육이 없다면 사회는 어떻게 될 것인가? 지역에 따라서, 직업에 따라서, 계층에 따라서, 그리고 종교에 따라서 교육이 이루어지고 있다면 어떻게 되겠는가? 이 집단에 속한 사람의 사고 방식과 가치관과 생활 방식은 저 집단의 사람들과 크게 다를 것이다. 그리고 교육을 달리 받은 사람들 사이에 생기는 온갖 종류의 충돌과 대립을 해소하기는 지극히 어렵거나 불가능해질 것이다. 그러므로, 오늘날의 국민 교육 제도는 현대 사회의 거대하고 복잡한 사회 구조에서 무엇보다도 중요하다.

양괄식 구성

두괄식 문단의 특수한 형태로서 양괄식 문단이 있다. 양괄식 문단은 소주제문을 먼저 제시하고, 그것을 뒷받침하는 전개문들을 제시한 다음에 문단의 마지막에 가서 소주제문을 다시 한번 제시하는 방식으로 구성된 문단이다. 양괄식 문단의 마지막에 제시되는 소주제문의 표현 양식은 처음에 제시되는 소주제문과 약간씩 차이가 나는 것이 일반적이다. 양괄식 문단은 문단의 종속 주제를 반복해서 강조할 필요가 있을 경우에 흔히 사용되는 문단 형식이다. 다음에 제시된 〈예문 3〉은 양괄식 문단의 형식을 갖추고 있다.

〈예문 3〉

우리의 전통 문화에서 인간 생활의 기본 덕목과 원리를 지켜 온 충, 효, 신의는 바로 인도주의적 정신이다. 인간 관계에서의 신의나 사회 생활에서의 상부 상조도 모두 인간으로서의 진실성과 연대감 등 인도주의적 정신을 그 바탕으로 하고 있다. 삶을 함께 영위하는 인간 세계에 대한 사랑과 진실과 헌신이 없을 때에는, 충효나 신의나 상부 상조의 덕목은 인간을 속박하는 사슬로서의 의미밖에 지니지 못한다. 국가에 대한 충성, 어버이에 대한 효도, 앞선 세대에 대한 공경, 그리고 벗에 대한 신의 등은 우리의 전통적 도덕 생활의 골격이다. 인도주의는 인간 관계에서의 계약이나 규칙이나 제도를 성립시키거나 준수하기에 앞서 요구된, 우리 민족이 전통적으로 지켜 온 기본적인 정신이다.

2) 문단의 구성 요건

문단의 핵심은 그 문단이 드러내고자 하는 중심적인 내용, 즉 글의 종속 주제 중의 하나이다. 문단에서 종속 주제는 소주제문으로 표현되며, 소주제문은 여러 개의 전개문에 의하여 뒷받침을 받는다. 그런데 완결된 하나의 문단을 구성하기 위해서는 그 문단을 구성하는 문장들이 서로 논리적으로 연결되어야 한다. 문단을 구성하는 문장들 사이에 논리적 연결 관계가 명백하지 않은 문단은 결코 좋은 문단이라고 할 수 없다. 따라서 좋은 문단을 구성하기 위한 첫째 요건은 문단을 구성하는 문장들이 논리적으로 연결되어야 한다는 것이다. 문단을 구성하는 두 번째 요건은 문단의 소주제문은 글 전체의 주제를 뒷받침하는 내용이어야 한다는 점이다. 한 편의 글은 주제와 그 주제를 뒷받침하는 종속 주제를 중심 내용으로 하여 구성되어야 하며, 각각의 문단은 종속 주제를 중심 내용으로 하여 구성되어야 한다.

다음에 지시된 〈예문 4〉에서 첫째 문단은 글의 서론에 해당하는 문단이다. 이 문단의 내용으로 보아 글의 주제는 '직업인이 가져야 할 바람직한 자세'이다. 둘째 문단의 중심 문장은 이 글의 주제를 직접 뒷받침하고 있으나 셋째 문단의 중심 문장은 올바른 가정 윤리에 관한 내용으로서 이 글의 주제를 직접 뒷받침하고 있지 않다. 셋째 문단은 통일성의 원리를 어기고 있는 문단이므로 이 글에 포함되어서는 안 될 문단이다. 〈예문 4〉의 둘째 문단과 셋째 문단의 중심 문장, 즉 소주제문은 모두 문단의 처음에 있다. 중심 문장 다음에 이어지는 문장들은 모두 뒷받침 문장들로서 소주제문의 내용과 밀접한 연관을 맺고 있다. 따라서 이들 두 문단은 모두 일관성의 원리를 잘 지키고 있는 문단들이다.

〈예문 4〉

(1) 올바른 직업 윤리를 성립시키는 근본 원리는 무엇인가? 직업 윤리의 근본 원리는 우리가 제각기 자기의 능력에 따라 맡은 바 직분을 성실하게 수행하도록 하는 것이다. 모든 직업은 그 나름대로 사회 발전에 이바지하고 있으므로, 사람들은 소명 의식과 사명감 및 긍지를 가지고 자기의 직업에 임해야 할 것이다. 그러면 직업인이 가져야 할 바람직한 자세에 대하여 살펴보기로 하자.

(2) 직업인은 직업적 양심을 가지고 각자가 맡은 일에 매진해야 한다. 직업적 양심의 핵심은 성실성에 있으므로, 모든 직업인은 자기를 믿고 일을 맡긴 사람들을 속이지 않아야 한다. 훌륭한 직업인이란, 자기의 일에 순수한 애정을 가지고 전심 전력을 기울이며, 높은 책임 의식과 명예심을 가진 사람

을 말한다. 자기의 직업에 대하여 긍지와 자부심을 가지는 것은 사회 발전을 위해서도 중요한 일이다.

(3) 직업인은 경로 효친(敬老孝親)의 사상을 가정 윤리의 기본으로 삼아야 한다. 경로 효친 사상은 현대 사회에서 나타나는 인간성의 상실이나 물질 만능주의 및 이기주의와 같은 병폐를 막아낼 수 있는 정신적 방패이며, 가정을 안정시키는 원동력이 될 수 있다. 본래, 효(孝)는 인간 관계의 기본이 되며, 나의 부모에 대한 효성스런 마음이 남의 부모와 모든 어른에게로 확대된 것이 경로 사상이다.

문단을 작성하는 과정에서 어떠한 경우이든 글의 종속 주제와 직접적인 연관이 없는 내용을 바탕으로 하여 문단의 소주제문을 작성하는 일은 피해야 한다. 위에서 제시한 두 가지 요건은 글의 구성원리와 직결되는 것이다. 문장들 사이의 논리적 연결을 중시하는 첫째 요건은 일관성의 원리와 통하며, 소주제문과 글 전체의 주제 사이의 연관성을 중시하는 둘째 요건은 통일성의 원리와 직결된다.

5. 내용의 전개

글을 쓰는 과정에서 창안한 내용을 효과적으로 조직하기 위해서는 글의 구성 원리에 맞추어 내용을 조직하는 것이 매우 중요하다. 그러나 내용을 보다 효과적으로 조직하기 위해서는 글의 구성원리와 함께 내용의 전개 원리를 정확하게 이해할 필요가 있다. 내용의 전개 원리는 주어진 문제 또는 중심 내용을 뒷받침하는 세부 내용을 체계적으로 배열하는 방식에 관한 원리이다.

글을 쓰는 과정에서 우리가 해결해야 할 문제는 글 전체의 중심 내용일 수도 있고 문단의 중심 내용일 수도 있다. 한 편의 완결된 글을 작성하기 위해서는 중심 내용을 뒷받침하는 세부 내용들을 생각해 내어야 하고, 이들 세부 내용을 적절하게 전개해 나가야 한다. 세부 내용을 전개하는 방법은 세부 내용을 창안하는 과정에서 활용되는 사고의 유형과 밀접한 연관을 맺는다. 예를 들면, 어떤 문제를 분석함으로써 창안한 세부 내용을 체계적으로 전개하기 위해서는 분석의 방법을 사용하는 것이 효과적이다.

세부 내용을 전개하는 방법에는 시간의 흐름에 따라 전개하는 방법과 시간의 흐름과 상관없이 전개하는 방법의 두 가지가 있다. 시간의 흐름에 따라 세부 내용을 전개하는 방법에는 서사와 과정과 인과 등이 있고, 시간의 흐름과 상관없이 세부 내용을 전개하는 방법에는 분석과 묘사, 분류와 예시와 정의, 비교와 대조와 유추, 논증 등이 있다.

1) 분석과 묘사

분석(分析)은 사물이나 개념을 하나하나의 작은 구성 요소로 나누는 방법이다. 하나의 전체로서 취급될 수 있는 것들은 그것이 구체적이든 추상적이든 모두 분석의 대상이 된다. 묘사(描寫)는 어떤 대상을 눈으로 보듯 생생하게 머릿속에 떠올릴 수 있도록 글로 표현하면서, 그러한 그림들의 세부 요소를 논리적이거나 연상적인 형태로 배열하는 방법이다.

① 분석

분석은 글의 종류나 글의 목적에 상관없이 중심 내용을 뒷받침하는 세부 내용을 전개하는 데 반드시 필요한 방법이다. 설명문을 쓰거나 논설문을 쓸 때에도, 수필을 쓰거나 기사문을 쓸 때에도 분석은 필요하다. 또한, 정보를 전달할 목적으로 글을 쓸 때에나 독자를 설득할 목적으로 글을 쓸 때에도 분석은 글의 세부 내용을 창안하고 전개해 나가는 데 있어서 필수적인 방법이다.

글을 쓰는 과정에서 글을 쓰는 구체적인 목적과 예상 독자의 요구에 맞추어 주어진 문제를 보다 체계적으로 분석하기 위해서 필자는 다음과 같은 질문을 제기해 보는 것이 좋다.

첫째, 내가 분석하고자 하는 일반적인 문제 또는 글의 일반적인 제재는 무엇인가?

둘째, 주어진 일반적인 문제 또는 제재에 대하여 내가 분석해야 할 구체적인 문제 또는 제재는 무엇인가?

셋째, 위와 같은 문제 또는 제재를 분석하는 목적이 무엇인가?

넷째, 누구를 예상 독자로 하여 문제 또는 제재를 분석해야 하는가?

다섯째, 내가 분석한 내용을 어떠한 방식으로 배열할 것인가?

분석은 글 전체의 제재에 대한 중심 내용을 전개하는 데 뿐만 아니라 글의 중심 내용에 대한 세부 내용을 전개하는 데도 흔히 사용되는 방법이다. 분석의 방법을 사용하여 글의 내용을 전개하고자 할 경우에는 다음과 같은 절차를 밟는 것이 필요하다.

첫째, 분석하고자 하는 대상을 식별한다.

둘째, 그 대상을 어떠한 기준에 의하여 구분할 것인지를 결정한다.

셋째, 그렇게 구분하게 된 이유를 진술한다.

넷째, 분석의 결과로 나타나게 될 하위 특성들, 또는 구분된 항목들을 체계적으로 배열한다.

다섯째, 각 특성들이나 구분된 각 항목별로 세부 내용을 정리한다.

여섯째, 정리된 세부 내용들을 예상 독자의 요구 및 글의 목적 등을 고려하여 최선의 방법으로 전개한다.

글을 쓰는 과정에서 필자는 분석의 방법을 사용하여 글 전체의 내용을 창안하고, 전개할 수 있다. 다음 〈예문 1〉은 '우리 나라 각 지방의 생활'에 대한 글의 서론 부분이다.

〈예문 1〉

우리 나라는 국토가 남북으로 길게 뻗어 있으며, 지역에 따라 주민 생활의 모습이 다르게 나타나고 있다. 따라서 우리 나라의 지역은 중부 지방, 남부 지방, 북부 지방의 셋으로 크게 나누어 살펴볼 수 있다. 이 글에서는 편의상 중부 지방과 북부 지방의 경계선을 휴전선으로, 그리고 중부 지방과 남부 지방의 경계는 금강 하류와 소백 산맥을 잇는 선으로 한다. 그리고 다시 중부 지방은 수도권과 관동 지방과 호서 지방으로, 남부 지방은 호남 지방과 영남 지방과 제주 지방으로, 북부 지방은 관서 지방과 관북 지방으로 세분화하여 살펴보기로 한다.

〈예문 1〉의 첫째 문장에서 필자는 글의 주제를 제시한 다음에 분석의 기준과 세부 항목을 제시하고 있다. 〈예문 1〉과 같은 서론 부분에 이어질 본론의 내용은 다음 〈보기 1〉과 같은 구조로 분석될 수 있다.

〈보기 1〉

1. 중부 지방의 자연 환경과 생활 모습에 대한 분석
   (1) 수도권
   (2) 관동 지방
   (3) 호서 지방
2. 남부 지방의 자연 환경과 생활 모습에 대한 분석
   (1) 호남 지방
   (2) 영남 지방
   (3) 제주 지방
3. 북부 지방의 자연 환경과 생활 모습에 대한 분석
   (1) 관서 지방
   (2) 관북 지방

글을 쓰는 과정에서 문단의 중심 내용이 결정되었을 때 필자는 분석의 방법을 사용하여 문단의 중심 내용에 대한 세부 내용을 전개해 나갈 수 있다. 다음 〈예문 2〉는 '관동 지방의 자연 환경'을 중심 내용으로 하여 분석의 방법으로 문단의 세부 내용을 전개한 것이다.

〈예문 2〉

관동 지방의 자연 환경은 태백 산맥이 남북으로 뻗어 있어서 동해안의 좁은 해안 평야와 한강 유역의 침식 분지를 제외하면 대부분이 산으로 되어 있다. 태백 산맥에는 설악산, 오대산, 태백산 등의 명산이 있고, 진부령, 한계령, 대관령 등의 고개를 통하여 동서 간의 교통이 이루어진다. 남한강과 북한강이 이 지방에서 발원하여, 중·상류 지역에 크고 작은 분지들을 이루면서 서쪽으로 흘러 수도권에 각종 용수를 공급하고 있다. 철원 일대에는 추가령 곡을 따라 분출된 용암으로 이루어진 철원 용암 대지가 나타나고, 삼척과 영월 일대에는 석회암이 넓게 분포한다. 동해안은 황해안에 비하여 수심이 깊고, 조석 간만의 차가 작아서 갯벌과 섬들은 찾아보기 어렵다. 그러나 암석이나 모래로 된 단조로운 해안을 따라 사주(砂洲)와 석호(潟湖)가 나타나는 곳도 있고, 울창한 솔밭과 맑고 푸른 바닷물이 어울려 해수욕장으로 개발된 곳도 많다.

분석의 대상은 자연 현상이나 사회 제도 또는 추상적 개념과 같은 정적인 성질을 가진 것일 수도 있고, 사건의 전개 과정이나 사물의 작용 과정과 같은 동적인 성질을 가진 것일 수도 있다. 작문 과정에서 동적인 성질을 가진 대상에 대한 분석은 '4. 서사와 과정과 인과' 단원에서 자세히 공부하기로 하자.

② 묘사

묘사의 방법을 사용하여 글의 내용을 전개할 때에는 다음과 같은 질문을 필자 스스로 제기해 보는 것이 좋다.

첫째, 묘사하고자 하는 대상에 대하여 본 것 또는 느낀 것은 무엇인가?

둘째, 그 대상의 특성을 어떻게 논리적으로, 또는 미적으로 포착할 것인가?

셋째, 그 대상에 대한 지배적인 인상은 무엇인가?

넷째, 그 대상을 어떠한 관점에서 묘사할 것인가?

다섯째, 그 대상을 어떠한 순서에 따라 묘사할 것인가?

이와 같은 물음에 답해 봄으로써 필자는 묘사의 방법을 사용하여 글의 내용을 보다 효과적으로 창안하고 전개해 나갈 수 있다.

어떤 대상을 묘사하는 순서에는 수직적 순서, 수평적 순서, 원근적 순서, 순환적 순서 등이 있다. 수직적 순서에 의한 묘사는 어떤 대상을 위에서 아래로 묘사하거나 아래에서 위로 묘사하는 방법이다. 수평적 순서에 의한 묘사는 어떤 대상을 왼쪽에서 오른쪽으로 묘사하거나 오른쪽에서 왼쪽으로 묘사하는 방법이다. 원근적 순서에 의한 묘사는 어떤 대상을 가까운 곳에서 먼 곳으로 묘사하거나 먼 곳에서 가까운 곳으로 묘사하는 방법이다. 어떤 대상을 밖에서 안으로 묘사하거나 안에서 밖으로 묘사하는 것도 일종의 원근적 순서에 의한 묘사 방법이다. 순환적 순서에 의한 묘사는 어떤 대상의 세부를 시계가 돌아가는 방향으로 묘사하거나 그 반대의 방향으로 묘사하는 방법이다. 글의 세부 내용을 전개하는 과정에서 위에서 설명한 여러 가지 순서들을 혼합하여 사용하는 경우가 많다.

다음에 제시된 〈예문 3〉은 노점상의 수레를 묘사한 글이다. 이 글은 여러 가지 묘사의 순서들을 혼합하여 사용하여 묘사하고자 하는 대상의 모습을 더욱 잘 드러내고 있다.

〈예문 3〉

오래 전 길가에서 마실 것과 먹을 것을 팔던 노점상 수레는 둘레에 철판이 붙어 있었다. 철판에는 페인트 그림이 있었다. 시원한 폭포와 호수, 안개 낀 산, 구부러진 소나무, 흰 구름이 뭉실뭉실 뜬 하늘이 그려져 있었다. 수레 위에는 물건이 가득했다. 설탕을 탄 시원한 보리차가 든 커다란 스테인리스 통이 있고, 그 옆에는 빵을 넣은 유리 상자가 있었다. 빵 상자 옆에는 삶은 계란을 담은 큰 그릇이 있고, 그 뒤의 계란 찌는 솥에서는 하얀 김이 솟았다. 잘게 썰어 튀긴 고구마를 담은 그릇과 끓는 기름에 익힌 감자를 담은 그릇도 있었다. 무거운 가방을 옆에 낀 학생들이 수레 주위에 서 있었다. 노점상은 밝고 즐거운 표정을 지으며 바쁘게 손을 움직였다.

-박대연의 '수레의 그림자'에서-

묘사는 흔히 객관적 묘사와 주관적 묘사로 분류된다. 객관적 묘사는 과학적 묘사라고도 하는데, 어떤 대상을 가능한한 정확하게 표상해 내는 방법으로서 일반적으로 분석에 포함시킨다. 주관적 묘사는 인상적 묘사 또는 문학적 묘사라고도 하는데, 정확하고 객관적인 정보를 전달하기보다는 상징적인 언어 사용을 통하여 어떤 분위기나 감정이나 인상을 창조해 내는 데 그 주된 목적이 있다.

다음 〈예문 4〉는 안개에 대해 느낀 지은이의 인상이 주관적으로 묘사된 글이다.

〈예문 4〉

무진(霧津)에 명산물이 없는 게 아니다. 나는 그게 무엇인지 알고 있다. 그것은 안개다. 아침에 잠자리에서 일어나서 밖으로 나오면, 밤 사이에 진주해 온 적군들처럼 안개가 무진을 뻥 둘러싸고 있는 것이었다. 무진을 둘러싸고 있던 산들로 안개에 의하여 보이지 않는 먼 곳으로 유배당해 버리고 없었다. 안개는 마치 이승에 한이 있어서 매일 밤 찾아오는 여귀(女鬼)가 뿜어 내놓은 입김과 같았다. 해가 떠오르고, 바람이 바다쪽으로 방향을 바꾸어 불어 가기 전에는 사람들의 힘으로써는 그것을 헤쳐 버릴 수가 없었다. 손으로 잡을 수 없으면서도 그것은 뚜렷이 존재했고, 사람들을 둘러쌌고, 먼 곳에 있는 것으로부터 사람들을 떼어 놓았다. 안개, 무진의 안개, 무진의 아침에 사람들이 만나는 안개, 그것이 무진의 명산물이 아닐 수 있을까?

-김승옥의 '무진 기행(霧津紀行)'에서-

2) 분류와 예시와 정의

분류(分類)는 어떤 대상들이나 개념들을 공통적인 특성에 근거하여 구분짓는 방법이다. 예시(例示)는 어떤 원리나 법칙이나 개념의 속성을 보다 구체적으로 드러내는 방법이다. 각각의 예는 어떤 대상이나 사물을 구성하는 요소가 되기 때문에, 예시는 분류와 밀접하게 관련된다. 정의(定義)는 어떤 대상 또는 사물의 범위를 규정짓거나, 그것의 본질을 구체적으로 드러내는 방법이다. 정의는 상의 개념과 하위 개념 사이의 관계를 드러낸다는 점에서 분류와 밀접하게 관련된다. 다음에서는 분류와 예시와 정의의 방법으로 글의 내용을 전개하는 방식에 대하여 좀 더 구체적으로 살펴보기로 한다.

① 분류

분류는 생각을 전개해 나가는 방법 중에서도 가장 기본적인 방법 중의 하나이다. 학생들은 분류를 통하여 여러 사물들이 지닌 특성을 보다 효과적으로 학습하게 되며, 학자들은 분루를 통하여 여러 가지 복잡한 현상을 보다 체계적으로 이해하게 된다. 분류를 통하여 사람들은 자신의 경험에 질서를 부여하게 된다. 도서관에서 책을 분야에 따라 분류하는 일이나 옷가게에서 옷을 모양과 크기에 따라 분류하는 일이나 백화점에서 상품을 종류에 따라 분류하는 일 등은 모두 이용자들로 하여금 보다 효율적으로 책이나 옷이나 상품에 접근할 수 있게 해 주기 위해서이다.

분류의 방법을 사용하여 글의 내용을 전개할 때에는, 먼저 분류의 근거, 즉 어떤 대상이나 사물을 구성하는 요소들을 모두 통합할 수 있는 보편적인 특질이 무엇인지를 분명히 결정해야 한다. 이와 아울러 분류의 방법을 사용할 때에는 특히 다음 사항에 유의할 필요가 있다.

첫째, 분류하고자 하는 사물들은 어떤 측면에서건 같거나 비슷한 특성이 있어야 한다.

둘째, 분류의 각 단계에서는 오직 하나의 구분 원리만이 적용되어야 한다.

셋째, 분류의 각 단계에서 분류된 각 항목들은 상호 배타적이어야 한다.

분류의 방법을 사용하여 글 전체의 내용을 전개하고자 할 때에는 다음 〈보기 1〉과 같은 구조로 내용을 전개하는 것이 일반적이다.

〈보기 1〉

서 론 …	주제문 및 분류된 하위 항목 제시
본 론 …	종류 1 (하위 항목 1)에 대한 설명 종류 2 (하위 항목 2)에 대한 설명 종류 3 (하위 항목 3)에 대한 설명 종류 4 (하위 항목 4)에 대한 설명 ⋮
결 론 …	요약 및 주제의 강조

이러한 구조로 된 글을 작성함에 있어서 필자가 유의해야 할 사항은 다음과 같다.

첫째, 글을 작성하기 전에 글을 쓰는 목적이 무엇인지를 분명하게 결정한다.

둘째, 글의 서론 부분에 제시하는 주제문에는 분류의 근거에 대한 명백한 진술을 포함시키도록 한다.

셋째, 글의 서론 부분에는 분류한 결과들, 즉 하위 항목이나 종류를 제시하도록 한다.

넷째, 글의 본론 부분에는 각각의 하위 항목이나 종류에 대해서 구체적인 예를 들거나 정의를 내리는 등의 방법을 통하여 세부 내용을 제시한다.

다음에 제시된 〈예문 1〉은 '종교'를 일정한 기준에 따라 분류함으로써 세부 내용을 전개한 글이다. 이 글의 필자는 종교를 민족 종교와 세계 종교로 1차 분류를 하고, 민족 종교를 다시 원시 종교와 국민 종교로 2차 분류를 하였다.

〈예문 1〉

인류학에서는 종교를 광의로 해석하여 가신(家神), 자연신 등으로부터 고등 종교에 이르기까지 모든 것을 망라한다. 그러나 이것을 편의상 세 가지로 분류하면 하나는 원시 종교이고 하나는 국민 종교이고 하나는 세계 종교이다. 경우에 따라서는 국민 종교와 원시 종교를 합하여 민족 종교라 하고 이것을 세계 종교와 대립시키기도 한다.

원시 종교(原始宗教)란 원시 미개인, 무문자(無文字) 민족들이 갖는 종교로서 사물, 자연물, 인격신 등 많은 신을 포함하고 이들에 대한 개별적이거나 집단적인 종교 의례를 포함한다. 국민 종교(國民宗教)란 고대 국가에서 볼 수 있는 종교로 국가를 창시한 시조를 신으로 삼거나 국가를 보호하는 주신을 갖는 종교로서 국민적인 의식으로써 이러한 신들을 예찬하고 그들로부터 보호를 받는다. 원시 종교나 국민 종교가 한 종족, 한 민족 또는 한 나라의 국민에 한정된 신앙이기 때문에 이것을 민족 종교(民族宗教)라고도 하는 것이다.

민족 종교와는 달리 세계 종교는 한 민족, 한 국가에 한하지 않고 보다 넓은 인류를 대상으로 하고 인류를 포괄하기 때문에 보편적 종교라고 한다. 세계 종교의 대표적인 것으로 기독교, 불교, 회교를 든다. 이들은 발상지와 교리에 차이가 있지만 그 교리가 인류의 보편 타당성을 갖고 있기 때문에 많은 민족들을 포괄한다. 이 세계 종교의 또 하나의 특징은 교조(教祖)가 분명한 것이므로 세계 종교를 창시 종교(創始宗教)라고도 한다. 세계 종교는 역사의 인물에 의해서 창시된 종교이지만 보다 원천적인 민족 종교에 뿌리를 두고 있다.

-이광규의 '문화 인류학의 세계'에서-

② 예시

예시는 일반적인 원리나 법칙 혹은 추상적인 개념이 지닌 속성을 구체적인 예를 통하여 보다 분명하게 밝혀 내는 방법이다. 구체적인 예를 통하여 세부 내용을 전개하는 것은 자신의 생각을 명료하게 전개해 나가는 가장 중요한 수단들 중의 하나이다. 구체적인 생각은 추상적인 생각에 비해 훨씬 이해하기가 쉽다. 우리가 대화를 하는 과정에서 일반적인 진술을 한 다음에, 그 진술에 대한 구체적인 예를 들게 되면 대화의 상대방은 보다 쉽게 내용을 이해할 수 있다. 글을 쓰는 과정에서도 필자는 자신의 의견이나 주장에 대한 적절한 예를 제시함으로써 독자를 보다 쉽게 설득할 수 있다.

작문의 과정에서 필자는 예시의 방법을 사용하여 글의 중심 내용을 보다 명시적으로 드러낼 수 있다. 또한, 예시의 방법을 사용함으로써 필자는 일반적 진술에 대한 근거를 타당하게 제시할 수 있다. 일반적인 진술을 제시하기 위해서, 필자는 여러 가지 구체적인 사례로부터 공통적인 요소를 추출해야 하는데, 이 경우 필자는 다음 사항에 유의할 필요가 있다.

첫째, 예시의 방법을 사용하여 일반화하고자 하는 진술은, 그 범위가 명확히 한정되어야 한다.

둘째, 일반화는 일종의 귀납적인 방법을 사용하여 결론에 도달하는 방법이기 때문에, 일반적인 진술을 뒷받침하는 실례들을 충분하게 마련해야 한다.

예시의 방법으로 글 전체의 내용을 전개하고자 할 때에는 다음 〈보기 2〉와 같은 구조로 내용을 전개하는 것이 좋다.

〈보기 2〉

서 론 …	일반적 진술을 포함한 주제문의 제시
본 론 …	(일반적 진술에 대한) 예시 1에 대한 설명 (일반적 진술에 대한) 예시 1에 대한 설명 (일반적 진술에 대한) 예시 1에 대한 설명 ⋮
결 론 …	본론 내용의 요약 및 주제의 재진술

예시의 방법은 글 전체의 내용을 전개하기 보다는 문단의 중심 내용을 전개하는 데 자주 사용된다. 〈예문 2〉는 '길은 그 하나로서만 고립되어 있는 것이 아니라 다른 길과 연결되어 있다.'라는 일반적 진술에 대한 세부 내용을 예시의 방법으로 전개한 것이다.

〈예문 2〉

길은 비록 소로(小路)라고 할지라도 그 하나로서만 고립하여 있는 것이 아니라, 다른 길과 연결되어 있는 것이다. 가령 목동이 깊은 산중에 가서 나무를 하고 풀을 베기 위해서 수풀을 헤치고 갈 때에는 길이라고 할 수 없는 발자국을 낼 따름이지마는, 그것은 해가 저물기 전에 자기 집으로 찾아가야 할 것이라고 생각하여 가는 길일 것이다. 그리고 산간 벽촌(僻村)의 담장도 없는 오막살이의 싸리문으로 통하는 작은 길 그것은 장터로 통하는 길일 것이요, 장터로 통하는 길은 읍으로, 읍으로 통하는 길은 서울로, 서울로 통하는 길은 급기야 전 세계로 통하는 길일 것이다. 내가 다니는 이 조그마한 길은 결국은 전 세계로 통하고야 만다는 거기에 재미있는 뜻이 있다고 하겠다.

-박종홍의 '길'에서-

③ 정의

정의는 어떤 대상이나 사물의 의미를 분명하게 밝혀 내는 방법이다. 글의 내용을 전개하는 데 사용되는 정의의 방법은 어떤 사물을 명료하게 설명하기 위해서도 사용될 수 있고, 논증의 요점이 무엇인지를 분명하게 밝히기 위해서도 사용될 수 있다. 설명이나 논증의 과정에서 필자가 어떤 사물을 지칭하는 용어의 의미를 정의하지 않으면 독자는 그 용어의 의미를 잘못 이해하거나 다르게 이해할 수 있다.

정의의 방법에는 논리적 정의, 조작적 정의, 확장적 정의 등이 있다. 정의의 방법 중에서 가장 엄밀하고 공식적인 방법은 논리적 정의이다. 논리적 정의는 분류적 정의라고도 하는데 정의의 방법 중에서 가장 대표적인 방법이다. 조작적 정의는 실험이나 관찰과 같은 조작적 경험과 그 경험의 결과를 진술함으로써 정의를 내리는 방법이다. 확장적 정의는 논리적 정의를 바탕으로 하여 정의한 내용들을 보다 구체적으로 설명해 나가는 방법이다. 이 외에도 정의하고자 하는 용어의 어원을 밝힘으로써 정의를 내리는 방법인 어원적 정의와 정의하고자 하는 용어와 동의 관계에 있는 용어를 제시함으로써 정의를 내리는 방법인 동의어 정의가 있다.

논리적 정의는 다음 〈보기 3〉에 제시된 것처럼 정의를 받는 부분과 정의하는 부분으로 구성된다. 그리고 정의하는 부분은 차이점과 범주로 구성되는데, 범주는 정의를 받는 용어의 상위 종류에 해당한다.

〈보기 3〉

논리적 정의의 구조와 예문

정의 받는 부분	=	정의하는 부분		
		차이점	+	범 주
사람은		이성적		동물이다.
법은		정의를 실현하기 위한		사회 규범이다
문학이란		언어를 표현 수단으로 하는		예술이다.

정의의 방법을 사용하여 글의 내용을 전개할 때에는 다음 사항에 유의할 필요가 있다.

첫째, 정의하고자 하는 용어의 뜻을 너무 넓거나 좁게 규정하지 말아야 한다.

둘째, 정의하는 부분 속에 정의 받는 부분을 반복해서 사용하는 일이 없도록 한다.

셋째, 정의하는 부분 속에 가능한 한 부정어를 포함시키지 않도록 한다.

넷째, 정의하는 부분 속에 모호한 용어나 비유를 사용하지 않도록 한다.

정의의 방법은 주로 문단의 내용을 전개하는 데 사용된다. 글 전체의 내용을 전개할 때에는 확장적 정의의 방법을 사용하는 것이 좋다. 확장적 정의의 방법으로 글의 내용을 전개할 때에는 서론 부분에서는 일반적 정의를 내리고, 본론 부분에서는 서론 부분에서 내린 일반적 정의의 내용과 연관되는 세부 사항에 대한 정의를 내리고, 결론 부분에서 내용을 요약한다. 정의의 방법만으로 글의 내용을 전개하기는 매우 어려우므로 본론의 내용을 전개할 때에는 분류나 예시의 방법을 함께 사용하는 것이 효과적이다.

다음에 제시된 〈예문 3〉은 확장적 정의의 방법을 사용하여 내용을 전개한 글이다. 이 예문에서 필자는 '역사는 인간의 과거 사실이다.'라는 일반적 정의에서 출발하여 역사의 개념과 속성을 다양한 측면에서 설명하고 있다. 둘째 문단에서는 첫째 문단에서 내린 정의를 구체화하여 '역사는 경험의 축적이다.'라는 정의를 내리고 있다. 이러한 정의를 바탕으로 셋째 문단에서는 역사적 경험의 제한성에 대해, 넷째 문단에서는 역사의 교훈에 대해 설명하고 있다.

〈예문 3〉

(1) 역사란 한 마디로 말해서 인간의 과거 사실이라고 할 수 있다. 그러

나 어느 역사학 입문서에나 그 첫머리에 으레 설명되어 있는 것과 같이, 우리는 인간의 과거 사실을 다 알 수는 없다. 우리가 역사라는 이름 아래서 말할 수 있는 것은 기록에 남아 있는 것뿐이라고 할 수가 있다. 최근에는 고고학이 발달하여 유물이나 유적을 통해서도 인간의 과거 사실을 밝혀 낼 수 있게 되었다. 그렇더라도 결국 기록으로건 물건으로건 우리의 기억에 남아 있는 사실이 아니면 사실상 역사로서 다룰 수가 없다.

(2) 우리의 기억에 남아 있어야 역사로 다룰 수 있다는 말은, 바꾸어 말하면 역사란 일종의 경험의 축적이라는 뜻이다. 개인도 과거의 자기 경험을 현재의 생활에 유용하게 살릴 줄 아는 자가 현자(賢者)인 것과 마찬가지로, 한 민족도 과거의 경험(역사)을 살릴 줄 아는 민족이 현명한 민족이다. 과거의 역사적 경험을 살릴 줄 아느냐 하는 것은 곧 그 민족의 역사적 전통이 얼마나 민족의 발전을 위하여 밑거름이 되고 있느냐 하는 문제와 직결된다고 할 수 있다. 이것은 자연적인 '시간의 길이'에 대한 인식의 문제가 아니라, 현재와 장래의 새로운 역사적 창조를 일깨워 주는 역사적인 '경험의 깊이'의 문제인 것이다.

(3) 그러나 한 인간의 개인적 경험에 제한이 있는 것과 마찬가지로 한 민족의 역사적 경험에도 제한이 있기 마련이다. 이 제한된 경험을 보충하여 주는 것이 다른 민족의 역사적 경험이다. 그리고 다른 민족의 역사적 경험이 가지는 중요성은 자기 민족의 그것에 비하여 결코 적은 것이 아니다. 우리가 민족사 못지않게 세계사를 중히 여기고 거기서 민족의 현재와 장래에 이바지할 창조적 정신의 유산을 받아들이고자 노력하는 까닭이 여기에 있는 것이다. 그리고 이 점을 분명하게 인식한다는 것은 극히 중요한 일의 하나라고 믿는다. 다만 여기서는 내가 공부하는 한국사의 이야기만 다룰 수밖에 없다.

(4) 과거의 역사에서 현대에 대한 어떤 교훈을 찾고자 하는 것은 어리석은 일이 아닌가, 똑같은 사실이 되풀이되지 않는 역사에서 교훈을 찾기란 불가능한 것이 아닌가 하는 의심을 품는 사람이 있을지 모르겠다. 그러나 반드시 그렇지는 않다. 역사를 체계화하고 이론적으로 이해한다는 것은, 결국 역사의 구체적인 사실들 속에 숨어 있는 법칙들을 찾아낸다는 이야기가 된다. 인간의 역사에 작용한 법칙은 이루 헤아릴 수 없이 많으므로 이를 다 알아낼 수는 없다. 또 그 법칙은 자연 과학처럼 반드시 반복적이지도 않다. 그렇더

라도 이러한 법칙들에 대한 이해는 우리에게 일정한 교훈을 가져다 주기에 충분한 것이라고 믿는다.

-이기백의 '한국의 전통 사회와 현대'에서-

3) 비교와 대조와 유추

비교와 대조는, 둘 또는 그 이상의 사물에 대하여 그들이 지니고 있는 비슷한 점과 차이점을 밝혀 내는 방법이다. 비록, 비교와 대조는 매우 밀접하게 관련되는 것이기는 하지만, 실제의 적용 과정에서는 차이가 있다. 어떤 두 가지 사물의 특성을 밝히기 위하여 비교의 방법을 사용하는 경우에는 비슷한 점에 주된 관심을 가지게 되지만, 대조의 방법을 사용하는 경우에는 차이점만을 부각시키는 경우가 많기 때문이다. 유추는 일종의 확장된 비교로서, 잘 알려져 있지 않은 것을 잘 알려져 있는 것을 통하여 설명하고자 하는 경우에 주로 사용된다. 다음에서는 비교와 대조와 유추의 방법으로 글의 내용을 전개하는 방식에 대하여 좀 더 자세히 살펴보기로 한다.

1) 비교와 대조

비교와 대조의 방법은 언어적 유사성과 차별성, 형태적 유사성과 차별성, 종류 또는 특성면에서의 유사성과 차별성, 정도면에서의 유사성과 차별성 등을 밝히는 데 주로 사용된다. 비교와 대조의 방법을 사용하여 글의 내용을 전개할 때는 다음과 같은 절차를 밟는 것이 효과적이다.

첫째, 필자는 자신의 상상력과 사고력을 동원하여 충분히 처리할 수 있는 제재들을 선택한다.

둘째, 참신하고 개성적인 관점에서, 선택한 제재들의 특성을 파악하도록 한다.

셋째, 비교와 대조의 방법을 사용하는 목적 및 관점을 분명히 결정한 다음에 비교와 대조를 통하여 어떤 특성을 밝혀낼 수 있는지를 고려해야 한다.

넷째, 비교와 대조에 있어서, 타당성을 지니면서도 동시에 독자의 관심을 끌 수 있는 관점이나 기준 중에서 가장 의미있는 관점이나 기준을 선택하도록 한다.

비교와 대조를 통하여 글의 내용을 전개하는 방법에는 연속적인 방법과 비연속적인 방법의 두 가지가 있다. 연속적인 방법은 비교와 대조의 기준을 먼저 제시한 다음에 각 제재의 유사성이나 차별성을 제시하는 방법이고, 비연속적인 방법은 각 제재를 먼저 제시한 다음에 비교와 대조의 기준별로 유사성이나 차별성을 제시하는 방법이다.

다음에 제시된 〈보기 1〉은 말과 글의 차이점을 연속적인 방법과 비연속적인 방법으로 제시하기 위해 작성한 개요이다. 연속적인 방법에서는 매체, 상호 작용, 대상의 분명성, 공간 공유성, 시간 공유성 등의 기준별로 말과 글이 지닌 특성을 제시하고 있다. 그리고 비연속적인 방법에서는 말이라는 제재와 글이라는 제재를 별도로 구분하여 각 기준별 특성을 제시하고 있다.

〈보기 1〉

연속적 방법에 의한 대조

○ 매체 ┌ 말 : 음성 언어
└ 글 : 문자 언어

○ 상호 작용 ┌ 말 : 가능함.
└ 글 : 불가능함.

○ 대상의 분명성 ┌ 말 : 대상이 분명함.
└ 글 : 대상이 불분명함.

○ 공간 및 시간의 공유성 ┌ 말 : 공유함.
└ 글 : 공유하지 않음.

비연속적 방법에 의한 대조

○ 말 ┌ 매체 : 음성 언어
├ 상호 작용 : 가능함(화자와 청자).
├ 대상의 분명성 : 분명함(청자).
└ 공간 및 시간의 공유성 : 공유함(동일한 공간 및 시간).

○ 글 ┌ 매체 : 문자 언어
├ 상호작용 : 불가능함(필자와 독자).
├ 대상의 분명성 : 불분명함(독자).
└ 공간 및 시간의 공유성 : 공유하지 않음(서로 다른 공간 및 시간).

다음에 제시된 〈예문 1〉은 연속적 방법에 의하여 법과 도덕의 유사성과 차별성을 비교하고 대조한 글이다. 이 글의 필자는 법과 도덕의 유사성을 강조하는 일원론적 입장과, 법과 도덕의 차별성을 강조하는 이원론적 입장을 동시에 제시하고 있으나 비교와 대조의 기준은 명확하게 제시하고 있지 않다.

〈예문 1〉

법과 도덕에 관해서는 한 편에서는 둘 다 모두 바른 것을 지향하는 동일한 성질의 규범이라고 보는 일원론이 있고, 다른 한 편에서는 도덕은 자율적임의 규범인데 법은 타율적 강제 규범이기 때문에 서로 다른 것이라는 이원론이 주장되기도 한다. 법은 '도덕의 최소한'이라는 표현이 있는가 하면, 도덕이 무력할 때 강제를 통해 실현할 수 있는 법은 '도덕의 최대한'이라는 주장도 있다. 법과 도덕은 다른 성질의 것이라는 견해에서는 되도록이면 법은 도덕의 영역에 간섭이나 참여하지 말고 각각의 자율을 존중해 주어야 한다고 주장하는 데 반해, 법과 도덕의 일원론에서는 도덕에 따라서는 법적으로 강제할 수 있다는 이른바 '도덕의 강제'가 가능할 뿐만 아니라 필요하다고 주장한다. 오늘날 지배적인 이론은 법은 사회의 도덕화를 주목적으로 하지는 않지만, 때에 따라서는 주요한 도덕적 덕목을 법률을 통해 강제할 수 있다는 데에 일치하고 있다.

-최종고의 '법은 그러나 어두운 곳에서 빛난다'에서-

다음에 제시된 〈예문 2〉는 비연속적 방법에 의하여 동물과 인간의 유사성을 비교한 글이다. 이 글의 필자는 먼저 동물이 지닌 특성을 몇 가지 관점에서 밝힌 다음에 사람이 지닌 특성을 비슷한 관점에서 밝히고 있다.

〈예문 2〉

생존에 대한 애착은 모든 동물에게 공통된 가장 기본적 욕구임에 틀림이 없다. 삶에 대한 본능이 모든 생명체를 움직이는 힘의 원천이라 하여도 과언이 아닐 것이다. 내가 살기 위해서는 남을 죽이는 잔인성을 발휘하기도 하고, 외적의 공격을 막고 살아 남기 위해서는 헌신적 협동으로 무리에 이바지하기도 한다. 생명에 대한 애착이 자기 한 개체에 대한 것임에 그치지 않고 종족 전체에 대한 그것인 까닭에, 새끼들을 위해서는 일신의 생명을 포기하는 어미들의 희생이 본능적으로 감내되는 사례도 허다하다.

인간도 다른 동물들과 마찬가지로 자기의 생명에 대해서 강한 애착을 가지고 있으며, 종족 유지에 대한 본능도 가지고 있다. 인간의 세계에서도 강자가 약자를 유린하는 현상이 도처에서 일어나고 있으며, 전쟁과 같은 대규모의 살생 행위를 '정의'를 부르짖으며 감행하기도 한다. 학자들 가운데는 인간은 야수보다도 더 잔인하다고 혹평하는 사람들도 있다. 육식 동물들이 살생을 하는 것은 저희들이 먹고 살기 위한 행위에 국한되며, 같은 족속의 동물을 죽이는 일은 거의 없다. 그러나 인간은 먹지도 않을 동물을 죽이는 경우가 많고, 심지어는 같은 혈족의 일원을 죽이기까지 한다.

-김태길의 '인간이라는 존재'에서-

글의 내용을 전개하는 과정에서 비교의 방법을 먼저 사용한 다음에 대조의 방법을 사용하는 경우도 있고, 대조의 방법을 먼저 사용한 다음에 비교의 방법을 사용하는 경우도 있다. 다음에 제시된 〈예문 3〉은 삼국 미술의 차별성을 대조한 다음에 삼국 미술의 유사성을 비교한 글이다.

〈예문 3〉

우리 나라 미술의 특색은 삼국 시대 이래로 잘 나타나 있다. 삼국이라 할지라도 고구려·백제·신라 각국에 따라서 표현 기법의 세련 정도에 차이가 전혀 없는 것은 아니다. 또 정치적·지리적 조건과 지역적인 성격이 다르기 때문에 외국 미술에 대한 반응이나 수용에서도 서로 차이가 있는 게 사실이다. 같은 중국 남북조 시대 미술의 영향을 받으면서 북조 미술에 더 직결되고 있는 고구려, 고구려적인 요소를 다분히 기반으로 가지고 있으면서 남조의 미술에 보다 예민한 백제, 그리고 그러한 삼국 미술의 엄격한 테두리 안에 있으면서 강한 향토색을 지니고 있는 신라, 이렇게 삼국은 각각 나름대로의 개성을 지니고 있다.

그러나 이 삼국은 대상에 대한 공통된 접근 방식을 가지고 있으며, 그들이 만들어 내는 미에는 통일성 있는 유형이 있다. 그것은 자기의 주관을 가장 자연스럽고 솔직하게 구상(具象)하려는 순진한 태도요, 접근 방식이다. 표현의 방법이나 기법에서는 어긋남과 불합리, 부조화가 있다. 그러나 그러한 부조화가 가져오는 말할 수 없는 조화와 통일의 세계가 있다. 그것은 마치 나이 어린 꼬마 동생이 그려 내는 사람과 전차의 그림과 통하는 세계이다.

-김원룡의 '한국 고미술의 세계'에서-

비교와 대조의 방법은 문단의 내용을 전개하는 데 주로 사용되지만 글 전체의 내용을 전개할 때에도 사용될 수 있다. 비교와 대조의 방법을 사용하여 글 전체의 내용을 전개할 때에는, 먼저 글의 서론 부분에서 비교와 대조의 목적, 비교하거나 대조하고자 하는 대상, 즉 제재를 제시한다. 글의 본론 부분에서는 글 전체의 제재를 몇 가지 종속 제재로 나누고, 각 종속 제재의 특성을 중심으로 비교하거나 대조한 내용을 제시한다. 그리고 글의 결론 부분에서는 본론 부분의 내용을 요약하고 글의 주제를 재진술한다.

② 유추

유추의 방법은 예상되는 독자에게 매우 생소한 어떤 개념이나 어떤 현상을 설명하고자 하는 경우에 사용한다. 예상되는 독자에게 매우 생소한 어떤 개념이나 현상을 보다 친숙하고 단순한 것과 비교하여 설명하는 것이 바로 유추이다.

비교의 경우에는 같은 종류나 범주에 속하는 대상들이 비교의 대상이 되지만, 유추의 경우에는 같은 종류나 범주에 속하지 않더라도 예상 독자에게 생소한 것과 생소하지 않은 것이면 유추의 대상이 된다. 물론 유추의 대상이 되는 생소한 것과 생소하지 않은 것 사이에는 그 특성면에서 유사성이 있어야 한다.

다음에 제시된 〈예문 4〉는 바다의 원시 형태를 '바다 수프'에 그리고 우주의 원시 형태를 '우주 수프'에 유추하여 설명한 글이다.

〈예문 4〉

지구가 만들어진 지 얼마 되지 않고 생명체가 존재하지 않았을 때는 태초의 대기 및 바다 속의 단순한 화합물에 내리쬐는 적외선의 작용이 보다 복잡한 분자들을 형성시켰다. 그렇다면 그 바다는 그러한 분자들의 '수프'라고 생각될 수 있을 것이며, 따라서 '바다 수프'라고 불릴 수도 있는 것이다. 바다는 오늘날까지도 수프와 같은데 다만 생명체가 존재한다는 점이 다를 뿐이다. 태초의 바다 수프 속엔 생물이란 없었으며 그 국물은 더욱 진했다. 바로 이 바다 수프로부터 원시 형태의 생명체들이 처음으로 등장했던 것이다.

생명의 근원을 이렇게 설명하는 데 모두가 다 동의하지는 않지만 이는 가장 널리 알려진 학설 중의 하나이며 우리는 바다 수프의 뜻을 잘 알게 되었다. 그러나 바다 수프조차도 수프 유형의 시초는 아니다. 만약 우주가 천문학자들이 확신하고 있는 것처럼 팽창하고 있고, 우리가 시간을 거꾸로 돌이켜 우주의 어린 시절을 상상할 수 있다면 우주가 축소되어가는 모습을 그려볼 수가 있을 것이다. 우주는 서서히 작아져 가면서 그 밀도가 높아지고 더욱 뜨거워지며 우리가 대폭발을 향해 시간을 더욱 돌이키노라면 우주의 온도는 수조도에 이르게 되고 결국 모든 입자들이 그 조직 형태를 잃고 마는 조그마한 우주로 변신하게 된다. 그 어떠한 분자나 원자도 없이 주로 쿼크 등의 특별한 입자들처럼 가장 초기 형태의 입자들만이 서로 엉겨 붙어 있는 모습이다. 이를 '우주 수프'라고 하는데 우리는 천문학자들이 이 수프에 대해 과연 얼마나 알고 있는지 물어 볼 만하다. 그러나 이 질문에 대한 답은 "별로 없다."는 것이다.

-아이작 아시모프(이주헌 역)의 '우주 수프'에서-

유추의 방법을 사용하여 글의 내용을 창안하고 전개하는 과정은 비교와 대조의 경우와 매우 유사하다. 유추의 방법은 문단의 내용을 창안하고 전개하는 데도 사용될 수 있고, 글 전체의 내용을 창안하고 전개하는 데도 사용될 수 있다.

유추의 방법을 사용하여 글 전체의 내용을 전개할 때에는 먼저 글의 서론 부분에서 유추할 대상, 즉 글의 제재와 관련되는 주제를 제시하고 본론 부분에서 각각의 종속 제재를 보다 친숙하고 단순한 대상들에 유추하여 설명한다. 결론 부분에서는 본론의 주요 내용을 요약한 다음에 글의 주제를 재진술한다.

4) 서사와 과정과 인과

서사(敍事)와 과정(過程)과 인과(因果)는 글을 전개하는 방법들 중에서 시간의 흐름에 따른 변화를 중시한다는 점에서 공통성을 지닌다. 시간의 흐름에 위치하는 일련의 행동이나 사건이나 현상에 대하여, 서사는 '무엇'에 관한 사항에 주된 관심을 가지게 되며, 과정은 '어떻게'에 관한 사항에 주된 관심을 가지게 되며, 인과는 '왜'에 관한 사항에 주된 관심을 가지게 된다. 다음에서는 서사와 과정과 인과의 방법으로 글의 내용을 전개하는 방법에 대하여 좀 더 구체적으로 살펴보기로 한다.

① 서사

서사는 일정한 시간 내에서 일어나는 사건이나 행동의 전개에 따르는 행위에 초점을 두고 내용을 전개하는 방법으로서, 어떤 특정의 사실이나 경험을 바탕으로 하게 된다. 서사는 시간 속에서 일어나는 사건을 상상하게 하고, 상상한 사건에 정서적으로 반응하게 하고, 나아가서는 사건으로부터 의미를 발견하게 하거나 깨닫게 할 목적으로 사용된다. 여러 사건들을 단순하게 배열해 놓기만 하는 서사는 의미 있는 서사가 되지 못한다. 의미 있는 서사가 되기 위해서는 사건을 일으키는 사람이나 사물이 서로 관계하며 변화하는 모습을 보여 주어야 한다. 그리고 서사의 대상이 되는 사건들도 서로 관계를 가지면서 작용하는 단위와 구조를 이루어야 한다.

서사는 어떠한 목적의 글에서나 사용될 수 있다. 어떤 사건이나 행동을 서술함으로써 필자는 독자에게 정보를 전달할 수도 있고, 독자를 설득할 수도 있으며, 독자에게 즐거움을 줄 수도 있고, 필자 자신의 정서나 감정을 효과적으로 표출할 수도 있다. 서사는 신문 기사에서 사용될 수도 있고 기행문이나 전기문, 문학 작품에서도 사용될 수 있다. 다음에 제시된 〈예문 1〉의 (가)는 서사의 방법으로 내용을 전개한 기행문이며, (나)는 서사의 방법으로 내용을 전개한 소설 작품의 일부이다.

〈예문 1〉

(가) 날짜 변경선 덕분으로 4월 5일 오후 비행기로 김포를 떠났으나 같은 날짜인 4월 5일 밤 11시에 회의 장소인 시카고 대학 구내에 도착했다. 4월 6일부터의 회의 날짜에 대어 오게 될 것 같지를 않아 마음 졸이던 터이라 좀처럼 해낼 수 없는 어려운 일이나 성사시킨 것처럼 자랑스럽고 대견하였다. 시카고 회의는 4월 6일부터 4일간 현대 인류학 협회 주최 '인류의 기원'에 관한 제2차 심포지엄으로 이번 의제는 '수렵=채집인'이었다. 회의는 4일간 하루 세 차례 식사 시간을 빼고는 밤 10시 내지 11시까지 꼬박 계속되

었다.

회의 마지막 날 하루를 빼먹고 거리 구경을 나섰다. 노스웨스턴 대학에서 동양 미술을 강의하고 있는 이태리 친구 콜롬발도 씨를 방문하고 함께 하루를 지냈다. 그는 수년 전 우리 나라 국보 해외 순회 전시 때 고려 자기의 운학매병(雲鶴梅甁)을 보고 매혹되어 그때부터 고려 자기 연구에 뜻을 두어 온 사람이다. 그는 이번 여름에 두 번째로 한국에 올 계획을 세우고 주로 도요지(陶窯地) 답사를 할 생각이다.

-이두현의 '구미 여러 나라를 돌아보고'에서-

(나) 위에서 누가 내려오는 소리가 난다. 우선 현은 변소로 들어섰다. 내려오는 사람은 절거덕절거덕 칼 소리가 났다. 바로 이 부민관 식당에서 언젠가 한 번 우리 문인들에게, 너희가 황국 신민으로서 충성하지 않을 때는 이 칼이 너희 목을 용서하지 않을 것이니 하던 그도 우리 동포인 무슨 중쇠인가 그자인지도 모르는데 절거덕 소리는 변소로 들어오는 눈치다. 현은 얼른 대변소 속으로 들어섰다. 그러나 그 뒤를 이어 이내 다른 구두 소리가 들어선다. 누구이든 이 속을 엿볼 리는 없을 것이다. 현은, 그 시골서 낚시질을 가던 길 산등성이에서 순사 부장과 맞닥뜨리었을 때처럼 꼼짝 못하겠다.

-이태준의 '해방 전후'에서-

서사의 방법으로 글의 내용을 창안하거나 전개할 때에는 다음과 같은 물음을 필자 스스로에게 제기해 보는 것이 좋다.

첫째, 무엇이 일어났는가?

둘째, 무엇이 일어나고 있는가?

셋째, 무엇이 일어날 것인가?

넷째, 언제, 그리고 어디에서 일어났는가?

서사의 순서는 사건이 일어난 순서와 반드시 일치하지 않을 수도 있다. 서사의 대상이 되는 전체 사건은 처음 사건과 중간 사건들과 마지막 사건들로 구성된다. 전체 사건을 구성하는 하위 사건들 중에는 중요한 사건도 있고 덜 중요한 사건도 있다. 서사의 과정에서 필자는 중요한 사건들만을 대상으로 서술할 수 있으며, 독자의 흥미와 관심을 높이기 위하여 사건의 순서를 바꾸어 서술할 수도 있다.

서사의 방법으로 글 전체의 내용을 전개할 때에는 다음 〈보기〉에 제시된 구조로 전개할 수 있다. 서사의 구조 1은 정보 전달이나 설득을 목적으로 하는 글에서 흔히 사용되는 구조이고 서사의 구조 2는 소설 작품에서 흔히 사용되는 구조이다.

〈보기〉

서사의 구조 1

1. 처음 부분 : 시간, 장소, 인물, 최초 사건 등의 제시
2. 중간 부분 : 여러 사건들의 체계적인 배열
3. 끝 부분 : 사건의 결말

서사의 구조 2

1. 처음 부분
    ┌ 배경 (시간, 장소, 인물 등)
    └ 최초 사건의 발단

2. 중간 부분
    ┌ 사건의 전개
    ├ 위기
    ├ 사건의 전환
    └ 절정
3. 끝 부분 - 결말

② 과정

과정은 특정의 결과나 결말을 가져 오게 하는, 일련의 행동이나 변

화, 기능이나 단계 혹은 작용에 초점을 두고 내용을 전개하는 방법이다. 서사와 마찬가지로 과정은 계속적인 동작이나 행동을 드러내지만 '무엇'에 관한 사항보다는 '어떻게'에 관한 사항을 특별히 강조한다는 점에서 서사와 구별된다. 과정은 어떤 결과에 도달하기 위한 점진적 변화나 단계적인 절차에 주안점을 두는 사고 유형이다.

과정의 방법으로 글의 내용을 전개하는 일은 정보 전달을 목적으로 하는 글에서 주로 이루어진다. 따라서 자연 과학 분야의 글이나 제품 사용 설명서와 같은 설명문에서 과정의 방법으로 내용을 전개하는 일이 많다. 과정의 방법으로 글의 내용을 창안하거나 전개할 때에는 필자 스스로 다음과 같은 질문을 제기해 보는 것이 좋다.

첫째, 그것이 어떻게 일어났는가?

둘째, 그것이 어떻게 작용하는가?

셋째, 그것을 어떻게 만드는가?

넷째, 그것을 어떻게 작동시키는가?

다섯째, 그것을 하는 데 필요한 절차, 단계 혹은 방법은 무엇인가?

위와 같은 물음에 답해 봄으로써 필자는 일련의 변화, 일련의 절차 및 단계, 어떤 일을 성취하기 위한 일련의 방법, 일련의 행동 방식, 일련의 작용 과정 등에 관한 세부 내용을 창안하고 전개해 나갈 수 있다.

어떤 일의 과정에 대한 필자의 인식은 일종의 변화에 대한 지각에서 비롯된다. 우리는 일상을 살아가면서 수없이 많은 변화에 직면하게 된다. 손목시계의 시침과 분침이 시간의 변화에 따라 끊임없이 위치를 이동하는 것을 볼 수 있으며, 뜰에 있는 식물들의 모양이 시간의 변화에 따라 끊임없이 달라지는 것을 볼 수 있다. 계절의 변화에 따라 자연의 모습이 바뀌며 세월의 흐름에 따라 사람의 모습도 바뀐다. 이러한 변화는 모두 과정에 대한 필자의 인식이 바탕이 된다.

과정은 분석이나 묘사와도 긴밀하게 연관을 맺는다. 어떤 일이 이루어지는 과정은 분석을 통하여 분명하게 드러날 수 있다. 그리고 어떤 일이 이루어지는 각 단계의 세부 내용은 묘사를 통하여 보다 생생하게 드러낼 수 있다. 기능 분석 혹은 설명적 묘사하는 용어를 사용하기도 하는데 이들은 모두 분석 혹은 묘사의 방법을 과정의 방법보다 더 강조하는 경우에 사용되는 용어들이다.

다음에 제시된 〈예문 2〉는 공기를 통해서 전달되어 온 전파가 라디오를 통과하면서 소리를 내는 과정을 설명한 글이다. 이 글에서 필자는 동작 회로를 거치는 과정을 넷으로 분석하여 내용을 전개하고 있다.

〈예문 2〉

공기를 통해 전달되어 온 전파는 라디오 안테나를 통해서 라디오 내부로 들어온다. 이렇게 들어온 전파는 동조 회로, 고주파 증폭 회로, 검파 회로, 저주파 증폭 회로 등의 동작 회로를 차례로 거쳐서 음성으로 나오게 된다. 동조 회로는 수신 안테나에 들어온 여러 전파 중에서 희망하는 전파만을 골라 낸다. 동조 회로를 통해 들어온 고주파 신호는 그 세기가 매우 약하므로 신호의 세기를 증폭하여 강하게 해 준다. 고주파 증폭 회로를 거친 고주파 신호는 음성 신호를 포함하고 있으나 우리들의 귀로 직접 들을 수는 없으므로 검파 회로는 이 고주파 신호로부터 음성 신호를 분리해 준다. 고주파 신호에서 분리된 저주파의 음성 신호는 그 세기가 매우 약하므로 저주파 증폭 회로는 이 음성 회로를 증폭시키는 작용을 한다. 그리고 이 증폭된 저주파 신호는 스피커를 동작시킴으로써 스피커는 소리를 내게 된다.

③ 인과

인과는 어떤 결과를 가져오게 한 원인을 분석하거나 어떤 원인에 의하여 결과적으로 초래된 현상을 분석함으로써 내용을 전개하는 방법이다. 원인을 분석하거나 결과를 분석하는 사고 작용은 모두 시간의 변화에 따른 어떤 현상의 변화를 중시한다는 점에서 서사 및 과정과 밀접한 연관을 맺는다.

사람들은 일상을 살아가면서 부딪히는 여러 자연 현상들의 원인을 따져 보기도 하고 결과를 예상해 보기도 한다. "바람은 왜 부는가?", "비는 왜 오는가?", "무지개는 왜 생기는가?", "하늘은 왜 푸르게 보이는가?" 이와 같은 의문은 비단 어린이만이 갖는 의문이 아니다. 자연 현상을 탐구하는 과학자들도 이러한 질문에 대한 답을 찾기 위하여 여러 가지 연구를 수행한다.

원인과 결과는 상관 관계에 있는 개념이다. 원인은 언제나 결과를 전제로 하며, 결과는 언제나 원인을 전제로 한다. 원인은 어떤 결과를 초래하게 하는 힘이나 영향을 가진 어떤 현상이다. 이 현상은 사람일 수도 있고 자연일 수도 있고 사회 제도일 수도 있고 사회적 작용이나 물리적 작용일 수도 있다. 결과는 어떤 힘이나 영향에 의하여 초래된 현상이다. 결과로서의 현상에는 어떤 원인으로 말미암아 초래된 일, 물건, 사건, 행동 등 거의 모든 것이 포함될 수 있다.

원인과 결과는 시간의 변화에 따른 상태의 변화와 밀접하게 연관되기 때문에 어느 시점을 기준으로 하느냐에 따라 원인이 결과가 될 수도 있고 결과가 원인이 될 수도 있다. 과거의 한 시점을 기준으로 했을 때 현재의 상태는 결과에 해당하지만, 미래의 한 시점을 기준으로 했을 때 현재의 상태는 원인이 될 수 있기 때문이다.

인과의 방법은 정보 전달을 목적으로 하는 글이나 설득을 목적으로 하는 글에서도 사용될 수 있으며, 정서를 표출하는 글이나 문학적인 글에서도 사용될 수 있다. 인과의 방법으로 내용을 창안하거나 전개할 때에는 필자 스스로 다음과 같은 질문을 제기해 볼 필요가 있다.

첫째, 그것의 원인은 무엇인가?

둘째, 그것의 결과는 무엇인가?

셋째, 그것은 다른 것과 어떠한 인과 관계에 있는가?

인과의 방법으로 글의 내용을 전개할 때에는 원인을 먼저 제시한 다음에 결과를 제시할 수도 있고 결과를 먼저 제시한 다음에 원인을 제시할 수도 있다. 다음에 제시된 〈예문 3〉의 (가) 글은 원인을 먼저 제시한 다음에 결과를 제시한 글이고, (나) 글은 결과를 먼저 제시한 다음에 원인을 제시한 글이다.

〈예문 3〉

(가) 지구의 물은 순환하고 있다. 매년 바다에서 3만 입방 마일의 물이 증발하고 다시 비나 그 밖의 형태로 바다에 되돌아온다. 이 순환의 두 가지 흐름, 즉 증발과 회귀는 반드시 똑같지는 않다. 바닷물에 들어 있는 물질 가운데 증발하는 것은 오직 물뿐이므로 비가 거의 순수한 물인 것은 바로 이 때문이다. 회귀하는 물의 일부는 우선 비가 되어 육지로 떨어지고 흙 속을 흐르다가 녹기 쉬운 화학 물질을 담아 바다로 운반한다. 예를 들면 강물은 1/100 %의 염분을 함유한다. 이 정도의 함유량은 짠 느낌이 들 정도는 아니나 문제가 되기에는 충분하다. 이는 바다는 육지에서 끊임없이 염분이나 그 밖의 화학 물질을 소량씩이나마 얻지만 증발로는 전혀 잃지 않는다는 말이다. 그렇다면 바다는 점점 염분이 증가하지 않을까? 물론 매우 느린 속도이지만 그래도 수백 수천만 년이라는 지질학적 시간의 관점에서 보면 바다의 염분이 크게 증가하는 것은 틀림없는 사실이다.

-아이작 아시모프(이주헌 역)의 '바닷물은 계속 짜지고 있는가'에서-

(나) 우리의 민족 문화에 강력한 외래 문화의 충격이 더해짐으로써 등장한 것이 한국의 대중 문화라고 할 수 있다. 다시 말해서, 한국의 대중 문화 현상이란 기본적으로는 서구 국가, 특히 미국에서 발생한 문호 유형이 우리 사회에 밀려들어 옴으로써 나타난 것으로 파악할 수 있다. 해방 이후, 한국이 미국의 정치적 영향 아래 놓이게 되고 거기에 편승해서 미국의 대중 문화가 한국에 강력한 영향을 미치게 되었다. 더욱이 1965년에 한일 회담이 타결되자 일본의 경제적, 사회 문화적 물결이 한국 사회에 급격히 밀려들어 왔다. 제2차 세계 대전 이후 일본 사회에 형성되었던 대중 사회적 상황은 미국의 그것을 모델로 하고 있었다. 특히 문화적인 차원에서는 미국의 대중 문화를 복제하다시피 하였다. 이렇게 이차적으로 형성된 일본의 대중 문화가 한

일 회담 타결 이후에 물밀듯이 밀려들어 온 것이다. 일본의 대중 문화는 미국의 그것을 모델로 하고 있기는 했어도 일본적인 것으로 변형, 소화되어 있었다. 이렇게 일단 일본화된 미국의 대중 문화는 더욱 쉽게 한국에 받아들여졌다. 한국과 일본의 문화적 동질성이나 유사성 때문에 더욱 그러했을 것이다.

-이상희의 '전통 문화와 대중 문화'에서-

5) 논증

지금까지 글을 쓰는 과정에서 내용을 창안하고 전개하는 여러 가지 방법에 대하여 살펴보았다. 지금까지 살펴본 여러 가지 방법은 정보 전달을 목적으로 하는 글이나 설득을 목적으로 하는 글은 물론이고 정서 표현을 위한 글이나 문학적인 글에서도 사용될 수 있다. 여러 가지 목적의 글 중에서도 특히 설득을 목적으로 하는 글은 논리적 사고에 바탕을 둔 논증을 필요로 한다.

논증은 여러 가지 명제를 근거로 하여 어느 하나의 결론이 참이라는 것을 증명하는 방법이다. 이 경우, 논증의 결론은 필자의 의견, 주장, 판단, 신념, 태도 중에서 어느 하나일 수 있다. 논증의 목적은 객관적인 근거에 바탕을 두고 내려진 결론이 참이라는 사실을 독자에게 설득하는 데 있다. 올바른 논증을 하기 위해서는 논리적 추리가 필수적이다. 논리적 추리의 양식에는 귀납 추리와 연역 추리가 있다. 다음에서는 귀납 추리와 연역 추리, 논증의 방법에 대하여 구체적으로 살펴보기로 한다.

① 귀납 추리와 연역 추리

귀납 추리

귀납 추리는 특수한 근거 또는 구체적인 근거를 바탕으로 하여 일반적인 결론을 도출하는 방법으로서 흔히 귀납이라고 줄여서 말하기도 한다. 귀납 추리에서 사용되는 근거는 그 근거가 속하는 범주의 모든 요소들 중에서 소수의 요소들이다. 이러한 소수의 요소들만으로 결론을 도출하기 때문에 어느 정도의 논리적 비약은 피할 수 없는 경우가 많다. 예를 들어, 어떤 사람이 과거에 머리가 아플 때마다 아스피린을 먹었는데 언제나 효과를 보았다고 치자. 그러면 그 사람은 '아스피린은 두통을 낫게 한다.'는 일반적인 결론에 도달하게 될 것이다. 그런데 이 결론은 다른 사람도 언제나 아스피린을 먹으면 두통이 낫게 되는지에 관한 근거를 제시하지 않고 자기 자신만의 경험을 바탕으로 도출한 것이기 때문에 '누구에게나 그렇다'라는 결론과는 차이가 있을 수 있다.

귀납 추리는 다음 〈보기 1〉과 같은 형식을 취한다.

〈보기 1〉

○ 일 년 전에 나는 아스피린을 먹고 두통이 나았다.
○ 한 달 전에 나는 아스피린을 먹고 두통이 나았다.
○ 일 주일 전에 나는 아스피린을 먹고 두통이 나았다.
○ 그러므로 아스피린을 먹으면 두통이 낫는다.

글의 내용을 전개하는 과정에서는 귀납 추리에 의한 결론을 글의 마지막에 놓을 수도 있고, 글의 처음에 놓일 수도 있다. 그러므로 결론의 위치만을 기준으로 하여 귀납과 연역을 구별지을 수는 없다. 귀납 추리의 과정에서 논리적 비약을 피하기 위해서는 다음 사항에 유의할 필요가 있다.

첫째, 충분한 수효의 근거가 검토되어야 한다.

둘째, 검토된 근거는 그 근거가 속한 부류 중에서 전형적인 것이어야 한다.

셋째, 부정적인 근거가 있으면 그것은 모두 해명되어야 한다.

연역 추리

연역 추리는 일반적인 진술을 전제로 하여 구체적인 결론에 도달하는 방법으로서 흔히 연역이라고도 한다. 전형적인 연역 추리는 삼단 논법이다. 삼단 논법은 세 개의 진술 혹은 명제로 구성된다. 결론의 근거가 되는 일반적 진술을 대전제라 하고, 또 다른 근거가 되는 구체적 진술을 소전제라 하며, 두 근거를 바탕으르 하여 증명된 구체적 진술을 결론이라고 한다. 삼단 논법의 일반적인 형식은 다음의 〈보기 2〉와 같다.

〈보기 2〉

○ 모든 철학자는 이상주의자이다. -대전제

○ 플라톤은 철학자이다. -소전제

○ 그러므로 플라톤은 이상주의자이다. -결 론

② 귀납·연역 추리에 의한 논증

귀납 추리에 의한 논증이나 연역 추리에 의한 논증에 있어서 가장 중요한 일은 결론에 대한 타당한 근거를 마련하는 일이다.

귀납 추리에 의한 논증

귀납 추리에 의한 논증에 있어서는 예시, 유추, 인과 등의 방법으로 결론의 근거를 알아보는 것이 일반적이다. 귀납 추리에 의한 논증에 있어서 결론의 근거를 마련하는데 자주 동원되는 방법은 예시의 방법이다. 다음에 제시된 〈예문 1〉은 모든 민족을 구성하는 개별 민족의 독특한 성질을 예시함으로써 결론의 근거를 마련한 글이다. 이 글에서는 귀납 추리에 의해 내려진 결론을 문단의 처음에 위치시켰다.

〈예문 1〉

모든 민족은 저마다 독특한 민족성을 지닌다. 한국인은 은근과 끈기라는 특성을 지닌다. 일본 사람은 성질이 급하고 잔인한 섬나라 근성이 있다. 중국인은 여유만만한 대륙성 기질을 지닌다. 프랑스 사람은 예술적 기질이 풍부하고, 독일 사람은 정확성을, 영국 사람은 보수성을 띤다. 이런 특성들이 한 민족 전체에 예외 없이 적용되는 것은 아니지만 전형적인 성격을 보여 주는 것만은 틀림없다고 본다.

-임건순의 '우리의 민족성'에서-

귀납 추리에 의한 논증에 있어서, 결론의 근거를 마련하기 위해 유추의 방법을 사용할 수도 있다. 다음에 제시된 〈예문 2〉는 유추의 방법을 사용하여 결론의 근거를 마련한 글이다. 이 글에서 필자는 '조선 민족은 자존성이 있으므로 조선의 독립을 누구도 침해하지 못한다.'라는 결론의 근거를 짐승의 자존성과 다른 민족의 자존성에서 유추하여 제시하고 있다.

〈예문 2〉

들짐승은 날짐승과 어울리지 못하고 날짐승은 곤충과 함께 무리를 이루지 못한다. 같은 들짐승이라도 기린과 여우나 삵은 그 거처가 다르고 같은 날짐승 중에서도 기러기와 제비·참새는 그 뜻을 달리하며, 용과 뱀은 지렁이와 그 즐기는 바를 달리한다. 또한 같은 곤충 중에서도 벌과 개미는 자기 무리가 아니면 서로 배척하여 한 곳에 동거하지 않는다.

이는 감정이 있는 동물의 자존성에서 나온 행동으로 반드시 이해 득실을 따져 남의 침입을 배척하는 것이 아니라 다른 무리가 자기 무리에 대하여 이익을 준다 해도 역시 배척하는 것이다. 이것은 배타성이 주체가 되어 그런 것이 아니라 같은 무리는 저희끼리 사랑하여 자존을 누리는 까닭에 자존의 배후에는 자연히 배타가 있는 것이다. 여기서 배타라 함은 자존의 범위 안에 드는 남의 간섭을 방어하는 것을 의미하며 자존의 범위를 넘어서까지 배척함을 뜻하는 것이 아니다. 따라서, 자존의 범위를 넘어 남을 배척하는 것은 배척이 아니라 침략이다.

인류도 마찬가지여서 민족 간에는 자존성이 있다. 유색 인종과 무색 인종 간에 자존성이 있고 같은 종족 중에서도 각 민족의 자존성이 있어 서로 동화하지 못하는 것이다. 예컨대, 중국은 한 나라를 형성하였으나 민족적 경쟁은 실로 격렬하지 않았는가. 최근의 사실만 보더라도 청나라의 멸망은 겉으로 보기에는 정치적 혁명 때문인 것 같으나 실은 한족과 만주족의 쟁탈에 연유한 것이다. 또한 티베트 족이나 몽고족도 각각 자존을 꿈꾸며 기회만 있으면 궐기하려 하고 있다. 그 밖에도 아일랜드나 인도에 대한 영국의 동화 정책, 폴란드에 대한 러시아의 동화 정책, 그리고 수많은 영토에 더한 각국의 동화 정책은 어느 하나도 수포로 돌아가지 않은 것이 없다.

한 민족이 다른 민족의 간섭을 받지 않으려 하는 것은 인류가 공통으로 가진 본성으로서 이 같은 본성은 남이 꺾을 수 없는 것이며 또한 스스로 자기 민족의 자존성을 억제하려 하여도 되지 않는 것이다. 이 자존성은 항상 탄력성을 가져 팽창의 한도, 즉 독립 자존의 길에 이르지 않으면 멈추지 않는 것이니 조선의 독립을 감히 침해하지 못할 것이다.

-한용운의 '조선 독립의 서'에서-

귀납 추리에 의한 논증에 있어서 결론의 근거를 마련하는데 사용되는 또 다른 방법은 인과의 방법이다. 다음에 제시된 〈예문 3〉은 인과의 방법으로 결론의 근거를 마련한 글이다. 이 글에서 필자는 '미래는 우리보다 더 높은 지력의 소유자를 요구한다.'라는 결론의 근거로서, 미래 사회가 높은 지력의 소유자를 요구하지 않으면 안 될 필연적인 원인을 제시하고 있다.

〈예문 3〉

미래는 우리보다 더 높은 지력(知力)의 소유자를 요구한다. 바로 미래가 정보 사회라는 뜻은 지식(知識)의 생산, 정리, 저장, 전파, 재생, 활용이 주요 산업인 사회를 말하기 때문이고, 그것이 치열한 국제적 지식 전쟁에서 살아남을 수 있는 힘이기 때문이다. 옛부터 '지식은 힘'이었으나, 내일에는 더 그렇고, 거의 그것만이 힘이기 때문이다. 토플러의 말대로 모든 힘의 근원이 한때 '폭력'에서 '금력'으로 옮겨 갔고, 이제 다시 '지식'으로 옮겨 갔다.

-정범모의 '21세기의 사회, 인간 그리고 교육'에서-

연역 추리에 의한 논증

연역 추리에 의한 논증은 확장된 삼단 논법의 형식을 취하는 것이 일반적이다. 즉, 문단 전체의 구조나 글 전체의 구조로 보았을 때는 대전제와 소전제와 결론에 해당하는 내용을 가지고 있으면서, 대전제와 소전제와 결론의 사이에 근거에 해당하는 내용을 포함하고 있는 형식을 취한다.

다음 〈예문 4〉는 연역 추리에 의한 논증을 기본 골격으로 하면서 동시에 귀납 추리에 의한 논증을 병행하고 있는 글이다. 이 글의 첫째 문장은 대전제에 해당하며, 둘째 문장은 소전제에 해당하고, 마지막 문장은 결론에 해당한다. 그리고 소전제와 결론의 사이에 있는 문장들은 모두 필자가 예시의 방법으로 소전제의 근거를 마련한 것이다. 소전제에 해당하는 문장과 근거에 해당하는 문장들은 귀납 추리에 의한 논증으로 마련한 내용들이다.

〈예문 4〉

우리 나라를 침략하거나 억압하는 나라는 우리의 적대국이다. 일본은 역사적으로 자주 우리 나라를 침략하였다. 일본의 해적인 왜구는 삼국 시대부터 우리 나라에 침입하여 약탈을 하였다. 고려 시대 말기에는 남해안 지방과 남서해 지방에 침입하여 큰 피해를 주었다. 조선 시대에는 대규모의 군사력으로 침략하여 전 국토를 황폐화시켰다. 그리고 1910년부터 1945년까지 한국을 식민지로 만들어 혹독하게 억압하며 우리 나라의 문화와 언어까지 말살하려고 하였다. 그러므로 일본은 역사적으로 우리 민족의 적대국이었다.

-이대규의 '수사학'에서-

6. 조직하기 과정에서의 문제 해결 전략

내용 조직하기 과정은 내용 생성하기 과정에서 만들어 낸 중심 내용과 세부 내용을 글의 조직 원리에 맞추어 배열하는 과정이다. 글의 조직 원리는 글의 구성과 관련되는 원리와 내용의 전개와 관련되는 원리로 나눌 수 있다. 글의 구성과 관련되는 조직의 원리에는 다음과 같은 것들이 있다. 모든 글은 처음·중간·끝 또는 서론·본론·결론의 구조를 가져야 한다. 하나의 문단에서는 반드시 하나의 중심 문장이 있어야 하며, 문단이 시작되는 부분에서 들여쓰기를 해야 한다. 모든 글은 글의 주제와 그것을 뒷받침하는 재료들이 내용적으로 일치를 이루어야 한다는 통일성의 원리를 지켜야 한다. 모든 글은 그 주제를 효과적으로 드러낼 수 있도록 모든 재료들을 적절하게 배열해야 한다는 일관성의 원리를 지켜야 한다. 글의 구성과 관련되는 이러한 원리들을 지키는 것은 좋은 글을 생산하기 위해 필요한 일이다.

문제 해결 과정으로써의 내용 조직하기 과정에서 보다 긴요하나 원리는 중심 내용 및 세부 내용의 전개에 관한 원리들이다. 내용을 전개하는 원리는 시간성을 별도로 중시하지 않는 정태적 범주에 속하는 원리와 시간성을 중시하는 동태적 범주에 속하는 원리로 나눌 수 있다. 정태적 범주에 속하는 원리에는 분석, 교사, 분류, 예시, 정의, 비교와 대조, 유추, 삼단 논법 등이 있다. 동태적 범주에 속하는 원리에는 서사, 과정, 인과 등이 있다.

아이디어 조직하기 과정에서 요구되는 문제 해결 전략에는 자신의 핵심어 확장시키기 전략, 아이디어를 요약해서 누군가에게 가르쳐 보기 전략, 화제구조도 만들기 전략 등 세 가지가 있다. 이들 전략의 목표는 직관을 정확하면서도 발전된 아이디어로 전환시켜 아이디어들 간의 명확하면서도 논리적인 관계를 표현할 수 있도록 하는 것이다.

위의 전략들 중에서 첫째 전략은 나름대로 많은 의미를 부여하고 있는 표현들을 보다 의미 있는 논의로 확장시키는 데 도움이 된다. 둘째 전략은 그러한 논의로부터 주요 핵심 내용이나 개념들을 추출해내는 데 도움이 되고, 셋째 전략은 이 모든 부분들을 보다 명확하고 논리적으로 조직화하는 방법 제시하게 해 준다. 이들 전략들은 필자로 하여금 자신이 아는 내용을 탐색하고 조직하면서도 독자를 고려할 수 있도록 하는 데 도움이 된다.

1) 자신의 핵심어 확장시키기 전략

필자들은 자신의 글에서 중요한 단어(key word)들이 실제로는 '핵심어'라는 것을 자주 발견하게 된다. 필자는 핵심어에 많은 의미를 담아서 전달하려고 하지만, 막상 평균적 독자에게는 충분히 본래 의도했던 의미가 전달되지 못한다. 필자의 핵심어는 특별한 용어이거나, 단순히 특정 독자들만 이해하지 못하는 복합적인 의미를 지닌 전문어일 수 있다. 또 단순하게 추상적 관념을 표현하는 말의 형태일 수도 있다.

자신의 핵심어 확장시키기 전략은 효과적으로 아이디어를 발전시키고, 초점을 맞출 수 있도록 해주는 전략으로 다음과 같은 세부 전략을 필요로 한다.

① 메모나 글의 초고를 검토하여 핵심어 내지는 핵심이 될 만한 부분(글에서 많은 의미를 전달하고자 의도한 부분들)을 찾아내라.

② 글에서 비중 있게 다루어지고 있는 추상적 표현뿐만 아니라 핵심어 및 복합적 개념들을 찾아내라.

③ 이러한 표현들이 자신이 의도했던 내용을 독자에게 충분히 전달하지 못하는 핵심어처럼 사용되고 있지 않은가 살펴보라.

④ 자신의 독특한 표현이면서 전체적인 아이디어의 네트워크상에서 중심이 되는 단어들을 찾아보라.

⑤ "나는 과연 이 핵심어, 혹은 용어를 어떤 의미로 사용하고 있는가?"라는 질문을 스스로에게 던져보라.

⑥ 어휘들 속에 그러한 복합적 의미를 밀어 넣고서, 그것을 자기 나름대로의 생각을 발전시키는 도약대로 사용 해보라.

⑦ 새롭게 이해한 것을 글쓰기로 전환시켜 보라.

핵심어는 직관과도 같은 것이다. 필자는 핵심어를 통해 자기 나름의 아이디어를 발전시키면서 독자에게 생각의 단초를 제공해 주어야 한다. 자신의 입장에서는 전달하고자 하는 정보를 비중 있게 전달하고 있는 단어이지만, 독자의 입장에서는 조금 추상적으르 보일 염려가 있는 주요 핵심 단어들을 수정해야 한다. 핵심어를 발전시키는 과정을 통해, 아이디어 네트워크상에서 중요하긴 하지만 진술되지 않았던 것들을 덧붙여 표현할 필요가 있다. 핵심어가 새로운 아이디어를 생성해 내는 데 도약대의 역할을 제공해준 셈이다.

2) 아이디어를 요약해서 누군가에게 가르쳐 보기 전략

이 전략을 두 개의 하위 전략으로 구분하여 설명하면 다음과 같다.

① 아이디어 요약하기

글 전체의 내용을 짧은 몇 문장으로 요약해 보라. 요점을 정리하다 보면 보다 중요한 아이디어와 부차적인 아이디어를 구분하고, 또 이들 주요한 아이디어들이 서로 어떻게 관련되는지를 판단하는데 많은 도움이 된다.

자신의 주장을 요약해서 표현하다 보면 정말 자신이 이야기해야할 내용의 핵심에 초점을 맞출 수도 있고, 부차적인 정보들은 어느 곳에 위치시키는 것이 좋을지도 알게 된다.

내용을 요약해 보는 것은 흥미롭기도 하지만, 보조적인 이야기에 불과한 것들로부터 핵심 내용을 구별해 낼 수 있도록 도와준다. 또한 아이디어들을 결합하여 종합해 보기도 하고, 머릿속에 있는 생각을 포괄해서 표현할 수 있는 새로운 개념을 만들어 내기도 한다.

② 가르치기

상대방이 단순한 사실들의 나열이 아닌 내용의 핵심을 파악할 수 있게 하기 위해서는, 요약하기에서처럼 아이디어를 잘 구성해서 가르칠 수 있도록 하는 것이 중요하다. 가르치는 사람으로서 어떠한 개념이 상대방에게 가장 의미 있는 것일지에 대해 생각해야만 한다.

3) 화제 구조도 구성하기 전략

능숙한 필자는 먼저 개요를 작성하고 그 개요에 내용을 채워 넣기 위해 글을 쓰기보다는 생성해 낸 아이디어들로부터 개요를 끄집어낸다. 화제구조도를 구성하는 것은 생성해 낸 아이디어를 조직하는 효과적인 방법이다.

화제구조도는 아이디어를 계층적인 순서대로 그려 넣을 수 있는 '위에서 아래로'향하는 나무 그림이다. 계층구조에서 '최상위 수준의 아이디어'란 가장 포괄적인 아이디어를 의미한다. 다른 모든 아이디어들은 보다 큰 체계의 하위체계와 같은 것으로서, 이 최상위 수준의 아이디어를 보조하거나 그 부분을 이루고 있다.

화제 구조도 구성하기 전략은 글을 쓰면서 아이디어들과 그 관계를 그림으로 그리거나 시험할 수 있게 해준다. 동시에 전체 논의를 시각화해서 전체 부분들이 서로 어떻게 구성되어 있는지를 볼 수 있게 해준다. 또한, 새로운 아이디어들을 생성할 수 있도록 도와준다. 자신의 논의에서 빠진 부분의 연결 관계에 집중할 수 있게 해줌으로써, 추론을 통해 새로운 개념과 관계들을 추출해 낼 수 있도록 도와준다.

화제구조도의 이용 절차는 다음과 같다.

① 화제구조도를 이용해 브레인스토밍한 내용을 조직하기

② 화제구조도를 이용해 글을 발전시키기

화제구조도는 필자로 하여금 글을 탄력성 있게 발전시켜 나갈 수 있도록 해 주는 도구로서 필자의 생각을 시각화해서 구성하고 구체화시킬 수 있도록 해 준다. 화제구조도는 어느 지점에서 아이디어들 간의 관계를 찾아보고 새로운 통합적 개념을 만들어야 하는가를 보여준다.

③ 화제구조도를 이용해 초고 검증하기

④ 화제구조도를 발전시키기 위해 ' - 무슨 뜻이지?, - 어떻게 그렇지?, - 어떤 것들이 있지? - 왜 그렇지? - 그래서 어떻게 되었지?' 등의 질문 활용하기

제4장 표현하기의 원리와 전략

글의 내용을 효과적으로 표현하기 위해서는 표현하고자 하는 내용에 적합한 어휘를 선택해야 하며, 문장을 정확하고 효과적으로 구성해야 한다. 또한, 표현의 과정에서 여러 가지 표현 기법을 적절하게 선택하여 사용해야 하며, 나아가서는 작문 내용을 효과적이고 개성 있는 문체로 표현하도록 노력해야 한다.

글의 내용을 표현하는 단계에서 필자가 지켜야 할 원리에는 독자가 쉽게 이해할 수 있도록 표현하기, 독자의 흥미를 끌 수 있게 표현하기, 독자에게 설득력을 지닐 수 있도록 표현하기, 독자가 읽은 내용에 대하여 기억을 보다 잘 할 수 있게 표현하기 등 네 가지가 있다.

쓴 글을 다시 읽고 고쳐 쓰는 일은 글을 쓰는 과정에서 반드시 해야 할 중요한 일이다. 글의 내용을 고쳐 쓰는 단계에서 필자가 해야 할 가장 중요한 일은 지금까지 작성한 글이 글을 쓰는 구체적인 목적에 부합되는지 여부를 확인하는 일이다.

1. 단어의 선택

글을 쓰는 과정에서 창안하고 조직한 내용을 적절한 언어로 표현하는 방법에는 여러 가지가 있을 수 있다. 같은 내용을 전달하는 글이라도 그것을 표현하는 언어가 다르면, 표현 내용에 대한 독자의 반응은 물론, 글의 전달 효과가 달라진다. 언어를 사용하여 정서나 관념을 개성 있게 표현하는 방법을 문체라고 하는데, 표현의 과정에서 단어를 적절하게 선택하는 것은 효과적인 문체를 결정짓는 중요한 역할을 한다.

표현의 과정에서 단어를 효과적으로 선택하기 위해서는, 무엇보다도 먼저 풍부한 어휘력(語彙力)을 갖추어야 한다. 이를 위해서는 항상 국어 사전을 이용하는 습관을 들여서 대화를 하거나 글을 쓸 경우에 새로운 어휘를 사용하도록 시도해야 한다. 또한 문학 작품을 비롯한 여러 가지 종류의 글을 가능한 한 많이 읽어 풍부한 어휘력을 기를 수도 있다.

단어를 효과적으로 사용할 수 있는 능력을 기르기 위해서는 단어의 여러 가지 특성과 글 속에서의 쓰임에 따른 단어의 의미를 바르게 인식해야 한다. 단어의 특성 및 의미와 관련되는 요인들로서는, 구체어와 추상어, 일반어와 특수어, 단어의 지시적 의미와 함축적 의미, 비유적 의미와 축어적 의미 등을 들 수 있다.

1) 구체어와 추상어

구체어와 추상어는 우리가 감각할 수 있는 대상을 가리키는가 아닌가에 따라 구분된다. 구체어는 실제로 경험할 수 있는 특정의 대상을 지시하는 단어이다. 우리가 감각 기관을 통하여, 실제로 경험할 수 있는 대상을 가리키는 '산', '강', '나무', '집', '옷' 등은 모두 구체어이다. 글의 내용을 표현하는 과정에서 독자의 마음 속에 생생한 그림을 그려 주고자 할 경우에는 구체어를 선택하는 것이 좋다. 또한 추상적인 개념을 구체적인 예를 통해 설명하거나 구체적인 예를 통하여 논증하고자 할 경우에도 구체어를 선택하는 것이 효과적이다. 다음 〈예문 1〉은 소설 작품의 일부로 구체어 사용의 예를 잘 보여 준다.

〈예문 1〉

오늘도 또 우리 수탉이 막 쫓기었다. 내가 점심을 먹고 나무를 하러 갈 양으로 나올 때였다. 산으로 올라서려니까 등 뒤에서 푸드득 푸드득 하고 닭의 횃소리가 야단이다. 깜짝 놀라서 고개를 돌려보니 아니나 다르랴 두 놈이 또 얼리었다.

- 김유정의 '동백꽃'에서-

추상어는 어떤 대상의 특성이나 대상들 사이의 관계나 생각들을 나타내는 단어이다. '행복', '평화', '자유', '평등', '정의', '존재', '질량', '질서', '판단', '신념' 등은 모두 추상어이다. 추상어는 대단히 복잡한 현상을 설명하거나 전문적인 관념을 설명하는 경우에 흔히 사용된다. 추상어는 신중하게 사용되지 않으면 자칫 글의 의미가 모호해지거나, 부정확해질 가능성이 많으므로 선택에 있어서 주의해야 한다. 다음 〈예문 2〉는 설명문의 일부로 추상어 사용의 예를 보여 주고 있다.

〈예문 2〉

전대(前代)의 문학을 우리는 집단적인 성격을 띤 민족 고유의 예술 활동 시대로 볼 수 있을 것 같다. 그러나 역사의 흐름에 따라 인지(人智)의 계발(啓發)과 그에 따르는 생활 수단의 발전은 정치적으로 경제적으로 또 문화적으로 많은 개변(改變)을 가져왔을 것을 예상할 수 있을 것이다.

-정병욱의 '고전 문학 약사'에서-

2) 일반어와 특수어

일반어와 특수어는 상대적인 개념이다. 단어가 사용되는 문맥에 따라 하나의 단어가 일반어일 수도 있고, 특수어일 수도 있다. 예를 들어 '나무'라는 단어는 '식물'이라는 단어에 비해서는 특수어이지만 '소나무'에 비해서는 일반어이다. 글의 내용을 표현하는 과정에서 일반적인 생각을 표현할 때에는 일반어를 선택하는 것이 좋고, 구체적인 생각을 표현할 때에는 특수어를 선택하는 것이 좋다.

일반어는 집단, 단체, 다수, 상위 종류에 속하는 사물을 가리키는 단어이다. 어떤 단어가 특정 개체의 집합으로 인식되거나 특정 부분들로 구성된 전체로 인식되면, 그것은 일반어라고 할 수 있다. 글 전체의 중심 생각이나 문단의 중심 생각을 표현하는 데는 일반어가 더 잘 어울릴 수 있다.

특수어는 개체, 부분, 소수, 하위 종류의 사물을 가리키는 단어이다. 어떤 특정 개체의 수나 특정 부분의 수가 극히 소수이면 그 단어는 특수어라고 볼 수 있다. 문단의 세부 내용이나 구체적인 생각을 표현하는 데는 특수어가 더 잘 어울릴 수 있다.

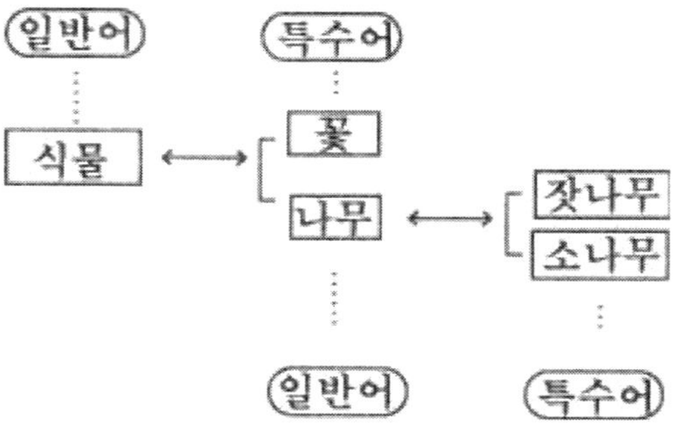

일반어와 특수어는 추상어와 구체어와는 다른 개념이다. 일반어는 추상어일 수도 있고 구체어일 수도 있다. 예를 들어 '개'라는 단어는 여러 종류의 개를 포괄하는 단어이기 때문에 진도개, 삽살개 등에 비해 일반어이고, 구체적인 대상을 가리키기 때문에 구체어이다.

3) 지시적 의미와 함축적 의미

하나의 단어는 대개의 경우 지시적 의미와 함축적 의미를 가진다. 다음에서 단어의 지시적 의미와 함축적 의미에 대하여 학습해 보기로 하자.

단어의 지시적 의미는 그 단어가 가지고 있는 기본적 의미로서 사람들이 공통적으로 이해하는 의미이다. 국어 사전에 정의되어 있는 의미는 주로 지시적 의미이므로 사전적 의미라고도 한다. 지시적 의미는 정서나 태도 면에서 중립적이며, 사실·지식·정보 등을 전달하는 데 효과적이다. 〈예문 3〉의 단어들은 주로 지시적 의미로 쓰였다.

〈예문 3〉

훈민정음의 창제가 중세 국어의 전기와 후기의 경계를 짓는 사건은 아니었다. 훈민정음은 어디까지나 하나의 문자 체계에 그치는 것이었다. 문자도 언어에 영향을 주기도 하지만 그것은 한계가 있다.

-이기문의 '국어사 개설'에서-

단어의 함축적 의미는 그 단어를 듣거나 읽을 때 지시적 의미와는 별도로 연상되는 의미이다. 함축적 의미는 어떤 특정한 정서나 감정이나 태도를 수반한다. 글의 내용을 표현하는 과정에서 필자는 단어의 함축적 의미를 고려하면서 단어를 선택해야 한다.

단어의 함축적 의미는 그 단어가 사용되는 문맥에 따라 결정되기도 하고, 문맥과 상관없이 결정되기도 한다. 또한 부정적인 뜻을 나타내기도 하고, 긍정적인 뜻을 나타내기도 한다. 단어의 함축적 의미는 개인에 따라 다르게 이해될 수도 있고, 집단에 따라 다르게 인식될 수도 있다. 그러므로 필자는 글의 내용을 표현하는 과정에서 단어의 함축적 의미와 함축적 의미의 여러 가지 유형, 예상 독자의 요구 등을 충분히 고려하면서 단어를 선택해야 한다.

함축적 의미는 느낌·정서·인상 등을 나타내는 데 효과적이다. 다음 〈예문 4〉의 시인은 바람소리에서 시를 연상하고 있다.

〈예문 4〉

나의 시는
할아버지 기침 소리에 묻어 나오는
소금기의 하얀 바람이다.

-왕양용의 '나의 시 3'에서-

단어 선택과 관련하여 필자가 밟아야 할 단계를 소개하면 다음과 같다.

첫째, 선택하고자 하는 단어의 지시적 의미를 확인한다. 만약에 지시적 의미를 확실하게 알지 못하면 사전을 찾아보아야 한다.

둘째, 선택하고자 하는 단어가, 문맥에 적합한지 여부를 확인한다. 문맥은 사용되는 단어의 함축적 의미를 결정하는 데 중요한 역할을 하기 때문이다.

셋째, 선택한 단어로부터 연상되는 의미가 자신의 표현 의도에 부합되는지 여부를 확인한다.

4) 비유적 의미와 축어적 의미

비유적 의미는 어떤 단어가 지닌 본래의 뜻과 다른 뜻으로 사용된 의미를 말한다. 그리고 축어적 의미는 그 단어가 본래부터 지니고 있던 의미로서 지시적 의미나 사전적 의미와 같은 뜻이다. 비유가 성립하려면 비유를 받는 단어와 비유를 하는 단어 사이에 의미상의 유사점과 공통점이 있어야 한다. 예를 들어, '철수는 곰이다.'라는 문장에서 '철수'는 비유를 받는 단어이고, '곰'은 비유를 하는 단어이다. 이 문장이 적절한 비유로서 성립하려면 '철수'와 '곰' 사이에 유사점과 공통점이 있어야 한다.

글을 쓰는 과정에서 비유적 의미로 단어를 사용하게 되면, 글의 구체성과 생동감을 높일 수 있다. 비유를 사용함으로써 필자는 자신이 표현하고자 하는 어떤 상황을 보다 구체적으로 독자에게 드러낼 수 있으며 그 상황에 대한 감각적 인상을 보다 강력하게 드러낼 수 있다.

다음 〈예문 5〉에 사용된 '풍요한 감옥'의 비유적 의미는 '일상성에 매몰된 상태'이다. '풍요한 감옥'이라는 비유를 사용함으로써 이 글의 필자는 인간으로서의 대화가 단절된 상태가 가져다 주는 위기감을 극명하게 그려내고 있다.

〈예문 5〉

오늘날 여기저기서 가정의 위기를 말하고 있다. 여러 가지 이유가 있겠지만 진정한 의미에서 인간으로서의 대화가 단절되어 있기 때문이 아닐까 싶다. 인간의 대화란 서로가 창조적인 삶을 통해 새롭게 펼쳐 나가는 것. 창조적인 노력도 공통적인 지적 관심사도 없다면 자연 시들한 일상성에 매몰될 수밖에 없다. 그러다 보면 서로가 생의 활기를 잃고 차디찬 의무만 남아 풍요한 감옥에 갇히고 만다.

풍요한 감옥에서 탈출하려면 무엇보다도 정신이 늘 깨어 있는 사람만이 자기 몫의 삶을 제대로 살 수 있고, 깨어 있는 사람만이 삶의 질을 높이기 위해 끝없는 탈출을 시도한다.

-법정의 '풍요한 감옥'에서-

2. 문장의 구조와 문체

글의 내용을 효과적으로 표현하기 위해서는, 적절한 단어의 선택뿐 아니라, 적절한 문장 구조의 선택도 필요하다. 문장은 구조에 따라 크게 홑문장과 겹문장으로 나눌 수 있는데, 겹문장은 다시 이어진 문장과 안은 문장으로 나눌 수 있다. 하나의 문장은 여러 가지 방식으로 확장될 수 있다. 홑문장에 꾸미는 말을 덧붙이거나, 하나의 문장에 다른 문장을 이어 주거나, 다른 문장을 하나의 문장 속에 안기게 함으로써 문장은 확장될 수 있으며, 여러 가지 문장 구조를 취할 수 있게 된다. 이와 같은 여러 가지 문장 구조들 가운데에서 어떠한 구조를 선택하느냐에 따라 표현의 효과가 달라지게 된다. 따라서, 적절한 문장 구조의 선택은 효과적인 문체를 결정짓는 데 기여하게 된다.

문장의 구조와 함께 효과적인 문체를 결정짓는 요인으로 문장의 다양성, 문장의 명료성, 문장의 연결성 등이 있다.

1) 문장의 구조

표현의 과정에서, 기본 문형으로 된 단순 문장 구조를 사용하면, 비교적 강렬한 인상을 주며, 글의 내용에 간결성과 명료성을 부여하게 된다. 그러나 지나치게 반복적을 사용하게 되면 자칫 필자의 미숙성을 드러내기도 한다.

기본 문형은 꾸미는 말을 덧붙여서 확장된다. 꾸미는 말은 꾸밈을 받는 말을 한정하거나, 어떤 특성을 부여하거나 구체화시키는 기능을 한다. 꾸미는 말의 첨가로 확장(擴張)된 문장은 명료하고 직접적이며 강렬한 인상을 주며, 기본 문형의 문장 구조에 비해 보다 구체적이고 섬세한 인상을 준다. 기본 문형으로 된 단순 문장의 한 성분에 다른 문장을 안기게 함으로써 확장된 문장은 의미의 계층적 구조를 드러내는 데 사용된다.

기본 문형으로 된 문장이 확장된 문장 중에는 평행적(平行的)인 문장이 있다. 다음 〈예문 1〉과 같이, 평행 구조는 문법적 구조가 유사한 둘 또는 그 이상의 단위들을 연결하여 만든 구조이다.

〈예문 1〉

(가) 그 옛날 말을 타고 서울까지 올라올 대, 꼬부랑길 가에는 우거진 푸른 숲들이 있었을 것이고, 언덕에는 아름다운 화초가 피어 있었을 것이고, 들에는 깨끗한 냇물이 흘렀을 것이다.

(나) 찔레꽃이 구름처럼 피어오르고 뻐꾸기가 자지러지게 울면 날이 가문다.

(다) 육지를 바로 보려면 바다도 함께 보아야 하고, 밝은 것을 바로 보려면 어두운 것도 함께 보아야 한다.

평행 구조를 구성하는 각 단위들이 그 의미가 비슷하면 균형감을 주고, 그 의미가 다르면 차이점을 강조하는 효과를 내며, 점차적으로 중요한 것을 다루면 점층적 효과를 낸다. 또, 평행 구조를 구성하는 각 단위들 사이의 연결어를 생략하면, 표현의 경제성은 물론, 강조의 효과 및 긴박감을 나타낼 수도 있다.

표현의 효과를 높이기 위하여 대립적인 문장들도 흔히 사용한다. 대립 구조로 된 문장은, 다음 〈예문 2〉와 같이 서로 대립되는 개념이나 생각들이 평행적인 구조 속에 병치되는 형태를 취한다. 대립 구조는 대조의 원리에 바탕을 둔 것이다. 이 구조를 사용함으로써, 필자는 자신의 생각을 보다 강렬하게, 그리고 집약적으로 나타낼 수 있다.

〈예문 2〉

(가) 가난한 다수를 구할 수 없는 사회는 부유한 소수도 구할 수 없는 사회이다.

(나) 질서는 일종의 희극이지만, 혼란은 일종의 비극이다.

(다) 상식이나 과학적 지식은 구체적으로 경험될 수 있는 현실에 대한 앎이지마는 종교나 형이상학은 구체적으로 경험될 수 없는 현실에 대한 앎이다.

2) 문장의 다양성

숙련된 필자에게는 자신이 선호하는 어휘상의 장치 및 통사상의 장치가 있기 마련인데 이들 장치에 대한 선택이 결과적으로 필자의 문체를 형성하게 된다.

문장의 길이와 구조 문장의 길이와 문장 구조를 변화시키면서 글을 쓰는 것은 효과적인 문체를 만드는 데 있어서 필수적인 조건이다. 비슷한 길이의 문장들만으로 구성된 글은 독자에게 지루함을 줄 뿐만 아니라 독해를 하는 데도 지장을 준다. 짧은 문장이 계속 이어지는 글 또한 매우 서툴고 유연하지 못한 글이라는 인상을 주기 쉽다. 반면에 매우 긴 문장이나 복잡한 구조의 내포문을 가진 문장들로 구성된 글은 독자의 이해를 어렵게 만들 뿐만 아니라 문장을 만드는 과정에서 문법적 오류를 범할 가능성도 많다.

문장의 확장과 결합 국어의 기본 문형은 대등한 접속이나 종속적인 접속에 의해, 또는 관계절이나 수식어 등에 의해 확장되는데 일반적으로 숙련된 필자일수록 기본 문형의 확장과 결합을 통하여 문장의 다양성이라고 하는 문체적 특성을 보다 잘 살릴 수 있다. 이들은 동일한 대상을 다양한 방식으로 표현함으로써 그 대상을 독자가 다양한 각도에서 인식할 수 있는 안목을 제공해 준다. 또한, 단어 및 어구 수준에서는 제한되어 있던 표현상의 선택의 폭을 문장 확장이라는 구조적 변형을 통하여 넓힘으로써 문체적 특성을 살리기도 한다. 다음에 제시된 〈예문 3〉은 다양한 구조의 문장들로 구성된 글로, 효과적인 문체를 형성하고 있다.

〈예문 3〉

어린이가 잠을 잔다. 내 무릎 앞에 편안히 누워서 낮잠을 자고 있다. 볕 좋은 첫여름 조용한 오후다.

고요하다는 고요한 것을 모두 모아서 그 중 고요한 것만을 골라 가진 것이 어린이의 자는 얼굴이다. 평화라는 평화 중에 그 중 훌륭한 평화만을 골라 가진 것이 어린이의 자는 얼굴이다. 아니 그래드 나는 이 고요한, 자는 얼굴을 잘 말하지 못하였다. 이 세상의 고요하다는 고요한 것은 모두 이 얼굴에서 우러나는 것 같고, 이 세상의 평화라는 평화는 모두 이 얼굴에서 우러나는 듯싶게 어린이의 잠자는 얼굴은 고요하고 평화스럽다.

고운 나비의 날개, 비단 같은 꽃잎, 아니 아니, 이 세상에 곱고 보드랍다는 아무것으로도 형용할 수가 없이 보드랍고 고운, 이 자는 얼굴을 들여다보라. 그 서늘한 두 눈을 가볍게 감고 이렇게 귀를 기울여야 들릴 단치 가늘게 코를 골면서 편안히 잠자는 이 좋은 얼굴을 들여다보라. 우리가 종래에 생각해 오던 하느님의 얼굴을 여기서 발견하게 된다.

어느 구석에 먼지만큼이나 더러운 티가 있느냐? 어느 곳에 우리가 싫어할 한 가지 반 가지나 있느냐? 죄 많은 세상에 나서 죄를 모르고, 부처보다도 예수보다도 하늘 뜻 그대로의 산 하느님이 아니고 무엇이랴!

3) 문장의 명료성

복잡한 통사 구조로 된 긴 문장은 자칫하면 문장 표현의 간결성과 명료성을 해칠 수도 있다. 불필요한 수식어의 사용, 부적절한 피동문의 사용, 부적절한 명사화 구문의 사용 등은 문장 표현의 간결성과 명료성을 해칠 수 있으므로 피해야 한다.

불필요한 수식어 사용

수식어는 문장의 구성 및 표현에 있어서 중요한 기능을 한다. 그런데 수식어를 굳이 사용할 필요가 없는 경우에도 표현의 과정에서 필자는 무의식적으로 수식어를 사용하는 일이 많다. 예를 들어 '폭력은 우리 모두에게 영향을 미친다.'라고 표현해도 될 것을 '이러한 종류의 폭력은 우리들 각자에게 그리고 모두에게 영향을 미친다.'라고 표현하는 것이다. 또한 의미상의 유사성에 근거하여 불필요한 수식어를 중복 사용하는 일도 흔하므로 유의해야 한다.

부적절한 피동문의 사용

피동문은 능동문에 비해 문장의 길이가 길어질 뿐만 아니라 문장의 의미 또한 명료하지 않게 된다. 예를 들어 '공이 철수에 의해 던져졌다.'라는 피동문보다는 '철수가 공을 던졌다.'라는 능동문이 훨씬 명료하고 간결한 문장이다. 물론 필자가 행위 주체를 명시적으로 드러내지 않기 위해 의도적으로 피동문을 사용하는 경우도 있지만, 덜 숙련된 필자들이 사용하는 대부분의 피동문은 표현의 명료성과 간결성을 해치는 경우에 해당한다.

부적절한 명사화 구문의 사용

덜 숙련된 필자들은 동사나 형용사로부터 전성된 명사화 구문을 사용하는 일이 많은데 이것 또한 문장 표현의 명료성과 간결성을 저해하는 요인이다. 명사화 구문에서는 피동문과 마찬가지로 행위 주체 또는 대상이 생략되는 일이 많으며 문장의 길이 또한 길어지는 경우가 많다. 예를 들어 '자료를 재분석해야 한다.'라고 표현해도 될 것을 '자료의 재분석하기에 대한 필요성이 있다.'라고 표현함으로써 불필요하게 길며, 의미 또한 불명료한 문장을 만들어 내는 것이다.

4) 문장의 연결성

문장의 연결성은 문법적 요소 및 어휘적 요소의 사용을 통하여 실현된다. 이러한 요소들의 사용을 통하여 필자는 독자로 하여금 문장 내에서는 물론, 문장 사이에서의 의미상의 관계를 효과적으로 인식할 수 있게 해준다. 문장의 연결성은 문장들 사이의 관계를 긴밀하게 해줄 뿐만 아니라 글 전체의 흐름을 원활하게 해 줌으로써 통일성을 실현하는 데도 기여한다.

다음에서는 문장의 연결성을 문법적 연결성과 어휘적 연결성, 접속 관계에 의한 연결성으로 구분하여 살펴보기로 한다.

문법적 연결성

문법적 연결성은 문장을 연결하는 연결 장치의 사용을 통하여 실현되는데, 대표적인 연결 장치에는 지시, 대치, 생략의 세 가지 유형이 있다. 다음 〈예문 4〉에서 볼 수 있듯이 지시 장치는 뒷문장에서 재언급되는 단어를 대치시키는 방식을 취한다.

〈예문 4〉

(가) 철수는 야구 경기를 좋아한다. 그는 밤마다 그것에 대한 꿈을 꾼다.

(나) 철수가 가지고 있는 시계는 오래된 회중 시계이다. 그러나 그의 경험에 의하면 그 시계는 비교적 성능이 좋다.

(다) 어떤 자동차가 길가에 서 있다. 그 차 안에는 두 사람이 앉아 있다.

위의 〈예문 4〉에서 (가)의 경우 지시 장치는 앞 문장에 포함된 정보에 또 다른 정보를 추가하는 것이 아니고 앞 문장에 사용된 어구를 단순히 대체하는 역할만을 한다. (나)의 경우 지시 장치 '그(시계)'는 '비교적'이라는 어휘의 사용으로 인하여 의미론적 정보를 포함할 수 있다. (다)의 경우 지시 장치 '그'는 그 다음에 제시된 정보가 이미 알려진 정보임을 드러내 준다. 이와 같이 지시체는 문장의 연결성을 강화하는 데 기여한다.

대치에 의한 연결은 새로운 정보를 추가함이 없이 하나의 표현 형식을 다른 표현 형식으로 바꿈으로써 연결성을 확보하는 방식이다. 대치는 어떤 특정의 어휘 항목을 반복하는 대신에 사용되기 때문에 의미상으로 중립적이어야 한다.

어휘적 연결성

어휘적 연결성은 문법적 연결성과 다음과 같은 점에서 구별된다. 첫째, 어휘적 연결성은 한 어휘 항목과 다른 어휘 항목의 의미론적 관계에 의존하는 반면에 문법적 연결성은 그렇지 않다. 둘째, 어휘적 연결성은 의미상으로 유사한 어휘들의 병치로 말미암아 생겨나는 반면에 문법적 연결성은 지시 대상이나 대치 대상에 근거하여 해석되는 연결 장치에 의해서 생겨난다. 어휘적 연결성을 실현하는 수단에는 반복과 병치의 두 가지 유형이 있다.

〈예문 5〉

(가) 선생님의 차는 휘발유 1리터 당 20 km를 달린다. 옆집의 차도 그렇다.

(나) 내 동생이 갑자기 심한 복통을 앓고 있다. 동생을 빨리 병원으로 데리고 가야 하겠다.

〈예문 5〉의 (가)에서 보는 것처럼 반복에 의한 연결성은 동일어, 동의어, 유사 동의어, 상위어 등을 반복함으로써 실현된다. (가)의 두 문장 모두에 나타나는 '차'는 동일한 대상은 아니지만 두 문장 사이에는 연결성이 있다. 그 까닭은 동일한 어휘가 같이 있기 때문이다. 위의 예문 (나)에서 보는 것처럼 병치에 의한 연결성은 의미상으로 서로 연관되어 있을 뿐만 아니라 관용적으로 함께 사용되는 두 어휘를 병치시킴으로써 실현된다. 병치에 주로 사용되는 단어는 다양한 종류의 반의어와 동일한 의미 영역에 속하는 단어들이다.

접속 관계에 의한 연결성

문장의 접속 관계는 문법적 연결성이나 어휘적 연결성과는 구별되는 특성을 갖는다. 접속 관계의 경우 선행 문장이 어떤 문법적인 요소를 지시하거나 대치하는 일이 없으며, 선행 문장에 사용된 어휘와 직결되는 새로운 어휘 항목을 제공하는 일이 없다. 접속 관계에 의한 연결성은 접속어나 연결 어구에 의해 실현되는 연결성을 말한다.

접속 관계의 유형에는 부가적 관계(그리고), 반대 관계(그러나), 인과 관계(그러므로), 선후 관계(다음에), 지속 관계(물론) 등이 있다. 부가적 관계는 가장 일반적인 접속의 유형으로서 선행 문장의 화제에 관하여 말할 내용이 더 있음을 표시함으로써 연결성을 실현한다. 반대 관계는 두 문장의 내용이 대립되는 관계에 있음을 표시함으로써 연결성을 실현한다. 인과 관계는 후행 문장이 선행 문장에 제시된 정보로부터 파생된 결과임을 표시함으로써 연결성을 실현한다. 선후 관계는 시간상의 선후 관계를 드러냄으로써 연결성을 실현한다. 지속 관계는 특별한 의미 자질을 드러냄이 없이 선행 문장의 내용을 단순히 보충하고자 하는 필자의 의도를 드러냄으로써 문장 사이의 연결성을 실현한다.

3. 표현 기법

표현의 과정에서, 필자는 자신의 생각을 보다 효과적으로 나타내기 위하여 여러 가지 표현 기법(表現技法)을 사용한다. 적절한 표현 기법의 사용은, 효과적인 문체를 형성하는 데 크게 기여할 수 있다. 표현 기법은 크게 나누어 비유법, 변화법, 강조법의 세 가지가 있다. 다음에서 이들 세 가지 표현 기법에 대하여 살펴보기로 하자.

1) 비유법

작문의 과정에서 흔히 사용되는 표현 기법은 비유법이다. 비유법은, 표현하고자 하는 대상을 다른 대상에 빗대어 표현하는 방법이다. 비유의 목적은, 필자의 생각이나 정서를 독자에게 보다 생생하게 전달하거나 보다 쉽게 이해시키는 데 있다. 비유법의 종류에는 직유법, 은유법, 의인법, 활유법, 대유법, 풍유법 등이 있다.

직유법은 원관념과 보조 관념 사이의 관계가 직접적으로 드러나 있는 비유법이다. 〈예문 1〉에서 이 글에서 필자는 '고요함', '달의 숨소리', '하얀 메밀꽃' 등의 원관념을 '죽음', '짐승', '뿌려 놓은 소금' 등의 보조 관념에 비유하고 있다.

〈예문 1〉

길은 지금 산허리에 걸려 있다. 밤중을 지난 무렵인지 죽은 듯이 고요한 속에서 짐승 같은 달의 숨 소리가 손에 잡힐 듯 들리며, 콩 포기와 옥수수

잎새가 한층 달에 푸르게 젖었다. 산허리는 온통 메밀밭이어서, 피기 시작한 꽃이 소금을 뿌린 듯이, 흐뭇한 달빛에 숨이 막힐 지경이다.

-이효석의 '메밀꽃 필 무렵'에서-

은유법은 원관념과 보조 관념 사이의 관계가 명시적으로 드러나 있지 않은 비유법이다. 〈예문 2〉에서 시인은 '깃발'이라는 원관념을 '손수건'이라는 보조 관념에 비유하고 있다.

〈예문 2〉

이것은 소리없는 아우성
저 푸른 해원을 향하여 흔드는
영원한 노스탈자의 손수건

-유치환의 '깃발'에서-

의인법은 사람이 아닌 것에 인격을 부여하는 비유의 방법이다. 〈예문 3〉에서는 '해'와 '바람'을 마치 사람처럼 표현하고 있다.

〈예문 3〉

해와 바람이 내기를 했다. 저 아래로 걸어가는 나그네의 외투를 벗기는 내기이다. 먼저 바람이 불어 댔다. 나그네는 바람이 세차질수록 외투를 더 꼭 여미었다. 다음엔 해가 나서서 따뜻한 볕을 보냈다. 나그네는 땀이 솟고 마침내 외투를 벗어 들었다.

-'이솝 우화'에서-

활유법은 무생물에 생명을 부여하는 비유의 방법이다. 〈예문 4〉에서는 무생물인 산을 마치 살아 있는 생명처럼 표현하였다.

〈예문 4〉

산은 사람들과 친하고 싶어서
기슭을 끌고 마을에 들어오다가도
사람 사는 꼴이 어수선하면

달팽이처럼 대가리를 들고 슬슬 기어서
두루 험한 봉우리로 올라간다.

-김광섭의 '산'에서-

대유법은 어떤 대상의 부분, 특징, 모양 등을 들어 전체를 대신 나타내는 비유의 방법이다. 〈예문 5〉에서는 '검은 눈'이라는 부분으로 '총각애' 전체를 나타낸 대유가 사용되었다.

〈예문 5〉

감자를 굽는 게지, 총각애들이.
깜빡깜빡 <u>검은 눈</u>이 모여 앉아서
입술에 꺼멓게 숯을 바르고,
옛 이야기 한 거리에 감자 하나씩.

-윤동주의 '굴뚝'에서-

풍유법은 원관념은 제시하지 않고 보조 관념만을 드러내어 풍자와 암시의 효과를 가져오는 비유의 방법이다. 〈예문 6〉에 인용된 속담들은 풍유에서 사용되는 전형적인 예들이다.

〈예문 6〉

빈 수레가 요란하다.
숭어가 뛰니까 망둥어도 뛴다.
원숭이도 나무에서 떨어진다.
집에서 새는 바가지 들에 가도 샌다.
가랑잎이 솔잎더러 바스락거린다고 한다.

-우리 나라 속담-

2)변화법

글의 내용을 표현하는 과정에서 필자는 자신이 표현한 글이 독자에게 지루한 느낌을 주지 않도록 표현상의 장치를 할 필요가 있다.

문장이 지나치게 단조롭고 평범하게 흘러가면 독자에게 신선한 느낌을 주기가 어렵다. 특히, 표현하고자 하는 내용이 복잡하고 어려운 경우에는 독자는 쉽게 싫증을 내거나 글 읽기에 대한 흥미를 잃어버릴 가능성이 많다. 문장의 표현에 변화를 두어 독자의 주의를 환기시키면서 문장 표현을 보다 생동감 있게 만들기 위한 표현 기법이 변화법이다. 변화법을 잘못 사용하면 수다스럽거나 번잡한 문장이 될 가능성이 있으므로 문장의 전체적인 흐름과 호흡에 맞추어 사용해야 한다. 변화법에는 반어법과 역설법, 그리고 도치법, 인용법, 설의법 등이 있다.

반어법은 일상적인 담화나 글에서 실제와는 반대되는 뜻의 말을 함으로써 청자나 독자의 관심을 끌면서 표현 효과를 높이는 표현 기법이다. 실수를 했을 때, "잘 했군."이라고 하는 것은 반어법의 한 예이다. 다음 〈예문 7〉의 경우도 이별의 슬픔과 한을 반어적으로 표현하고 있다.

〈예문 7〉

나보기가 역겨워
가실 때에는
죽어도 아니 눈물 흘리오리다.

-김소월의 '진달래꽃'에서-

역설법은 이치에 어긋나거나 모순되는 진술을 통하여 표현하는 방법이다. 〈예문 8〉의 (가)는 시의 작위성을 경계하라는 의미를 가진 역설이며, (나)는 어린이의 순수성과 진실성을 모순된 표현으로 변화시켜 암시하는 일종의 역설이다.

〈예문 8〉

(가) 시를 쓰면 이미 시가 아니다.

(나) 어린이는 어른의 아버지다.

도치법은 정상적인 언어의 배열 순서를 바꾸어 놓음으로써 강한 인상을 주기 위한 표현 기법이다. 〈예문 9〉는 도치법을 사용하여 전달하고자 하는 바를 더욱 강한 인상으로 전달하고 있다.

〈예문 9〉

아아, 누구인가.
이렇게 슬프고도 애달픈 마음을
맨처음 공중에 달 줄을 안 그는.

-유치환의 '깃발'에서-

인용법은 다음 〈예문10〉과 같이 글을 쓸 때, 남의 말이나 격언 등을 인용함으로써 자신의 생각에 대한 신뢰도를 높이고 글의 흐름에 변화를 주기 위한 표현 기법이다.

〈예문10〉

스탕달은 '라시느와 셰익스피어' 속에서 다음과 같이 말하고 있다.

"문체(文體)란 다음과 같은 것이다. 즉, 주어진 하나의 사상에 그 사상이 나타낼 모든 효과를 나타내기 위하여, 적절한 모든 상황(狀況)을 부가(附加)하는 일이다."

-정한모의 '작가와 문체'에서-

설의법은 답이 분명한 사실을 의문형으로 만들어 문장에 변화를 주는 표현 기법이다. 다음 〈예문 11〉의 경우, 필자는 답을 얻기 위해서가 아니라 의미를 강조하기 위해서 의문법의 문장을 사용하고 있다.

〈예문11〉

압록강을 건너다니! 건너면 거기가 어디지? 랴오둥(遼東) 땅, 명나라의 판도, 그네들이 오라고 했던가? 거기 가면 편안히 살 수 있다고 누가 보장했나? 살면 또 몇 사람이나 살지? 더구나 이 나라 주인이 어디에 간다고?

-이은상의 '국토를 애인같이'에서-

3) 강조법

글의 내용을 표현하는 과정에서 필자는 자신의 생각을 보다 강렬하고 절실하게 표현해야 하는 경우가 있다. 이러한 경우에는 필자는 강조법을 사용한다. 강조법에는 과정법, 반복법과 열거법, 점층법, 대조법과 영탄법 등이 있다.

과장법은 다음 〈예문12〉와 같이 어떤 사물이나 현상을 실제보다 크게 늘리거나 줄여서 표현함으로써 독자에게 선명한 인상을 주기 위한 표현 방법이다.

〈예문12〉

구세대는 구세대임으로 하여 겪어야 했던 과거가 있으니, 이는 젊은 세대들이 그들의 삶을 영위하는 데 혹 참고가 될지도 모른다. 칠십을 살고도 한 시간의 생각거리가 못 되는 인생이나마 여기 적는 것은 다만 '참고하기'를 바라는 뜻에서이다.

-김광섭의 '일관성(一貫性)에 관하여'에서-

반복법은 다음 〈예문13〉과 같이 같거나 비슷한 말을 반복하여 표현하고자 하는 내용을 강조하는 표현 기법이고, 열거법은 같은 계열에 속하는 낱말이나 어구 등을 늘어 놓음으로써 내용을 강조하는 표현 기법이다.

〈예문13〉

(가) 고향으로 돌아가자, 나의 고향으로 돌아가자.

(나) 우리의 국토는 그대로 우리의 역사이며, 철학이며, 시이며, 정신입니다.

점층법은 다음 〈예문14〉와 같이 표현하고자 하는 내용을 작은 것에서 큰 것으로, 좁은 것에서 넓은 것으로, 약한 것에서 강한 것의 순서로 표현함으로써 내용을 강조하기 위한 표현 기법이다.

네 소원이 무엇이냐 하고 하느님이 내게 물으시면, 나는 서슴지 않고, "내 소원은 대한 독립이오." 하고 대답할 것이다. 그 다음 소원은 무엇이냐 하면, 나는 또 "우리 나라의 독립이오." 할 것이요, 또 그 다음 소원이 무엇이냐 하는 셋째 번 물음에도, 나는 더욱 소리를 높여서, "나의 소원은 우리 나라 대한의 완전한 자주 독립이오." 하고 대답할 것이다.

-김구의 '백범 일지(白凡逸志)'에서-

대조법은 다음 〈예문15〉와 같이 상반되는 두 가지 사물을 대조시킴으로써 내용을 강조하기 위한 표현 기법이고, 영탄법은 기쁨, 놀람, 슬픔, 분노 등의 감정을 강조해서 표현하는 기법이다.

〈예문15〉

(가) 고전주의가 객관적, 정적인 존재 양식이라면 낭만주의는 주관적, 동적인 생산 양식이다.

(나) 어머나, 저렇게 많아! 참 기막히게 아름답구나.

4) 표현 기법과 표현 연습

작문의 과정에서, 창안하고 조직한 내용을 효과적으로 표현하기 위해서는 여러 가지 표현 기법에 관한 지식을 가지는 것만으로는 불충분하다. 실제로 글을 쓰는 연습을 끊임없이, 그리고 체계적으로 해 나가는 과정에서 여러 가지 표현 기법을 적절하게 사용하는 훈련이 필요하다.

여러 가지 표현 기법을 적절히 사용하여 효과적인 문체로 표현할 수 있는 능력을 신장시키는 한 가지 방법은, 숙련된 필자들이 쓴 글을 모방하여 글을 쓰는 연습을 하는 것이다. 도방하는 연습을 할 때에는 다음과 같은 절차를 밟는 것이 효과적이다. 첫째, 탁월한 문체로 표현된 비교적 짧은 글 하나를 선정한다. 둘째, 그 글을 반복해서 읽으면서 문체상의 특징, 즉 단어의 선택, 문장의 구조, 문장의 길이,

표현 기법 등을 분석한다. 셋째, 그 글과는 다른 주제를 택하여, 그 글의 표현 기법을 모방하여 실제로 글을 쓰는 연습을 한다.

4. 독자를 위한 표현하기 전략

표현하기 과정에서 독자를 위해 글을 설계하기 위해서는 독자의 요구를 파악하는 것이 가장 중요하다. 독자의 요구를 파악하기 위한 전략에는 예상 독자 분석하기 전략, 예상 독자의 반응 예상해 보기 전략, 창조적 독자를 위하여 조직하기 전략 등 세 가기가 있다. 독자의 요구 파악을 위해 필자는 독자와의 공통된 기반을 마련하는 것을 목표로 삼아야 한다. 필자는 자신이 알고 있는 내용과 문제를 바라보는 태도를 독자가 공유해 주기를 바란다. 좋은 글이란, 필자와 독자 사이에 존재하는 간극을 메울 수 있는 글이다.

1) 예상 독자 분석하기 전략

능숙한 필자는 단순하게 의미를 표현하기보다 자신과 독자 사이에 존재하는 결정적인 차이점을 찾아내서 이 차이점을 최소화하도록 글쓰기를 계획한다. 이 과정에서 독자의 지식과 태도와 요구를 다음과 같이 분석할 필요가 있다.

① 지식

독자가 알아야 할 필요가 있는 지식은 무엇인가? 당신이 전달하고자 하는 주요 아이디어는 무엇인가? 독자는 당신을 이해할 만한 충분한 배경지식을 가지고 있는가? 만일 없다면, 독자들이 배워야 할 내용은 무엇인가?

② 태도

글을 쓰는 목적이 상대방을 설득하는 것이건 혹은 단순하게 자신의 관점을 표현하는 것이건 간에, 독자가 대상에 대해 어떤 이미지와 태도를 가지고 있는지를 아는 것은 상당히 도움이 된다. 필자가 생각하는 것과 독자가 생각하는 것이 다르면 다를수록, 필자는 자신이 의미하는 것을 독자가 잘 이해할 수 있도록 하기 위해 더욱 많은 노력을 기울여야 한다.

③ 요구

필자는 독자의 요구를 분석하고, 독자의 요구에 부응할 수 있어야 한다. 훌륭한 필자가 되기 위해서는 독자의 요구에 맞게 자신이 알고 있는 내용을 변형시킬 수 있어야 한다. 이러한 작업은 글쓰기에 있어 가장 중요한 부분 가운데 하나이다. 때때로 2차적 독자와 대립되는 개념인 '1차적 독자'가 누구인지를 결정해야 할 필요가 있다.

독자 분석에 있어서 가장 중요한 일은 독자가 누가 될 것인지를 고려하기, 독자의 지식, 태도, 요구에 관해 무엇을 알고 있는지 탐색하기, 글쓰기를 효과적으로 하기 위해서 당신과 독자 사이에 거리를 메울 수 있는 방안을 강구하기 등이다.

2) 예상 독자의 반응을 예상하기 전략

독자가 메시지를 의미로 전화시키려고 할 때, 과연 어떤 일이 일어나는가? 또한 독자로 하여금 필자가 전달하려고 하는 의미를 이해하고 기억할 수 있도록 하기 위해서 필자가 할 수 있는 일은 무엇인지 그리고 의사소통 과정은 어떻게 작동하는지에 관해 예상해 볼 필요가 있다.

의사소통의 과정을 도깃화 하면 다음과 같다.

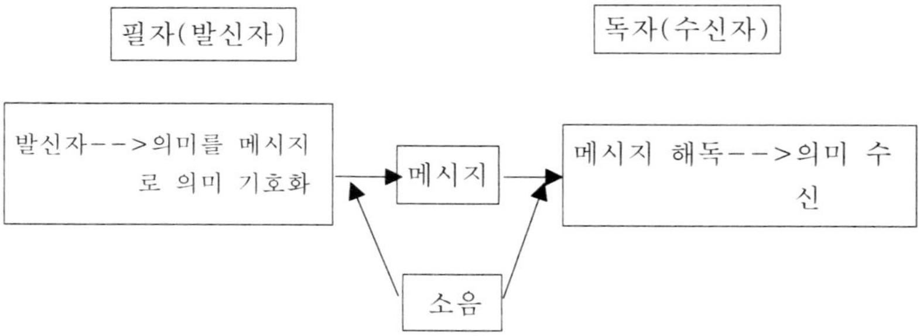

창조적 독자는 글을 읽으면서 관계를 추론하고, 필자의 아이디어를 이용해서 자기 나름대로의 개념을 형성해 낸다. 즉 독자는 필자가 말한 것을 기억하는 것이 아니라 자기 나름대로 말하는 것이다. 그 근거는 다음과 같다. 첫째, 독자는 수동적으로 필자의 정보를 받아들이지 않는다. 둘째, 독자는 놀라울 만한 상상력을 동원해서 의미를 구성한다.

독자가 창의적으로 의미를 구성하는 현상에 대한 한 가지 근거로 우리의 의식적인 주의집중의 한계를 지적할 수 있다. 바로 이 의식적인 주의 집중의 한계 때문에 사람들은 글을 이해하기 위해서 정보를 '덩어리'로 파악한다. 즉 사실적 정보와 인식의 전체적인 배열에 주목해서 그것들을 하나의 덩어리로 뭉뚱그리는 것이다. 덩어리란 잡다한 자료를 조직할 수 있게 해주는 개념 · 범주 ·용어와 같은 것이다.

사람들은 단기기억 용량의 한계를 보충하기 위해서 정보를 다루기 좋은 덩어리로 추려낸다. 덩어리를 만드는 하나의 방법은 추론을 이끌어 내는 것이다. 추론은 이전의 아이디어로부터 새롭게 창안해 낸 아이디어이다. 정보를 덩어리화하는 또 다른 방법은, 정보를 요점 중심으로 요약하는 것이다. 이러한 추론과 요지는 종종 계층구조 안에서 최상위 수준의 아이디어를 형성한다. 그리고 이러한 최상위 수준의 아이디어는 독자가 가장 잘 기억하는 정보이다.

메시지를 이해하기 위해서 즉 의미를 구성해 내기 위해서 창조적인 독자가 이용하는 방법은 다음과 같다. 첫째, 맥락을 이용한다. 독자는 새로운 정보를 자신이 이미 알고 있는 맥락, 혹은 틀에 맞추려고 한다. 둘째, 내용을 예측한다. 독자는 글을 해석하기 위해서 다음에 이어질 내용을 미리 예측한다. 비록 틀린 예측일지라도 글을 해석하는 데 예측을 이용하는 것이다. 셋째, 요지를 만든다. 독자는 새로운 정보를 보다 다루기 쉬운 덩어리들로 통합한다. 그리고 독자는 바로 이러한 요지들을 기억하게 된다. 넷째, 아이디어를 조직한다. 독자는 아이디어를 주요 개념이나 요점들을 중심으로 이루어진 무의식적 계층구조 안에서 정리하고 조직한다. 독자는 새로운 아이디어를 처리하기 위해서 맥락이나 구조적인 틀을 필요로 한다. 독자는 예상을 발전시키고 그러한 예상이 맞기를 기대한다. 독자는 아이디어를 요점과 자연적인 계층구조로 조직한다.

3) 창조적 독자를 위하여 조직하기 전략

구조가 명확한 글은 독자에게 글의 내용을 예측할 수 있게 해줄 뿐만 아니라, 글의 요점과 아이디어의 조직체계를 쉽게 파악할 수 있게 해준다. 창조적 독자를 위하여 글을 조직하기 위해서는 다음과 같은 세부 전략이 필요하다. 첫째, 핵심 내용을 글에서 명백하게 진술한다. 이를 위해 화제(topic)와 요지(gist)를 구분하도록 한다. 화제는 단순하게 말하고 있는 내용에 관한 논점이나 제목을 지칭한다. 또 글의 핵심 내용 또는 요지는 화제에 관해서 논평하거나 주장한 진술 문장이다. 둘째, 단락의 초점을 화제 또는 핵심 내용에 맞추도록 한다. 셋째, 표준적인 글의 구성 방식을 이용한다. 자신의 아이디어를 독자들에게 익숙한 단락의 유형으로 조직화함으로써, 독자들로 하여금 글의 내용에 대해 쉽게 예측할 수 있도록 도움을 줄 수 있다.

5. 독자 중심의 표현하기 전략

표현하기 과정에서 필자 중심의 글을 독자 중심의 글로 변형시키기 위해서는 공유된 목표 설정하기 전략, 독자 중심의 글 구조 개발하기 전략, 독자에게 단서 제공하기 전략, 설득적인 방법으로 논증을 전개하기 전략 등이 필요하다. 능숙한 필자는 필자 중심의 글을 독자 중심의 글로 변형시키는 방법을 잘 알고 있다. 글쓰기란 필연적으로 자기중심적(egocentric)인 성향이 강한 작업이다. 사람들은 글을 쓸 때 자연스럽게 자기 자신에게 이야기하듯 글을 쓴다. 바로 이 때문에 우리는 글을 쓸 때 독자에게 이야기하듯 글을 써야 하는 의식적인 전략을 필요로 하게 된다.

1) 공유된 목표 설정하기 전략

글을 독자에게 맞추기 위해서는 다음 두 가지 사항이 필요하다. 첫째, 독자와 공유할 수 있는 공유된 목표를 만든다. 글을 써야 하는 이유와 독자가 그 글을 읽어야 하는 공통된 이유를 찾는다. 둘째, 공통의 목표를 중심으로 해서 아이디어와 논거들을 조직화한다. 공유된 목표는 독자로 하여금 글을 읽고 싶도록 동기화 시킬 뿐만 아니라 글의 내용을 잘 기억할 수 있게 한다. 또한, 독자의 이해를 증진시킬 수 있으며, 독자가 이미 지니고 있는 구조적 틀을 제공하게 되면 독자는 필자의 메시지를 자신들에게 의미 있는 것으로 전환시킬 수 있게 된다.

2) 독자 중심의 글 구조 개발하기 전략

글을 쓰는 과정에서 필자 중심의 글을 쓰는 이유는 “자기중심성

(egocentrism)"이라 부르는 자연적인 심리적 성향 때문이며 어려운 글을 써야 하는 경우, 일단 아는 내용부터 쓰고 독자를 고려하여 글을 설계하는 것은 좀 나중에 하는 것이 훨씬 쉽기 때문이다.

필자 중심의 글을 판단할 수 있는 특질은 다음과 같다.

① 필자의 자기중심성이 강하다.

② 필자 자신의 발견 과정에 초점이 맞춰진 서사적 글 구성으로 되어 있다.

③ 필자가 알고 있는 정보를 중심으로 구성되어 있다.

필자 중심의 글쓰기가 필요한 경우는 다음과 같다.

① 글쓰기 목표가 이야기를 하는 것이거나 어떤 사건을 기술하는 데 있을 경우

② 어떤 연구의 배경을 설명해 주는 보고서를 조직하는 데에는 합리적인 방법

필자 중심의 글을 독자 중심의 글로 전환시키기 위한 방법은 다음과 같다.

① 글을 주제 그 자체나 당신 나름대로의 발견 과정을 중심으로 쓰지 말고 문제 요소나 논점 혹은 독자와의 공유된 목적 등을 중심으로 조직화하라.

② 글의 목표나 논점을 개념 구조도(issue tree)의 최상위 수준에 위치시킴으로써 아이디어를 계층적으로 조직화하라. 주요 아이디어와 종속 아이디어를 구분하고 그것들 사이의 관계를 독자에게 분명히 밝혀라. 전체 글을 조직할 때뿐만 아니라 글의 부분이나 단락들을 조직할 때도 아이디어를 계층적으로 조직화하라.

③ 독자가 당신의 논문 혹은 부분에서 어떤 결론을 도출하기를 기대하고 있다면, 그 결론을 명확하게 하라. 독자가 소수의 주요 아이디어를 가지기를 기대한다면, 추론을 이끌어 내고 독자에 대한 개념 형성 작업을 해야 한다. 독자는 다른 결론을 이끌지도 모른다.

④ 일단 당신이 개념을 창출하고 독자와 목적에 초점을 맞춘 계층 속에 아이디어를 조직하려면, 그런 조직을 생생하게 하고 독자에게 분명하게 하는 단서를 사용하라.

3) 독자에게 단서 제공하기 전략

독자와의 바람직한 의사소통을 위하여 필자는 독자가 어떤 것이 핵심 내용이고 어떤 것이 종속적인 내용인지, 그리고 그 내용들이 서로 어떻게 관련되어 있는지를 파악해 주었으면 하고 바란다. 필자가 제공한 다양한 종류의 단서와 실마리들을 이용하여 독자는 글에서 논의되는 내용을 보다 정확하게 이해할 수 있게 된다.

독자가 글을 읽을 때 기대하는 내용은 다음과 같다.

① 논의의 가장 중요한 핵심 내용은 글의 도입부와 결론부에 제시된다.

② 단락의 층위에서라면 가장 중요한 이야기는 주제문 형태로 제시된다.

③ 필자는 핵심 단어를 주어, 동사, 목적어와 같은 문법적으로 중요한 자리에 위치시킨다.

독자를 위한 단서들의 예는 다음과 같다.

① 핵심 내용을 미리 보여주는 단서들: 제목, 내용 목차, 요약, 서론, 소제목, 문제/목적 진술, 단락의 주제문.

② 글의 내용을 요약하거나 핵심 내용을 예시해 주는 단서들: 단락의 마지막 문장에서 단락의 내용을 요약한다, 결론이나 내용 요약 부분.

③ 독자를 시각적으로 안내해 주는 단서들: 그림, 그래프, 표, 구두점, 인쇄상의 단서들(다른 활자체, 밑줄, 번호 매김), 시각적 배치(들여쓰기, 여분의 흰 여백, 줄과 단)

④ 독자를 언어적으로 안내해 주는 단서들: 전환어, 연결어, 반복

어, 지시어, 요약명사

⑤ 글 체제(format)의 관습적 규약: 논문이나 보고서의 전형적인 체제, 표제어, 주제문, 결론

4) 설득적인 방법으로 논증 전개하기 전략

토론은 논증적인 경합과도 같은 것이다. A라는 사람이 B라는 사람을 설득시켜야 하는 것이다. 토론은 전형적으로 서로 다른 이미지를 가지고 있다는 것으로 싸움을 붙이고 논의를 양극화시킨다. 논증의 목표는 상대방에게 영향을 미치는 것이며, 주체가 말하고자 하는 주제에 대해 어떤 의미있는 방식으로 상대방이 가지고 있는 이미지를 변화시키는 것이다.

논증의 유형과 그 결과를 정리하녀 제시하면 다음과 같다.

① 가장 현실 가능성이 적은 것으로 독자로 하여금 필자의 시각으로 문제를 바라볼 수 있게 만드는 것이다. 이 전략은 근거가 박약할 뿐만 아니라 현실적이지도 못하다. 이러한 생각은 상대방을 설득시키기보다는 오히려 극단으로 몰고 갈 가능성이 많다.

② 상대방이 문제에 대해서 가지고 있는 이미지를 수정해 주고, 뭔가 새로운 정보를 제공한다거나 문제를 분명하게 규정해 주는 것이다. 이렇게 합리적인 방법으로 상대방에게 영향을 미칠 수 있도록 하는 과정을 통해서 서로의 관점을 존중할 수 있게 된다.

③ 가장 일반적인 것으로 상대방의 생각을 전혀 변화시키지 못하는 경우이다.

로제리안 논법(Regerian Argument)은 독자가 자신의 입장과 생각을 변화시킬 수도 있다는 가능성을 고려해 보도록 설득하는 방법이다. 독자와의 공유된 목표를 글의 도입부에 포함시킴으로써 독자에게 필자가 독자의 문제의식과 목표를 충분히 이해하고 있음을 보여주면 필자는 독자의 관점으로부터 문제를 바라볼 수 있게 되며 더 나아가

글의 내용이 어떻게 독자와 관련되는가를 보여줄 수 있게 된다.

제 5 장 수정하기의 원리와 전략

글을 쓰는 과정에서 지금까지 작성한 내용을 수정·보완하는 과정은 글을 작성하는 과정과 마찬가지로 작문의 과정에서 중요한 부분이 된다. 일단 글을 작성하고 나면, 그것으로 작문이 끝났다고 생각하는 것은 잘못이다. 수정하기는 엄밀히 말해서 글을 작성하는 각 단계마다 일어날 수 있다. 글을 작성하는 과정에서의 수정하기 못지 않게 중요한 일은, 글을 다 작성한 다음에 하는 수정하기이다. 작성한 글을 보다 체계적이고도 정확하게 수정하기 위해서는 글 전체 수준에서의 수정하기, 문단 수준에서의 수정하기, 문장 수준에서의 수정하기, 단어 수준에서의 수정하기 등의 순서를 밟는 것이 효과적이다.

글 전체의 작성 단계에서 필자가 해야 할 수정하기는 잉여적인 부분들의 삭제, 글의 제목 및 소제목 첨가, 중요한 아이디어의 위치 조정 등이 있다. 문단 작성 단계에서 필자가 해야 할 수정하기에는 긴 문장의 구분, 아이디어의 배열, 순서 조정 및 도표의 첨가, 주제문의 첨가, 연결어의 첨가 등이 있다. 문장 작성 단계에서 필자가 해야 할 수정하기에는 상투어 또는 무의미어의 삭제, 접속어 및 지시어의 조정, 긴 문장의 구분, 피동문의 적절성 확인 등이 있다.

1. 글 전체 수준에서의 수정하기

필자가 작문한 내용을 수정·보완하는 과정에서 밟아야 할 첫번째 단계는 글 전체를 일정한 기준에 따라 점검해 보는 일이다. 글 전체 수준에서의 수정하기에서 가장 중요한 기준은 예상 독자의 요구에 대한 적합성과, 글을 쓰는 구체적인 목적에 대한 적합성이다. 이 두 가지 기준을 바탕으로 하여 글 전체 수준에서의 수정하기를 할 때, 필자가 스스로 제기해야 할 질문들을 소개하면 다음과 같다.

〈글의 서론〉

- 글의 서론이 적합한가? 그 서론이 흥미롭고도 적절한가?
- 명료하게 진술된 주제문을 포함하고 있는가?
- 글의 서론이 글 전체의 전개 계획을 명백하게 제시하고 있는가?

〈글의 본론〉

- 글의 본론이 일정한 계획에 따라 배열되어 있는가? 독자가 그 단계를 쉽게 알아차리고 그 단계에 따라 읽을 수 있게 되어 있는가?
- 글의 본론에서 일반적인 생각을 보충하기 위한 수단으로서 세부 내용들을 적절하게 보충하고 있는가?

〈글의 결론〉

- 글의 본론에서 사용된 증거들은 적절한 것이며, 논리 전개는 합리적인가? 주장에 대한 가능한 대안들을 고려하였는가?
- 글의 결론은 지금까지 밟아 온 글의 논리로부터 빗나간 것은 아닌가? 결론에서 새로운 내용이나 본문과 상관없는 내용들을 제시

하지는 않았는가?

。 글의 결론은 예상되는 독자에게 적절한 것인가?

〈글 전체〉

。 글 전체가 명료하게 짜여져 있는가? 필요한 세부 내용들을 적절히 제시하고 있는가?

。 글 전체를 통하여 일관된 입장을 유지하고 있는가?

。 적절한 제목을 사용하였는가?

。 글의 첫째 문장은 독자의 관심을 끌 수 있도록 주의해서 만들었는가?

2. 문단 수준에서의 수정하기

글 전체에 대한 재고하기 및 수정하기 작업이 일단 끝나게 되면 각각의 문단에 대한 재고하기 및 수정하기 작업이 필요하게 되는데, 이 경우 필자는 다음과 같은 물음을 수정하기의 기준으로 삼을 필요가 있다.

첫째, 각 문단들은 논리적으로 전개되어 있는가?

둘째, 각각의 문단은 글 전체에 대하여 적절한 기능을 수행하고 있는가?

셋째, 각 문단은 글의 통일성과 일관성의 규칙에 위배되지는 않는가? 각 문단에는 하나의 중심 문장이 있는가?

넷째, 문단이 시작되는 곳에서 들여 쓰기를 하였는가?

다섯째, 문법적인 문장, 적합한 문장들을 사용하여 문단을 구성하였는가?

3. 문장 수준에서의 수정하기

문단 수준에서의 수정하기와 아울러 개별 문장들에 대한 수정하기도 필요한데, 이 경우 필자에게 필요한 물음들은 다음과 같은 것들이다.
첫째, 문장 형식들이 다양하게 사용되었는가?
둘째, 문장의 길이들은 다양한가?
셋째, 각 문장들이 명백하게 진술되었으며, 또한 문법적으로도 완결된 것인가?
넷째, 수식어와 피수식어는 바르게 연결되었는가?
다섯째, 주어와 서술어 사이의 호응은 적절한가?
여섯째, 중심적인 생각과 종속적인 생각이 문법적으로 적절하게 연결되었는가?
일곱째, 문장 부호는 적절하게 사용되었는가?
여덟째, 문장들 중에서 보다 간결하게 표현될 수 있는 문장은 없는가?
아홉째, 각 문장들은 논리적으로 연결되어 있는가?

4. 단어 수준에서의 수정하기

문장 수준에서의 수정하기 다음 단계는 각 문장 내부에서의 단어 선택의 적절성에 대해 재고하고 고쳐 쓰는 것인데, 이 경우 필자에게 필요한 물음들로서 다음과 같은 것을 들 수 있다.
첫째, 단어 사용은 명료하고 정확한가?
둘째, 글의 문맥과 관련하여 단어 사용이 적절한가?

셋째, 국어 어법에 맞게 단어를 사용하였는가?
넷째, 불명확하거나 지나치게 일반화된 의미를 지닌 단어들을 사용하지는 않았는가?
다섯째, 보다 적절한 단어들로 대치할 수 있는 단어는 없는가?

5. 표기의 적절성 확인

이상에서와 같이 글 전체, 문단, 문장, 단어 등에 걸쳐 재고하기 및 수정하기 작업이 끝나게 되면, 다시 글 전체에 대하여 표기의 적절성 여부를 검토할 필요가 있다. 이 경우에 필자에게 요구되는 물음들에는 다음과 같은 것이 있다.
첫째, 모든 단어들은 맞춤법에 맞게 표기하였는가?
둘째, 마침표 및 쉼표의 사용은 적절한가?
셋째, 인용 부호의 사용은 적절한가?
넷째, 글씨는 깨끗하게 쓰여졌는가?
다섯째, 글 전체에 대하여 필자로서 최선을 다한 흔적이 나타나고 있는가?

위에서 제시한 여러 가지 물음들은 재고하기 및 수정하기 과정에서 일정한 기준을 마련해 줄 뿐만 아니라 필자 자신의 결함이 무엇인지를 파악하는 데 도움을 줄 수 있다.

6. 목적을 중심으로 한 수정하기와 문체를 중심으로 한 편집하기 전략

수정하기 과정은 재고하기 과정과 조정하기 과정으로 구분할 수 있다. 재고하기 과정은 지금까지 계획된 내용 혹은 작성된 내용을 평가하는 과정이다. 만약 평가의 결과가 부정적으로 나왔을 경우에는 고쳐쓰기 과정을 거치게 된다. 재고하기 과정은 작문과정의 중간 혹은 끝 부분에서 의도적으로 일어나는 경우가 많다. 이 경우에 필자는 계획하기 및 작성하기는 일단 제쳐 두고 지금까지 작성된 텍스트를 읽고 체계적으로 평가하게 된다. 그러나 경우에 따라서는 재고하기 과정이 글을 쓰는 과정에서 자동적으로 발생하여 진행 중인 작문행위를 방해하게 된다. 조정하기는 초인지와 유사한 것으로서 작문과정을 전체적으로 조절하고 통제한다. '조정하기'로 말미암아 필자는 계획하기 과정에서 작성하기 과정으로 옮겨가는 것을 결정할 수 있게 된다. 조정하기의 기능은 필자에 따라 또는 작문과정에 따라 달리 작용될 수도 있다. 어떤 필자들은 가능하면 빨리 작성하기 과정으로 들어가는 반면에 어떤 필자들은 계획하기 과정이 충분히 완결되었음을 확인한 후에야 작성하기 과정으로 들어가게 된다.

문제 해결적 접근 방법에 기초한 필자는 작문 과정을 쪼개어 용이하게 글을 써나가면서, 수정하기와 편집하기 단계를 유용하게 활용한다. 작문 과정에서 필자를 어렵게 했던 문제들도 수정하기 단계에서 쉽게 해결될 수 있다. 수정하기는 글의 질을 크게 향상시키면서 시관과 노력의 측면에서 매우 경제적인 효과가 있다. 또한 독자를 중심으로 작문를 계획하는 전략들과 마찬가지로 수정하기를 통해 필자는 의사소통에 더욱 집중할 수 있게 해준다.

수정하기에서 미숙한 필자와 능숙한 필자의 차이는 다음과 같다. 미숙한 필자들의 수정 작업은 개별적인 단어나 구절에 초점을 둔다.

미숙한 필자들은 글을 읽기 시작하자마자 수정 작업을 시작하여 직접적인 방식을 취한다. 이는 체계적이기는 하지만 글 전체의 아이디어나 구성보다는 문장과 단어 수준의 평가라는 것을 의미한다. 능숙한 필자들은 초고는 당연히 다시 써야 한다고 생각한다. 초고를 쓰고 수정하는 것이 훨씬 경제적이며 훌륭한 작문이라는 것이다. 이들은 단락 혹은 글 전체의 요점을 확대, 재조직화하고 변화시키는 것을 수정하기의 목표로 삼는다. 능숙한 필자들이 수정을 할 때 최우선 관심사는 글의 조직과 전체 글의 효과이다. 능숙한 필자들은 작문 시간을 계획하기, 원고작성하기, 고쳐 쓰기 각 단계에 고루 배분한다. 능숙한 필자들은 우선 글을 대충 읽으면서 글의 구성과 설득력이 있는지를 살펴보면서 수정하기의 시간을 전체적인 수정과 지엽적인 수정에 배분한다.

수정하기의 네 단계는 검토, 탐색, 진단, 수정 등이다. 이들 각 단계별 전략들은 각각의 필자들이 처해 있는 작문 상황에 맞게 적용되고 개발되어야 한다. 능숙한 필자들은 자신의 필요에 맞게 수정하기 과정을 조절하고 적용해 나간다.

1) 작문 목표와 요점과 새롭게 발견한 내용 검토하기 전략

글을 수정하기 전 시간을 내서 글을 검토하는 것은 다음과 같은 가치가 있다. 첫째, 글의 관습적 규약과 표준적인 용례 구칙에 대한 것이 아니라 개인적인 목표에 비추어 자신의 글을 시험해 볼 수 있다는 점이다. 둘째, 수정하기는 필자 중심의 입장에서 보아 오던 아이디어들을 명명된 개념, 충분히 진술된 결론으로 보다 명확하게 발전시킬 수 있게 해준다.

2) 문제점을 찾아서 진단해 보고 수정하기 전략

탐색하기 과정에서는 글의 전반적인 문제점들을 우선적으로 탐색하게 된다. 글의 문제점을 바로잡는 것이 아니라 탐색하는 것이다. 자신의 직관의 소리에 귀 기울이면서, 보통 속도로 처음 그 글을 대하는 독자처럼 글의 전개를 따라가다 반응한 바를 메모한다. 이 작업에 집중함으로써 글의 전반적인 문제점들과 아울러 지엽적인 문제점들 모두를 발견할 수 있게 된다. 즉 이원적인 방법으로 글의 전반적인 문제점과 지엽적인 문제점에 각각 집중하는 것이다.

진단하기 과정에서는 어떤 필자들은 바로 고쳐쓰기 작업에 뛰어들어 글을 다시 쓰기 시작하기도 한다. 그러나 일반적으로 진단과정을 거치지 않고 바로 고쳐쓰기 작업에 들어가면 결국 더 많은 시간을 낭비하고 근원적 문제는 해결하지 못하게 된다. 진단한다는 것은 문제를 기술적으로 분석한다는 의미이다. 글의 지엽적인 문제들은 필자가 문제라고 인식할 수만 있다면 진단하기 쉽다. 그러나 글의 전반적인 문제점을 진단하기 위해서 문제를 해결하고, 추론을 이끌어 내고, 나름대로 문제를 정의해야 하는 과정을 경험해야 한다.

수정하기 과정에서는 글에서 문제점을 진단할 수 있으면 이를 수정할 수 있는 다양한 방법이 있다는 것을 발견하게 된다. 이 때 수정을 통해 변화를 가하는 것이 글의 다른 부분들에 어떠한 영향을 미치는지에 대하여 생각해 보아야 한다. 수정을 잘하는 사람들은 글의 전반적인 문제점을 진단하고 그러한 문제들을 글의 실제적인 부분과 연결한다.

수정하기 과정에서는 협조자와 함께 작업하기와 독자 상상하기 작업이 필요하다. 필자가 글의 주제에 대해 너무 잘 알고 있다거나 특정 담화의 관습적 규약에 익숙해 있지 않다면, 필자 스스로 독자처럼 글을 읽어가면서 문제점을 발견하는 데 어려움을 겪게 될 것이다. 이럴 때 협조자가 최상의 탐색자일 수 있다. 협조자와 작업할 수 있는 방법들은 여러 가지가 있다. 가장 단순한 방법은 협조자에게 필자 스스로 탐색하던 것과 똑같은 방법으로 글을 읽으면서 문제가 된다고 여겨지는 부분에 표시를 해달라고 요청한다. 그리고 그 부분에서의 반응을 이야기해 달라고 요청한다. 협조자에게 수정자가 아닌 탐색자로서의 역할을 해달라고 요청하는 것이다. 만약 글을 읽어 줄 협력자가 없을 경우라면 역할극을 생각해 볼 수 있다. 그리고 들어내어 검증하기라 불리는 방법이 있다. 이 방법은 자신을 아주 급하게 글을 읽어야 하는 독자라 상정하고 손에 형광펜을 쥐고 글의 중요한 부분들에 표시를 해가며 읽어 나가는 것이다. 이후에 강조표시가 된 부분들이 자신이 독자에게 강조하고 싶었던 주요한 정보들을 포함하고 있는지를 확인해 본다. 강조된 부분들이 글의 목표와 개념구조도상의 최상위 수준의 요소들과 일치하는지를 확인하는 것이다.

3) 평가하기와 편집하기 전략

편집하기를 통해 자신이 의도하는 내용을 정확하게 말할 수 있는 경제적인 글, 독자의 관심을 사로잡을 수 있는 강력한 글, 자신의 생각을 계층적인 구조로 표현할 수 있는 논리적인 글을 쓸 수 있다. 평가하기와 편집하기 과정에서는 다음 두 가지 하위 전략이 필요하다.

① 경제성을 고려하여 편집하기

군더더기 없는 글로 만들어 주는 방법으로 핵심어휘를 중심으로 편집하는 방법을 들 수 있다. 이 방법은 다섯 단계로 나누어진다. 첫째, 문장을 의미 있는 단위로 쪼개라. 둘째, 각각의 단위에서 핵심이 되는 어휘나 구절을 정하라. 셋째, 불필요한 단어는 삭제하고, 문장을 그 주요 어휘를 중심으로 구성하라. 넷째, 가능하다면 보다 구체적인 어휘들로 표현하라. 다섯째, 행위주를 중심으로 문장을 기술하라.

② 강력한 문체로 편집하기

강력한 문체로의 편집하기를 위해서는 다음과 같은 작업이 필요하다.

○ 명사 대 동사의 비율을 줄이기: 명사에 대한 동사의 비율을 늘

리면, 훨씬 더 설득력 있는 글이 된다.

○ 다음절어로 된 명사는 동사로 바꾸기: 원형동사로 바꾸어 표현하면 더 읽기 쉬운 문장이 된다.

○ 연결동사는 가급적 피하기: 연결동사를 사용하게 되면, 그 행위의 내용이 물리적이든 심리적이든, 또는 은유적이든간에 문장의 힘을 약화시킨다.

○ 부정적 표현을 바꾸기: 부정어는 처리하는 데 훨씬 더 많은 시간을 필요로 할 뿐만 아니라, 그 내용을 정확하게 회상하는 데도 많은 어려움을 준다. 그러므로 꼭 필요한 경우에만 부정어를 사용하도록 한다.

○ 수동 구문을 능동 구문으로 바꾸기: 능동 구문을 사용하면 자신이 말하고자 하는 내용을 보다 분명하고 명확하게 제시할 수 있다.

4) 명확한 글 구성을 위한 편집하기 전략

글의 내용이 서로 잘 연결되면서 일관성이 있도록 편집하기 위해서는 목록 형식의 문장들을 변형하기 전략과 단락들의 내적 논리를 드러내기 전략 등이 필요하다.

목록 형식의 문장들을 변형시키는 방법에는 핵심 어휘를 문법적으로 강력한 위치로 옮기기, 부수적인 정보는 종속절에 위치시키기, 덜 중요한 명사는 수식어로 변형시키기 등이 있다. 단문을 결합시키는 친숙한 유형에는 대등구조 유형, 종속구조 유형, 수식구조 유형 등이 있다. 종속적 요소나 수식적 요소의 배치 방법에 따라 문장은 좌분지 문장, 중간분지 문장, 우분지 문장 등으로 구분할 수 있다.

단락들의 내적 논리를 드러내 보이기 위해서는 독자가 기대하는 단락의 기본 유형에 대한 이해가 필요하다. 단락의 기본 유형에는 주제-한정-예시 유형, 문제 해결 유형, 원인 결과 유형, 시간적 순서에 의한 유형, 공간적 순서에 의한 유형 등이 있다. 주제-한정-예시 유형은 단락의 첫문장에 주제를 제시하고, 다음 문장에서 그 주제를 한정하고, 단락의 나머지 부분에서는 그 핵심 내용을 발전시키거나 예시해 주는 단락이다. 문제 해결 유형은 문제 요소와 그 해결책이라는 두 가지 부분으로 이루어진 단락이다. 단락의 기저 논리 구조를 평가하는 방법에는 각각의 문장에서 핵심어(구)를 찾아 개념구조도(내용구조도) 작성하기, 단락을 구성하는 문장들의 위계 관계를 보이기 위해 하위 수준의 문장을 한 칸씩 들여 쓰기 등이 있다. 독자에게 도움을 주는 일반적인 단서들의 예에는 독자가 글을 계속해서 읽어나갈 수 있도록 도와주는 단서들 (첨가, 시간 등), 생각을 발전시키고 요약하는 단서들 (사례, 강조, 반복, 결론 도입, 요약 등), 읽기를 멈추고 비교할 수 있게 해 주는 단서들 등이 있다.

제3부

작문의 실제

제1장 정보 전달을 위한 글

제2장 설득을 위한 글

제3장 사회적 상호 작용과 자기 성찰을 위한 글

제4장 학습과 업무를 위한 글

어떠한 종류의 글이든지 일정한 목적을 가지게 된다. 작문의 목적은 글을 쓰는 구체적인 상황에 따라 수없이 많은 종류로 구분할 수 있지만, 이들 목적을 크게 범주화하면 정보 전달, 설득, 자기 표현, 문학 창작 등의 넷으로 나눌 수 있다. 실제의 작문에서는 이와 같은 네 가지 목적이 중복되는 경우가 많지만, 대개는 어느 하나의 목적이 다른 목적에 비해 지배적이기 마련이다. 이들 네 가지 목적은 예상되는 독자의 반응과도 직결된다. 예컨대, 정보를 전달하는 글은 독자의 이해를 목적으로 하게 되며, 설득적인 글은 독자의 신념과 행동의 변화를 목적으로 하게 된다. 그리고 자기 표현의 글은 독자의 정서를 지배하는 행동 및 사고를 보여 주고, 문학 창작을 위한 글은 독자에게 심미적 즐거움을 주는 것을 목적으로 한다.

글을 쓰는 목적과 관련하여 필자가 반드시 고려해야 할 사항은 글의 양식과 글의 종류 또는 형식이다. 글의 양식에는 설명, 논증, 묘사, 서사 등 네 가지가 있다. 일반적으로 정보 전달을 목적으로 글을 쓸 경우에는 설명문의 형식을 택하는 것이 좋으며, 설득을 목적으로 글을 쓸 경우에는 논설문의 형식을 택하는 것이 좋다. 자기 표현을 목적으로 글을 쓸 경우에는 상황에 따라 일기나 편지, 또는 수필의 형식을 택하는 것이 효과적이며, 문학 창작을 위해 글을 쓸 경우에는 문학의 여러 가지 장르의 특성을 고려하여 형식을 택할 수 있다. 즉, 독자에게 즐거움을 줄 목적으로 글을 쓸 경우에는 이야기 또는 서사문 형식이 적절하다. 경우에 따라서는 일반적인 관습과는 다른 형식을 취함으로써 글의 효과를 높일 수도 있다. 가령, 설득을 목적으로 글을 작성하는 경우 논설문의 형식을 택하는 것이 일반적이지만, 때로는 일반 대중을 예상 독자로 하는 공개 서한의 형식을 택하는 것이 더 효과적일 수도 있다.

다음에서는 글의 목적을 기준으로 하여 정보 전달을 위한 글, 설득을 위한 글, 친교 및 정서 표현을 위한 글, 자기 성찰을 위한 글, 학습을 위한 글 등에 대한 작문의 실제에 대하여 살펴보기로 한다.

제 장 정보 전달을 위한 글

정보 전달을 위한 글은 자신이 알고 있는 내용을 쉽게 설명하여 다른 사람을 이해시키기 위한 글을 말하며, 실용적인 글의 대부분이 이러한 글에 속한다. 여러 가지 설명문, 답사 기행문, 신문에 실린 기사나 자료들은 모두 정보 전달을 위한 글이다. 이러한 글은 기술 방식상 주로 설명의 방식에 의존하는데, 분석·비교·예시 등의 여러 가지 내용 전개 방법을 사용하여 대상을 정확하게 이해할 수 있도록 한다. 그러므로 정보 전달을 위한 글에는 애매하거나 여러 가지로 해석될 수 있는 말은 쓰지 않는 것이 좋으며, 객관적인 방식으로 쓰는 것이 좋다. 정보 전달을 위한 글을 쓰기 위해서는 앞에서 배운 글쓰기의 과정과 사고의 유형에서 배운 지식을 동원할 필요가 있다.

정보 전달을 위한 글을 쓰고자 할 때에 유의해야 할 사항은 다음과 같다. 첫째, 객관성이 있어야 한다. 문학적인 글의 경우에는 주관적인 느낌이나 표현이 오히려 좋은 효과를 나타내지만, 정보 전달을 위한 글은 정확한 의미 전달을 중시하므로 필자의 주관적인 느낌이 개입되면 안 된다. 그리고 이러한 객관성의 유지를 위하여 문장은 가급적 평이하여야 하며, 내용이 정확하여 오류가 없어야 한다. 둘째, 체계적으로 기술되어야 한다. 정보 전달을 위한 글은 특정한 분야에 대하여 전혀 모르는 사람들에게 정보를 주기 위한 것이므로 필자는 독자의 입장에서 친절하게 설명해야 한다. 가능하면 설명에 체계를 세워 독자가 쉽게 그 내용을 파악할 수 있도록 해야 한다. 셋째, 재미있게 써야 한다. 추상적인 개념에 대해 설명하는 경우, 글의 내용이 매우 단조롭고 지루해지기 쉽다. 그러므로 독자가 계속 관심을 가지고 글을 읽을 수 있도록 하는 흥미로운 요소가 있어야 한다. 평이하면서도 객관성을 지니고, 또 적절한 예를 인용하여 글을 쓰는 일은 쉽지 않다. 정보 전달을 위한 글을 쓰려면 우선 전달하고자 하는 정보의 대상에 대하여 풍부한 지식이 있어야 한다. 그리고 그 지식을 보다 쉽게 설명하기 위한 적절한 예를 충분히 확보하고 있어야 한다.

정보 전달을 위한 글의 종류에는 소개문 안내문 초청문 광고문 등 실생활에 필요한 글이 있으며, 전기문이나 기행문처럼 개인적인 글도 있고, 설명문 보고문 기사문처럼 사회적인 글도 있다. 다음에서는 이러한 여러 가지 종류의 글들 중에서 설명문, 기행문, 기사문, 안내문 등의 작성 방법에 대하여 간단히 정리해 보기로 한다.

1. 설명문

설명문은 어떤 사물이나 현상에 대하여 알기 쉽게 풀어서 쓴 글이다. 우리가 교과서에서 보게 되는 대부분의 글들은 설명문이다. 필자는 독자가 잘 알지 못하는 어떤 사실이나 사물, 현상에 관해서 설명할 수 있으며, 추상적인 개념이나 원리, 법칙에 대해서도 설명할 수 있다.

설명문을 효과적으로 쓰기 위해서 필자는 다음 사항에 유의할 필요가 있다. 첫째, 설명하고자 하는 대상에 대한 충분한 지식과 경험을 바탕으로 하여 정확하게 써야 한다. 둘째, 설명하고자 하는 대상에 대하여 객관적이고 공정한 입장을 가지고 써야 한다. 셋째, 설명하고자 하는 대상에 대하여 구체적이고 자세하게 풀어 써야 한다. 넷째, 설명하는 주요 내용과 세부 내용을 체계적으로 조직하고 배열해야 한다. 다섯째, 독자의 이해를 높이기 위하여 가급적이면 간단하고 쉬운 문장으로 써야 한다. 여섯째, 독자의 요구와 흥미를 고려하여 독자가 필요로 하는 정보와 독자의 수준에 적절한 정보를 제공해야 한다.

다음 〈예문 1〉은 설명문의 일부로 하드 웨어와 소프트 웨어에 대한 이해를 돕기 위해 유추의 방법을 중심으로 글의 내용을 전개하고 있다.

〈예문 1〉

딱딱하게 얼어 있는 아이스크림을 하드 아이스크림 또는 하드라고 부르고, 말랑말랑한 아이스크림은 소프트 아이스크림이라 한다. 컴퓨터도 컴퓨터 기계 자체는 하드 웨어라고 부르고, 컴퓨터 기계 안에 넣고 사용하는 프로그램을 소프트 웨어라고 한다. 어떤 사람을 만났는데, 신체는 멀쩡하게 잘 생겼지만 상식이나 지식이 없어 보이면 하드 웨어는 쓸 만하나 소프트 웨어가 별 볼 일 없다고 하고, 공부도 잘 한다면 하드 웨어와 소프트 웨어가 둘 다 좋은 것이라 한다.

-이기성의 '컴퓨터는 깡통이다'에서-

1) 설명문의 개념과 특성

설명문은 어떤 사실이나 사물, 현상, 또는 추상적인 개념이나 원리, 법칙 등에 대해 알기 쉽게 풀어쓴 글이다. 따라서 설명문은 설명 대상에 관한 객관적이면서도 구체적인 정보를 독자가 충분히 이해할 수 있도록, 쉽고 정확하게 전달하는 것이 중요하다.

설명문을 효과적으로 쓰려면 설명문의 특성에 유의해야 한다. 첫째, 설명문은 객관적인 글이다. 설명문은 대상에 대한 정보를 알리는 글이므로 필자 개인의 의견이나 감정, 느낌보다는 사실에 바탕을 두어 객관적이고 공정하게 써야 한다. 둘째, 설명문은 정확한 글이다. 설명하는 대상에 대한 정확하고 신뢰성 있는 정보가 바탕이 되어야 한다. 따라서 대상에 대한 자료를 수집할 때에는 믿을 만한 출처의 다양한 자료를 이용해야 한다. 또한, 설명문은 상대방을 이해시키기 위한 공식적인 글이므로 정확하고 뜻이 분명하게 드러나도록 써야 한다. 셋째, 설명문은 쉬운 글이다. 설명문은 설명하는 대상에 대한 정보를 독자에게 효과적으로 전달하여 독자가 내용을 쉽게 이해할 수 있도록 해야 한다. 이를 위해서 글을 간결하고 체계적으로 써야 한다.

2) 설명문의 구성

설명문은 독자에게 대상을 효과적이고 효율적으로 전달하기 위한 구조를 가져야 한다. 설명문은 대체로 '처음-가운데-끝'의 세 부분으로 구성된다. 설명문의 이러한 구조가 중요한 이유는 독자들이 내용을 쉽게 이해하고, 잘 기억하는 데 도움을 주기 때문이다.

'처음' 부분에서는 설명할 대상이나 설명 방법, 설명하는 이유 등을 밝힌다. 무엇을 설명하려고 하는지, 어떻게 설명하려고 하는지, 왜 설명하려고 하는지를 명확하게 밝히는 단계이다. '가운데' 부분에서는 효과적인 전개 원리에 따라 대상을 구체적으로 설명한다. 일반적으로 정의, 분석, 묘사, 분류, 예시, 비교·대조, 서사, 과정, 인과 등의 내용 전개 방식을 사용하여 대상을 설명하는 단계이다. '끝' 부분에서는 설명 대상의 두드러진 점을 핵심적으로 요약하고 마무리한다. '가운데' 부분에서 설명한 다양한 정보들을 간결하게 정리하여 보여 주는 단계이다.

3) 설명문의 작성 절차

① 계획하기

○ 설명 대상 선정: 설명문을 쓸 때에는 먼저 설명할 대상을 분명하게 정한다. 글을 쓰기 전에 설명할 대상이 지닌 특징을 확인하고, 이를 바탕으로 하여 대상의 어떤 측면을 설명할 것인가를 정한다.

○ 자료 수집: 설명 대상을 정했다면 설명할 대상에 대한 정보를 수집하여 분석해야 한다. 이때, 필자가 이미 아는 정보를 활용할 수도 있지만, 정보의 정확성과 신뢰성을 높이려면 다양한 자료를 충분히 모으는 것이 필요하다. 또한, 자료를 수집할 때에는 다양한 매체를 활용하는 것이 좋다. 예를 들어 전문적인 글이나 도서, 신문, 방송, 인터넷 등을 활용할 수 있다. 더불어 수집된 자료 가운데 가치있고 신뢰할 만한 정보를 선별하는 것이 중요하다. 설명문은 독자에게 정확한 정보를 전달하는 것을 목적으로 하므로, 필자는 신뢰할 수 있는 정보를 선별할 수 있는 안목을 갖추어야 한다.

○ 설명 방식 결정: 설명하고자 하는 대상을 효과적으로 드러내려면 적절한 설명 방식을 선택하는 것이 중요하다. 전달하려는 내용의 특성을 고려하여 내용 조직과 전개 방법을 결정하도록 한다.

② 조직하기

설명하고자 하는 대상에 대한 정보를 효과적으로 전달하려면 내용을 체계적으로 조직하는 것이 중요하다. '처음-가운데-끝'의 각 단계에 맞는 적절한 내용을 선정하여 개요를 작성하도록 한다. 이때 세부 내용은 공간적 순서, 시간적 순서, 논리적 순서에 따른 방법 등 적절한 방법을 고려하고, 정의, 분석, 묘사, 분류, 예시, 서사, 과정 등 알맞은 내용 전개 방법도 고려하여 조직하도록 한다.

공간적 순서에 따른 방법은 어떤 장소나 공간의 이동에 따라 내용을 조직하거나 전개하는 방법을 말한다. 시간적 순서에 따른 방법은 시간의 흐름에 따라 내용을 조직하거나 전개하는 방법을 말하며, 논리적 순서에 따른 방법은 일련의 논리적 과정과 절차에 따라 내용을 조직하거나 전개하는 방법을 말한다. 여기에는 원인과 결과에 따른 인과적 방법, 문제 제기와 해결 방안 제시에 따른 문제 해결식 방법, 관련 주제를 엮어 제시하는 주제별 방법 등이 있다.

다음은 공간적 순서에 따른 전개 방법과 시간적 순서에 따른 전개 방법을 사용하여 내용을 조직한 글이다.

* 공간적 순서에 따른 전개 방법

청소년의 집은 지하 1층 지상 3층의 공간으로 이루어져 있다. 지하 1층에는 음악 연습실, 춤 연습실, 노래 연습실이 있다. 개인이나 밴드, 춤, 공연 관련 동아리들의 연습 장소로 활용할 수 있는 종합 공간이다. 1층에는 영화 감상실, 정보 검색실, 열린 도서관이 있다. 영화 감상실에서는 개인이나 단체가 디브이디(DVD)를 대여하여 자유롭게 영화를 관람할 수 있으며, 정보 검색실에서는 인터넷 정보 검색, 게임, 문서 작성, 학교 과제 등을 자유롭게 할 수 있다. 열린 도서관은 자유롭게 도서 및 각종 자료를 대여하거나 열람하여 볼 수 있게 되어 있다. 2층에는 동아리 방과 다양한 문화 교실이 열리는 강의실이 있고, 3층에는 공연이나 다양한 청소년 행사가 열리는 강당이 있다.

* 시간적 순서에 따른 전개 방법

신라의 삼국 통일 이후 귀족들의 사치로 말미암은 농민 반란으로 신라의 국력은 점차 쇠퇴해 갔다. 이에 따라 900년에는 견훤이 후백제를, 901년에는 궁예가 후고구려를 세우고 한반도는 다시 후삼국 시대로 접어들었다. 918년 후고구려에서는 왕건이 궁예를 몰아낸 다음 국호를 고려로 고치고 수도를 송악으로 옮겼다. 926년 후백제의 견훤은 신라의 경애왕을 살해하고 경순왕을 세워 국력을 키워 갔으나, 맏아들 신검에게 밀려나 금산사로 유폐당하였다. 결국 927년 견훤은 금산사에서 탈출하여 고려에 투항하였다. 935년 민심이 점차 고려 쪽으로 기울고, 영토도 점점 줄어듦에 따라 신라의 경순왕도 결국 고려에 투항하고, 936년에는 후백제의 신검도 항복하였다. 이로써 고려는 신라와 후백제를 통합하여 후삼국을 통일하고, 1392년 조선 왕조가 수립되기까지 약 470여 년간 한반도를 지배하였다.

③ 표현하기

표현하기 단계에서는 수집한 정보들을 일정한 순서에 따라 제시하고, 적절한 표현 방법을 활용하여 설명한다. 설명문에서는 정보를 쉽고 정확하게 전달하는 데 중점을 두어야 하므로 명확한 언어 표현을 사용하는 것이 중요하다. 함축적 의미보다는 사전적 의미, 즉 지시적 의미의 언어를 사용해야 한다. 또한, 객관적인 입장을 유지하고 글을 전개해 나가는 것이 중요하다. 앞의 단계에서 설정한 구조에 따라 글의 구조를 명확하게 하며, 중심 내용과 뒷받침 내용, 원인과 결과 등이 독자에게 잘 전달되도록 한다.

다음은 내용을 명확하게 구조화하여 전개한 글이다.

행성의 종류와 태양계의 구조

태양계에는 안쪽에서 바깥쪽을 향해 지구형 행성(암석 행성), 목성형 행성(거대 가스 행성), 천왕성형 행성(거대 얼음 행성)의 세 가지 행성이 있다.

수성, 금성, 지구, 화성은 이른바 '지구형 행성'으로, 암석질로 된 행성이다. 목성과 토성은 '목성형 행성'으로, 질량의 대부분이 가스 성분이다. 가스의 주성분은 수소와 헬륨이다. 천왕성과 해왕성은 이전에는 목성형 행성으로 분류되었지만, 최근에는 '천왕성형 행성'으로 분류되고 있다. 그 이유는 천왕성형 행성의 가스 성분은 질량의 약 10% 정도밖에 되지 않고, 질량의 대부분이 얼음(물, 메탄, 암모니아를 주성분으로 하는 혼합물)으로 구성되어 있기 때문이다.

또한 명왕성은 2006년에 행성의 분류에서 제외되어 태양계 외연부에 다수 존재하는 '태양계 외연 천체'의 하나로 분류되었다. 그리고 태양계 외연 천체 이외에도 태양계에는 소행성이나 혜성이라는 소천체가 셀 수 없을 정도로 많이 존재한다.

- 후쿠에 준·아와노 유미 편저, "3일 만에 읽는 우주"(정난진 옮김)에서

④ 고쳐쓰기

설명문을 고쳐 쓸 때에는 다음의 사항에 유의하도록 한다. 첫째, 설명의 대상이 명확하고, 용어 사용이 정확한가? 둘째, 객관성과 정확성을 가지고 정보를 전달하고 있는가? 셋째, '처음-가운데-끝'의 3단 구성 방식에 맞추어 간결하게 표현하고 있는가? 넷째, 적절한 보조 자료를 활용하여 독자의 이해를 돕고 있는가?

2. 기행문

기행문은 여행을 통하여 체험한 내용과 필자의 느낌을 여행한 순서에 따라 쓴 글이다. 여행을 통하여 체험할 수 있는 내용은 무수히 많다. 여행한 지역의 자연 환경, 사회 제도, 생활 풍습, 역사 등은 모두 체험의 내용이 될 수 있다. 기행문은 이러한 체험을 바탕으로 필자의 느낌을 추가하여 쓰는 글이다.

기행문은 일기 형식이나 편지 형식으로 쓸 수도 있고, 수필 형식으로 쓸 수도 있다. 어떠한 형식으로 쓰든 기행문에는 필자의 여행 과정, 체험한 내용, 필자의 느낌이나 견해 등이 드러나야 한다. 기행문을 효과적으로 쓰기 위해서는 여행을 하기 전에 미리 여행할 곳에 대한 사전 지식을 갖추어야 하며, 여행을 하는 동안에는 여행 과정과 체험한 내용과 느낌이나 견해 등을 간단하게나마 기록해 두어야 한다. 그리고 여행이 끝난 다음에는 여행을 하는 동안에 기록한 내용과 여행지에 대한 사전 지식을 바탕으로 하여 기행문을 작성하도록 한다.

다음 〈예문 2〉에서 필자는 자신의 주관적인 느낌과 생각을 여행 중에 본 경관을 통해 자세하게 드러내고 있다.

〈예문 2〉

격랑으로 넘실거리던 도버 해협을 지나 두 시간에 걸친 비행 끝에 드디어

프랑크푸르트 공항에 이르렀을 때, 공항 상공은 지척을 분간할 수 없는 안개로 뒤덮여 있었다. 내가 탄 비행기는 낮게 공항 상공을 몇 번 선회해서야 가까스로 공항 활주로에 착륙했다. 안개 때문에 낮게 상공에서 내려다 보이는 공항 주변이 꿈결처럼 느껴졌다. 나는 곧 시내로 들어가는 차에 올랐다. 공항 가도는 엷은 안개 속에서 울창한 숲이 창을 든 기병처럼 늘어서 있었다. 이 울창한 숲을 보는 순간 나는 벌써 유럽의 한복판에 자리잡은 건강한 독일을 느낄 수 있었다. 때마침 노경의 쓸쓸함과 쇠락해 가는 듯한 비감을 맛보았던 영국에서 달려오는 길이라서 그랬을까. 나는 패기만만하게 약동하는 독일을 피부로 느꼈다.

-김영진의 '나들이'에서-

3. 기사문

신문에 실리는 기사를 기사문이라고 한다. 기사문에서 다루는 기사의 종류에는 보도 기사, 논설 기사, 해설 기사 등이 있다. 보도 기사와 해설 기사는 설명문에 속하고, 논설 기사는 논설문에 속한다. 보도 기사는 사실의 정확한 전달을 생명으로 하는 글이다. 따라서 보도 기사의 내용은 정확하고 공정해야 한다. 보도 기사는 표제(標題) 및 부제, 전문, 본문 등의 순서로 구성된다. 논설 기사는 시사성을 띤 주요 문제에 대하여 독자의 생각이나 태도에 변화를 주기 위한 글이다. 논설 기사의 대표적인 것으로 신문 사설을 들 수 있는데, 사설에는 시사 문제에 대한 신문사의 입장이 반영되는 경우가 많다. 논설 기사의 또 다른 유형으로 시론이나 논단 등을 들 수 있다. 해설 기사는 어떤 중요한 사건이나 현상에 대하여 독자의 이해를 높이기 위해 작성하는 글이다. 해설 기사의 대상이 되는 내용은 정치, 사회, 경제, 문화 등의 여러 분야의 내용으로서 단순히 사실만을 설명하는 것이 아니라 어떤 문제의 원인, 예상되는 결과, 그 문제가 지니는 의미 등도 함께 설명한다.

다음 〈예문 3〉은 한 일간 신문의 보도 기사로 표제와 부제, 전문, 본문의 구성이 잘 드러난다.

〈예문 3〉

표제 안중근 의사 유해 찾기 중국 정부 적극 협조 약속

부제 - 유(劉) 문화 부장 밝혀

전문 - 【북경-김충근】 중국 정부는 안중근 의사의 유택 및 유해를 찾는 작업에 적극 협력하기로 약속한 것으로 전해졌다.

본문 - 중국의 유충덕 문화부장은 지난달 29일 한국의 중국 건국 45주년 기념 축하 사절단을 위해 베푼 만찬 석상에서 "한국 국민이 안 의사에 쏟는 흠모의 정을 잘 알고 있으며, 중국 정부는 안 의사의 유택 및 유해를 찾으려는 한국민의 충성을 십분 이해, 이에 최선의 노력을 기울여 협조하겠다."고 밝혔다

-동아 일보, 1994년 10월-

1) 기사문의 개념과 특성

기사문은 실제로 일어난 사건에 대해 보고 들은 대로 충실히 기록하여 여러 독자에게 알리는 글이다. 기사문은 평범한 사실이 아니라 가치 있는 사실을 많은 사람에게 전달하기 때문에 다음과 같은 특성이 있다. 첫째, 기사문은 정확해야 한다. 기사문은 정확한 정보를 전달해야 하므로, 빠지거나 잘못된 정보가 있어서는 안 된다. 둘째, 기사문은 객관적이어야 한다. 실제 사건이나 상황에 대해 정보를 객관적으로 전달해야 한다. 되도록 필자의 주관적인 판단이나 감정은 가급적 배제하고 사실 그대로의 정보를 제시해야 한다. 또한, 독자에게 오해나 잘못된 인식을 불러일으킬 수 있으므로 사실을 왜곡하거나 축소, 은폐, 과장해서는 안 된다. 셋째, 기사문은 간결해야 한다. 기사

문은 독자에게 신속하게 정보를 전달하는 글이므로, 핵심 정보를 명확하게 표현해야 한다. 따라서 함축적인 표현이나 장황한 수식은 피하도록 한다.

2) 기사문의 구조

○ 내적 구조: 기사문은 '누가, 언제, 어디서, 무엇을, 어떻게, 왜'에 대한 정보로 구성된다. 이러한 육하원칙은 독자가 기사문의 내용을 정확하게 파악하는 데 필요한 요소들이다. 이들 여섯 가지의 요소는 기사문의 성격과 기능에 따라 매우 명확하게 드러나기도 하고, 한두 가지 요소가 생략되거나 잘 드러나지 않는 경우도 있다.

○ 외적 구조: 기사문은 대체로 '표제 - 전문 - 본문'의 구성 방식을 취한다. 일반적으로 핵심적인 정보를 기사문의 첫머리에 놓고, 중요한 정보를 앞에 놓는 두괄식 구성을 취한다.

-표제: 전체 내용을 압축적으로 표현한 어구나 문장으로, 사건이나 상황의 핵심을 한눈에 보여 준다. 독자의 호기심과 관심을 끌 수 있게 기발한 표현을 사용하며, 표제를 보충하는 짧은 내용의 문구로 된 부제를 다는 때도 있다.

- 전문: 기사의 내용을 요약하여 제시하는 부분으로, 전체 기사의 뼈대에 해당한다.

- 본문: 사건이나 상황을 상세하게 풀어놓은 부분이다. 사건이나 상황이 복잡한 양상을 나타낼 때에는 몇 개의 소주제나 항목별로 나누고, 분량이 길게 늘어나면 몇 개의 기사문으로 쪼개어 쓰는 것이 좋다. 본문 뒤에는 기사문에서 다루는 정보와 관련한 논평이나 전망, 평가 등을 쓰는 해설을 배치하기도 한다.

3) 기사문의 작성 절차

① 계획하기

○ 취재 대상 선정: 쓰려고 하는 기사가 취재 가치가 있는지, 그 가치의 근거가 무엇인지를 주변 사람들과 상의하여 판단한다.

○ 취재 준비 및 실시: 취재 항목을 미리 작성하고 취재 장비를 갖추며, 방문 전에 협조를 구한다.

② 조직하기

취재한 내용을 정리하고 기사문의 구조에 맞게 작성할 기사의 내용을 조직한다. 이때에는 기사문의 내적 구조와 외적 구조를 모두 고려하도록 한다.

③ 표현하기

기사문을 쓸 때에는 다음의 사항에 유의하도록 한다.

- 간결하고 객관적으로 표현한다.
- 논리성과 통일성을 고려하여 표현한다.
- 취재원의 출처를 밝히고, 정확한 내용을 쓴다.
- 관련 사진이나 화보를 실어 독자의 이해를 돕는다.

④ 고쳐쓰기

기사문을 고쳐 쓸 때에는 다음의 사항에 유의하도록 한다.

- 내용이 가치가 있고, 객관성, 정확성을 갖추고 있는가?
- 기사문의 구조에 따르고 있는가?
- 육하원칙에 따라 간결하게 썼는가?
- 어문 규정과 보도 윤리를 지키고 있는가?

4. 안내문

안내문은 행사, 모임, 사실 등의 정보를 독자에게 제공하는 글이다. 독자에게 정보를 제공해 주는 글이라는 점에서 설명문이나 기사문과 비슷하지만, 정보 전달의 효율성을 더욱 강조한다는 점에서 안내문만의 독특한 성격이 드러난다. 안내문은 전달하는 정보의 내용에 따라 공적 안내문과 사적 안내문으로 나눌 수 있다. 공적 안내문은 공공 기관이나 기업, 단체가 공적인 정보를 알리는 글이고, 사적 안내문은 개인이 사적인 정보를 알리는 글이다.

일반적으로 안내문은 다음과 같은 특성을 지닌다. 첫째, 안내문은 정확한 글이다. 안내문은 행사, 모임, 사실 등 공공 기관이나 기업, 단체 등의 공적인 정보나 개인의 사적 정보를 알리는 데 목적이 있으므로 내용이 정확해야 한다. 둘째, 안내문은 간결한 글이다. 안내문은 알리고자 하는 정보를 독자가 정확하게 파악해야 하므로 복잡하게 내용을 나열하거나 어렵게 표현하기보다는 간결하고 쉽게 표현해야 한다. 셋째, 안내문은 친절하고 정중한 글이다. 안내문은 한정된 독자를 대상으로 하는 경우가 많으므로 친절하고 정중한 태도를 나타내야 한다. 또한, 안내문은 안내자나 주최 기관의 얼굴이기도 하므로 예의 바른 문장으로 작성해야 한다.

1) 안내문의 구성

안내문은 독자가 알고자 하는 것이나 일의 형편을 알려 줌으로써 독자가 일정한 행동을 할 수 있게 하는 글이다. 따라서 관련 정보를 충분히, 일목요연하게 정리하여 알려야 한다. 안내문은 안내하는 대상에 따라 다양한 요소로 내용을 구성할 수 있다. 안내문은 대체로 인사말, 문안, 안내 내용 소개, 시간 장소 소개, 안내문 기록 주체 명시, 기록 연월일 명시 등과 같은 요소로 구성된다.

2) 안내문의 작성 절차

① 계획하기

○ 포함 사항 선정: 안내문에 포함할 내용의 범위, 시간과 장소 등을 결정한다.

○ 도안 구상: 예상 독자를 고려하여 적절한 표현과 구성을 구상한다.

② 조직하기

안내문을 구성 요소에 따라 조직한다. 특히, 행사 안내문에는 행사의 취지와 목적, 주체, 개최 장소와 시간, 진행 방법 및 일정, 참가자 유의 사항 및 미리 준비할 사항 등을 포함한다.

③ 표현하기

○ 정확한 내용으로 작성해야 한다. 안내문은 어떠한 행사를 알리는 글이므로 언제, 어디서, 누가, 무엇을, 어떻게 하는지를 간단·명료하게 기재하되 독자가 행사의 목적을 정확하게 알 수 있도록 작성해야 한다.

○ 일목요연하게 작성해야 한다. 안내문은 받는 사람이 그 내용을 한눈에 알아볼 수 있도록 제목을 붙이거나, 일시나 장소 등 중요한 내용은 항목별로 간략하게 써 넣어 한눈에 잘 알아볼 수 있도록 작성해야 한다.

○ 정중하게 작성해야 한다. 안내문은 예절에 맞도록 정중하게 작성해야 한다. 그리고 독자가 내용에 대해 관심을 가질 수 있도록 호감을 주는 문구를 사용해야 한다.

④ 고쳐쓰기

안내문을 고쳐 쓸 때에는 다음의 사항에 유의하도록 한다.

- 핵심 요소가 모두 포함되어 있는가?
- 한눈에 알아볼 수 있도록 일목요연하게 작성했는가?
- 독자를 고려하여 정중하게 작성했는가?
- 문맥이 모호하거나, 잘못 표기된 표현은 없는가?

제2장 설득을 위한 글

설득을 위한 글이란 필자가 자신의 주장을 피력함으로써 독자가 그 주장에 공감할 것을 목적으로 하는 글이다. 따라서 이러한 글에는 필자의 주장과 그것을 뒷받침해 주는 논거가 필요하다. 설득을 위한 글은 글의 진술 방식 중에서 주로 논증의 방식을 사용한다. 물론 글의 부분부분에서 설명의 방식도 사용하지만, 주장과 논거라는 논증의 형식을 그 기본으로 한다.

설득을 위한 글은 첫째, 주장하는 내용이 뚜렷해야 한다. 주장이 뚜렷하지 않은 글은 논리가 정연하지 못하므로 독자의 관심을 불러일으키지 못한다. 따라서 설득을 위한 글에서는 주장이 분명하고 단호해야 한다. 그러나 그 주장은 독자를 설득할 수 있을 정도로 합리적이어야지 억지 주장이어서는 안 된다. 둘째, 주장을 뒷받침하는 논거는 타당하고 다양해야 한다. 주장이 그럴 듯 해도 논거가 적절하지 못하면 독자를 설득할 수 없다. 따라서 주장을 믿게 해 줄 수 있는 타당한 논거를 가지고 있을 때 설득력이 강해진다. 셋째, 사용하는 언어는 정확해야 한다. 다양한 해석이 가능하거나 주관적인 어휘의 선택은 글의 내용을 애매하게 하여 전달이 잘 안 되고, 그 결과 설득에 어려움이 따른다. 그러나 설득의 효과를 높이기 위하여 때에 따라 주관적인 어휘를 사용하기도 한다. 그것은 연설문에서 연사가 사용하는 어휘를 생각해 보면 쉽게 이해할 수 있을 것이다.

설득을 위한 글은 자신의 주장을 독자에게 이해시키고, 더 나아가 독자가 자신의 주장대로 따르게 할 목적으로 쓰는 글이다. 이러한 목적을 달성하기 위해서 필자는 다양한 자료를 수집하여 자신의 주장을 명확하게 세우고, 그 주장을 뒷받침할 수 있는 타당한 논거를 효과적인 표현을 사용하여 제시해야 한다.

설득을 위한 글의 종류에는 논설문, 연설문, 논문, 비평문, 건의문, 광고문 등이 있다. 논설문과 논문은 둘 다 필자의 의견을 주장하는 글이지만, 논설문은 특정 학문 분야에 종사하는 전문적인 독자를 대상으로 쓰는 글이 아니라 일반적인 독자를 대상으로 쓰는 글이라는 점에서 논문과 구별된다. 논설문의 내용 또한 전문적인 내용이 아니라 일상생활에서 흔히 부딪히는 시사 문제나 일반적인 교양과 관련되는 문제인 경우가 많다. 연설문은 연설을 할 목적으로 작성한 글이다. 다음에서는 논설문, 연설문, 비평문, 건의문, 광고문 등에 대하여 각 글의 작성방법을 살펴보기로 한다.

1. 논설문

논설문이란 객관적인 사실이나 연구의 결과 등을 이용하여 어떤 주장을 내세우는 글이다. 관찰 혹은 조사된 내용이나 결과를 보고하는 데 그치는 보고문과는 달리 논설문의 주된 목적은 필자의 주장이나 의견에 독자가 공감하고 동의하도록 설득하는 데 있다. 독자를 효과적으로 설득하기 위해서 필자는 자신의 의견이나 주장을 뒷받침하는 여러 가지 근거를 제시해야 한다. 논설문의 필자는 자신의 의견을 뒷받침하기 위하여 논리적인 근거만을 제시하는 것이 아니라 여러 가지 구체적인 정보를 제시하고 설명하기도 한다. 이러한 측면에서 볼 때 논설문에는 설명의 방법이 사용되기도 한다.

논설문을 쓸 때에는 반드시 일정한 격식을 따라야 한다. 논설문은 서론, 본론, 결론의 구조로 구성된다. 서론 부분에는 글의 목적이나 글의 주제, 글의 전개 방법 등을 포함시켜야 한다. 본론은 글 전체의 주제에 대한 종속 주제, 또는 글 전체의 제재에 대한 종속 제재별로 내용을 구성해야 한다. 결론은 본론의 내용 요약, 주제의 재진술, 필자의 의견이나 주장 등에 관한 내용을 포함시켜야 한다.

다음 〈예문 1〉은 주체적인 새 역사 창조에의 신념을 주장한 글의 서론 부분이다.

〈예문 1〉

창조라고 하면 이상하게 못마땅한 것처럼 대하는 사람도, 그 자신의 생활이 구습의 퇴영적인 반복이나 외래 풍조의 모방에 불과하다는 평을 받는다면, 아마도 속으로는 매우 섭섭함을 느낄 것이다. 이것은 생활의 의의가 반복이나 모방에 있다기보다는, 날로 새로워져 가는 개척과 창조에 있음을 말하는 것이다.

창조를 흔히 무에서 유를 만들어 냄이라고 한다. '무'란 '없음'이다. 그러나 조금만 생각하여도, 없음에는 우선 두 종류가 있음을 알 수 있다. 그 어떤 것을 막론하고 아무 것도 완전히 없음을 의미하는 무가 하나요, 그와는 달리, 아무 것도 없다는 것이 아니라, 특정된 그 어떤 무엇이 없음을 의미하는 결여의 무가 또 하나다. 그리고, 인간은 자기 아닌 자(물건이건 인간이건)와의 관계없이 생존할 수 없는 것이거니와, 이 점을 두고서라도 인간이 하는 창조를 말하는 경우에는, 이미 인간 자신이 있다는 사실을 전제하는 것이다. 도대체 아무 것도 없는 완전한 무로부터 유를 창조한다는 것은 인간에 있어서 상상조차 할 수 없는 일이다. 그리하여, 인간에 있어서 문제 되는 창조란, 아직까지 없었던 특정된 그 무엇을 하나의 새로운 유로 만들어 냄을 의미한다고 하겠다.

-박종홍의 '새 역사의 창조'에서-

1) 논설문의 개념과 특성

논설문은 독자가 공감할 수 있도록 어떤 사실이나 현상, 가치 등에 대해 자신의 주장을 논리적으로 쓴 글이다. 따라서 필자는 주장에 관한 객관적이면서도 구체적인 정보를 바탕으로 하여 독자가 충분히 수용할 수 있도록 독자의 지적 수준에 맞게 정확하면서도 명료하게 글을 써야 한다.

논설문은 다음과 같은 특성이 있다. 첫째, 논설문은 논리적인 글이다. 자신이 주장하는 바를 독자에게 효과적으로 이해시키려면 자신의 주장을 뒷받침하는 내용을 논리적으로 조직해야 한다. 연역법이나 귀납법 등의 논증 방법이 자주 사용되는 것은, 이 방법들이 주장을 적절히 뒷받침하는 데에 효과적이기 때문이다. 둘째, 논설문은 독창적인 글이다. 다른 사람들이 일반적으로 생각하는 내용을 가지고 진부한 표현을 사용하여 논설문을 쓴다면 독자를 설득하기 어렵다. 필자가 독창적인 생각을 독특한 표현으로 드러내어야 논설문의 설득력을 높일 수 있으므로, 필자는 자신만의 생각과 목소리를 가질 수 있도록 노력해야 한다. 셋째, 논설문은 명확한 글이다. 논설문에서 명확하지 않은 개념이나 표현을 사용하면, 독자를 합리적으로 설득하기 어렵다. 불분명한 표현으로 말미암아 독자가 개념이나 표현을 오해한다면 의도하지 않은 반응을 가져올 수 있다. 논란이 있는 문제나 대립이 격한 문제를 다룰 때에는 특히 명확한 개념과 표현의 사용에 주의해야 한다.

2) 논설문의 작성 방법

① 자신의 의견이나 관점을 명확히 세워야 한다.

논설문은 설득을 위한 글로 필자가 자신의 주장을 독자에게 이해시키고 더 나아가 그 주장대로 믿고 따르게 하는 데 목적이 있다. 따라서 주장하고자 하는 의견이나 관점이 무엇이며 어떠한지를 명료하게 설정하고 이를 효과적으로 표현해야 글을 쓴 목적을 달성할 수 있다. 의견이나 관점을 정할 때에는 관련 자료를 수집하여 비교·분석하는 것이 효과적이다. 정보가 제한되면 의견이나 관점이 올바르고 타당한지를 판단하기 어려우며 독자를 설득하기도 어렵기 때문이다.

② 주장을 뒷받침하는 타당한 논거를 제시해야 한다.

논설문에서 필자는 독자에 대한 설득을 의도하면서 자신의 주장을 내세우지만, 이 설득이 저절로 이루어지는 것은 아니다. 주장을 효과적으로 드러내려면 이를 논리적으로 뒷받침할 수 있는 타당한 논거를 제시해야 한다. 논거가 정확하고 풍부할수록 주장의 설득력은 더 강해진다.

③ 설득력 있는 표현 전략을 활용하여 글을 써야 한다.

설득의 목적을 달성하려면 필자의 주장과 이에 대한 타당한 논거를 바탕으로 삼아 설득력 있는 표현 전략을 활용하여 글을 써야 한다. 글의 내용, 예상 독자의 배경 지식 등을 고려하여 적절한 표현 전략을 활용하는 것이 중요하다.

④ 짜임새 있게 글의 내용을 구성해야 한다.

자신의 주장을 논리적으로 펼치려면 단계적이고 짜임새 있게 자신의 생각을 펼쳐야 한다. 일반적으로 논설문은 '서론 - 본론 - 결론'의 3단으로 구성된다. 서론 부분에서는 어떤 문제 상황을 예상 독자에게 제시하고, 현재 문제 상황의 실태를 보여 주며 이를 예상 독자에게 환기시킨다. 본론 부분에서는 문제 상황에 대한 주장을 명확히 세우고 논리적인 근거를 제시하여 예상 독자를 설득하도록 한다. 결론 부분에서는 본론에서 제시한 내용을 요약하거나 부족한 부분에 대한 전망 등을 통하여 주장을 강조하도록 한다.

2. 연설문

연설문은 청중을 대상으로 하여 연설을 하기 위해 작성된 글이다. 연설문은 자신의 의견이나 주장을 청중에게 설득시키기 위한 목적으로 작성된 글이기 때문에 일종의 논설문이기도 하다. 단지 글로 작성되지만 독자가 아닌 청중을 상대로 낭독하여 설득하는 글이라는 점에서 일반적인 논설문과 다른 특성을 지닌다.

연설문을 작성할 때에는 다음 사항에 유의해야 한다. 첫째, 음성언어로 전달되므로 쉽고 간명하게 써야 한다. 둘째, 자신의 연설을 듣게 될 청중의 요구 및 수준을 고려하여 작성해야 한다. 셋째, 청중을 설득시킬 수 있는 주장과, 그 주장에 대한 이유나 근거를 제시해야 한다. 넷째, 연설 시간에 맞추어 연설문의 길이를 조정해야 한다.

다음 〈예문 2〉는 연설문의 마지막 부분으로, 강건한 어조로 주장하는 바를 논리적으로 전개하여 강한 설득력과 호소력을 지니고 있다.

〈예문 2〉

친애하는 우리 동포 여러분!

우리 국토를 구분 점령하고 있는 미·소·영국 군대는 우리 민족을 해방하여 준 은혜 깊은 우군입니다. 우리는 반드시 그들에게 잘 협조하여 왜적의 잔류세력을 철저히 숙청하는 동시에 그들이 귀국하는 날까지 모든 편리와 수요를 잘 제공해야 합니다. 또 우리는 미·소·중·영·불 등 동맹국과 다같이 친밀한 관계를 세워야 할 것입니다. 더욱이 우리 나라와 밀접한 관계를 가진 중·미·소 세 나라의 친밀한 합작 기초 위에서만 우리의 자주 독립을 신속히 가져올 수 있다고 나는 확신하는 바입니다.

우리 민족 내부가 철같이 단결할 때에 동맹 각국은 다같이 우리의 독립 주권을 승인하여 줄 것이며, 우리의 신국가 건설을 위하여 적극 원조할 것입니다.

사랑하는 동포 형제여! 우리 국가의 완전한 독립을 찾을 때는 바로 이 때입니다. 우리 동포는 '3·1 대혁명'의 전 민족이 총궐기하던 정신을 다시 한 번 발양하여서 우리의 독립 주권을 찾고 자유, 평등, 행복의 새 나라를 건설합시다.

-김구의 '3·1 정신으로 단결하자'에서-

3. 비평문

1) 비평문의 개념과 특성

비평문은 문학, 음악, 미술, 연극, 영화, 드라마 등 다양한 대상의 내용과 구성 등을 분석하고 비평하는 글을 말한다. 비평문은 본래 소수 전문가 사이에서만 생산되고 수용되는 지적인 글의 유형으로 여겨졌지만, 사회의 변화에 따른 지식의 폭발적 증대와 읽고 쓰는 활동의 다양화로 말미암아 일상적인 글의 유형으로 자리를 잡게 되었다. 그리고 각종 매체에서 책, 영화, 연극, 음식 등에 대한 비평문을 접하는 일이 매우 흔해졌다.

비평문의 특성은 다음과 같다. 첫째, 비평문은 논리적인 글이다. 비평문은 비평하고자 하는 대상에 대한 필자의 의견이나 관점이 무엇이며 어떠한지가 논리적으로 드러나야 한다. 이를 통해 필자는 예상독자에게 자신의 주장을 논리적으로 설득할 수 있다. 둘째, 비평문은 객관적인 글이다. 비평문은 평가의 객관성이 확보되어야 한다. 이를 위해 필자는 자신의 의견이나 관점을 명확히 드러내고 이를 뒷받침하는 객관적이고도 타당한 논거를 제시해야 한다. 객관성을 확보하려면 누구나 받아들일 수 있는 타당한 자료를 논거로 제시할 필요가 있다.

비평문과 감상문은 어떤 대상에 대한 필자의 생각을 나타내는 글이라는 점에서 비슷하지만, 글의 목적에서 차이가 있다. 비평문은 대상 자체를 분석하고 그 타당성이나 의미를 논함으로써 다른 사람을 설득하려는 목적이 강하다. 이에 비해 감상문은 주로 대상에 대한 필자의 정서적 반응을 나타내는 것으로 자기 표현적 목적이 강하다. 또한, 비평문과 감상문은 글의 구성 요소에서 차이가 있다. 비평문은 대상의 내용과 관련된 화제, 필자의 비평, 근거 및 반응이 핵심적 구성 요소이다. 이에 비해 감상문은 일반적으로 대상을 감상하게 된 동기, 대상의 내용 요약, 내용에 대한 감상
등으로 구성된다.

다음 〈예문 3〉은 컴퓨터 게임에 대한 비평문으로 화제와 비평, 감상 등이 나타난 것을 볼 수 있다.

〈예문 3〉

컴퓨터 게임을 서사의 측면에서 접근하는 관점이 게임에서 볼거리의 요소가 차지하는 비중을 부정하는 것은 아니다. 사실 게임 제작자들은 아직까지 서사의 내용이나 질을 향상시키는 작업보다도 볼거리를 증진할 수 있는 방안을 찾는 데 더 많은 노력을 기울인다. 예를 들어 게임 제작 실무자들이 모인 자리에서 논의하는 것은 '온라인 게임을 얼마나 실제와 흡사하게 실현할 수 있는가?', '영상물 등급 심의를 통과하려면 잔혹한 장면을 얼마나 삭제해야 하는가?'와 같은 문제이다.

- 최유찬, '컴퓨터 게임, 그 퍼포먼셜 내러티브'에서-

2) 비평문의 작성 방법

비평문을 쓸 때에는 아래 사항에 유의해야 한다.

첫째, 비평하려는 비평 대상이 무엇인지 분석해야 한다. 비평 대상은 문학, 음악, 미술, 영화, 연극, 드라마 등 다양하며, 각 대상의 특성을 분석해 봄으로써 비평문에서 일관성 있는 주장을 펼쳐 나갈 수 있다.

둘째, 필자의 입장을 분명하게 해야 한다. 비평을 시작할 때에는 구체적인 부분들에 대한 평가 및 최종 비평을 토대로 비평문에서 주장하고자 하는 의견이나 관점이 무엇인지가 명료하게 설정되어야 한다.

셋째, 주장을 효과적으로 나타내려면 주장을 논리적으로 뒷받침할 수 있는 타당한 논거를 제시해야 한다. 아무리 자신의 주장을 명확히 나타냈다고 하더라도 이를 뒷받침하는 타당한 논거가 없으면 설득력을 얻지 못한다.

넷째, 설득력 있는 표현 전략을 활용하여 글을 써야 한다. 비평문을 쓸 때에는 필자의 주장과 이에 대한 타당한 논거를 바탕으로 하여 설득력 있는 표현 전략을 활용하여 글을 써야 한다. 이중 부정, 설의법, 비유 등 다양한 표현 전략을 활용하여 글의 설득력을 높일 수 있다. 이중 부정은 한 번 부정한 것을 다시 부정하여 긍정을 나타내는 표현 전략이다. 설의법은 누구나 다 알 수 있는 사실을 물음의 형식을 활용하여 상대방이 스스로 결론을 내리도록 하는 표현 전략이다. 비유는 표현하려는 대상이나 내용(원관념)을 독자가 알기 쉬운 다른 대상이나 내용(보조 관념)에 견주어 보다 참신하고 구체적으로 나타내는 표현 전략이다.

4. 건의문

1) 건의문의 개념과 특성

건의문은 어떤 문제에 대하여 개인이나 기관에 문제 해결을 요구하거나 제안하고자 쓰는 글이다. 제안서, 탄원서, 정책 제안, 민원 건의, 독자 투고, 민원 참여 등 다양한 형태의 건의문을 생활 주변에서 찾아볼 수 있다. 건의문은 문서로 직접 작성하는 때도 있고, 인터넷 게시판에 올리는 때도 있다.

건의문은 일반적으로 다음과 같은 특성이 있다. 첫째, 건의문은 문제의 본질을 정확히 알리는 글이다. 건의문은 문제에 대한 해결을 제안하는 글로, 다른 사람의 행동을 촉구하고자 하는 목적을 가진다. 따라서 문제의 경위를 분명하게 드러내고, 심각성을 부각하며, 효과적으로 설명하는 것이 중요하다. 둘째, 건의문은 해결책을 요구하거나 제시하는 글이다. 건의문은 문제를 지적하는 것에서 그치지 않고, 문제에 대한 해결을 요구하고 제시하는 글이다. 예상 독자의 공감, 행동의 변화를 불러일으킬 수 있도록 논리적으로 접근하여 설득해야 한다. 또한, 감정을 자극하여 동정을 호소하는 방법을 동원할 수도 있다. 셋째, 건의문은 격식과 예의를 갖춘 글이다. 건의문은 예상 독자가 분명히 정해져 있는 경우가 많으므로, 글을 읽는 사람의 권위를 인정하면서 정중한 표현을 사용하는 것이 좋다.

2) 건의문의 구성

건의문도 다른 설득을 위한 글과 마찬가지로 '처음-가운데-끝'의 구조를 지닌다. 이러한 3단 구조에서 '문제 제시-해결 방안 건의'의 내용이 반드시 들어가야 하며, 여기에 건의자 명시, 건의 목적 제시, 기대 효과 제시 등의 요소를 효과적으로 배열하여 글을 쓰는 목적을 분명히 드러내야 한다. 처음 부분에는 인사말, 건의자, 건의 목적 등에 관한 내용을 포함시킨다. 가운데 부분에는 문제 해결 방안 및 기대 효과 등에 관한 내용을 포함시킨다. 끝 부분에는 요약, 마무리 인사 등에 관한 내용을 포함시킨다.

3) 건의문의 작성 절차

① 계획하기

○ 예상 독자 분석: 예상 독자인 개인이나 기관을 분명하게 정해야 한다. 문제 상황과 직접적으로 관련이 있는 예상 독자를 파악하고, 예상 독자의 성향, 문제점에 대한 인식 정도, 영향력 등 여러 측면에서 분석하도록 한다.

○ 문제 내용 파악: 갈등이 되는 문제점이 무엇인지 정확히 파악해야 한다. 문제점이 무엇이며 어떠한 내용을 건의해야 하는지 명확하게 제시할 수 있도록 문제점을 구체화하여 파악하도록 한다.

○ 자료 수집: 문제 내용을 정확히 파악했다면, 문제 상황 및 이를 해결할 방안에 대한 정보를 충분히 수집해야 한다. 예상 독자가 문제점을 쉽게 파악하고 건의하는 내용을 수용할 수 있도록 사진, 도표, 통계 자료 등 다양한 자료를 제시하는 것이 효과적이다.

② 조직하기

'처음-가운데-끝'에 들어갈 내용을 순서에 따라 조직한다. 이때 '문제 제시-해결 방안 건의' 부분에 충분한 내용이 들어갈 수 있도록 한다. 서식이 있는 경우는 서식에 따라 들어갈 내용을 조직하도록 한다.

③ 표현하기

건의문을 쓸 때에는 앞에서 파악한 문제 내용과 해결 방안 건의 내용이 분명히 드러날 수 있도록 한다. 또한, 예상 독자가 건의문을 읽고 제시하는 건의 내용을 수용할 수 있도록 내용을 제시해야 하며 기분이 상하지 않도록 정중하게 써야 한다.

④ 고쳐쓰기

건의문을 고쳐 쓸 때에는 다음 사항에 유의하도록 한다.

• 예상 독자를 바르게 선정했는가?

- 문제점을 정확하게 파악했는가?
- 문제에 대한 서술이 논리적이고 타당한가?
- 건의 내용이 합리적이며 정당한가?
- 해결 방안에 대한 내용이 정당하며 실현 가능한가?
- 정중한 어투로 정확하고 바른 표현을 사용했는가?

5. 광고문

1) 광고문의 개념과 특성

광고문은 기업이나 개인, 단체가 상품이나 각종 정보, 사업 내용 등을 여러 가지 매체를 통하여 알리려고 쓰는 글이다. 소비자를 예상 독자로 하는 광고문은 상품이나 서비스에 대한 호기심을 극대화하고 구매력을 자극하기 위해 참신하면서도 인상에 오래 남도록 작성한다.

일반적으로 광고문은 다음과 같은 특성이 있다.

첫째, 광고문은 흥미로운 글이다. 광고는 예상 독자의 관심을 끌고 행동을 촉구하려는 목적이 있으므로, 소비자가 보지 않는 광고는 소용이 없다. 따라서 광고문은 소비자의 흥미와 주의를 끌 수 있도록 작성해야 한다.

둘째, 광고문은 간결하고 명료한 글이다. 전달하고자 하는 내용을 간결하고 명료하게 표현해야 보는 이의 머릿속에 깊이 남게 된다. 광고의 홍수 속에 보는 이가 오래 기억할 수 있는 인상적인 광고문만이 생명력을 유지할 수 있다.

셋째, 광고문은 독창성과 심미성이 있는 글이다. 서로 비슷비슷한 광고문보다는 독창성과 심미성이 있는 광고문이 보는 이에게 더욱 강하게 호소할 수 있다.

2) 광고문의 종류

광고문의 종류는 광고의 목적, 광고의 매체에 따라 분류할 수 있다.

광고문은 광고의 목적에 따라서 상업 광고문, 공익 광고문, 홍보 광고문으로 나눌 수 있다. 상업 광고문은 상품에 대한 정보를 제시하여 소비자의 구매 욕구를 불러일으키는 광고이며, 공익 광고문은 대중의 의식이나 행동 변화를 촉구하는 광고이다. 그리고 홍보 광고문은 기업, 단체, 기관 등을 홍보하기 위한 광고문이다.

다음으로 광고의 매체에 따라서 인쇄 광고문, 영상 광고문, 인터넷 광고문으로 나눌 수 있다. 인쇄 광고문은 신문, 잡지, 소책자 등 인쇄 형태로 제공되는 광고이며, 영상 광고문은 텔레비전, 영화, 비디오, 전광판 등 영상 형태로 제공되는 광고를 말한다. 그리고 인터넷 광고문은 인터넷 웹상에서 배너, 동영상 등의 매체를 활용한 광고문을 말한다. 오늘날의 광고는 적절한 멀티미디어 요소가 결합하여 그 어떤 글보다도 전달 효과가 높은 표현 수단으로 주목받고 있다.

3) 광고문의 구성

광고문은 중심 문안과 보조 문안으로 구성된다. 중심 문안은 기억에 남을 만한 호소력이 강한 짧은 문장으로 이루어지며, 보조 문안은 이를 보충한 내용으로 이루어진다.

이러한 구성 방식에 따라 광고문의 형식을 살펴보면 다음과 같다.

○ 머리글: 주의를 끌고 본문을 유도하는 문구
   - 주장형, 질문형, 뉴스 고지형, 암시형

○ 부제: 머리글의 내용을 부연 설명

○ 본문
   - 구성
     상품, 공익, 홍보에 대한 설명

상품, 공익, 홍보에 대한 욕구와 믿음

상품, 공익, 홍보를 유도하거나 반복

- 형식

이유 제시, 유머, 설명, 이야기

○ 슬로건: 지속적, 반복적으로 내용을 알리는 구호

4) 광고문의 작성 방법

광고문을 작성할 때에는 다음 사항에 유의하도록 한다.

첫째, 광고의 목적과 대상을 설정해야 한다. 우선 광고의 목적이 상품을 팔려는 것인지, 대중의 행동 변화를 촉구하려는 것인지, 기업과 정부 기관을 홍보하려는 것인지를 결정해야 한다. 다음으로, 주요 목표로 삼는 광고 대상에 대한 분석에 따라 광고문을 구성해야 한다.

둘째, 광고의 내용과 매체를 설정해야 한다. 광고의 목적과 대상을 분석한 결과에 따라 광고의 내용, 즉 상품에 대한 선전, 공익의 가치관 실현, 기업의 이미지 홍보 등을 명확히 하고 광고하려는 내용을 어떤 매체를 사용하여 효과적으로 전달할 것인가를 결정한다.

셋째, 광고문의 형식을 정해야 한다. 광고의 목적과 대상 그리고 매체가 결정되었으면, 광고문의 기본 형식을 바탕으로 효과적인 표현 전략을 마련해야 한다.

제3장 사회적 상호 작용과 자기 성찰을 위한 글

사람들은 사회 생활을 해 나가면서 다른 사람들과의 사회적 상호 작용을 돈독하게 유지할 필요가 있다. 사회적 상호작용을 목적으로 쓰는 글의 대표적인 종류에는 식사문과 서간문이 있다. 또한, 사람들은 일상을 살아가면서 자기 성찰의 일환으로 자신의 마음속에 있는 절실한 감정이나 정서를 밖으로 표출할 필요가 있다. 자기 성찰을 목적으로 쓰는 글의 대표적인 종류에는 일기, 수필과 감상문, 회고문 등이 있다.

사회적 상호 작용을 위한 글이 사회 안에서 많은 사람과 관계를 맺고 유지하기 위한 글이라면, 자기 성찰을 위한 글은 글을 통해 자신의 정체성을 재구성함으로써 정서적·심리적 성숙을 도도하기 위한 글이다. 사회적 상호 작용과 자기 성찰을 위한 글에 대해 공부함으로써 글을 쓸 때 독자를 고려하여 격식을 갖추는 방법, 진솔한 마음이 잘 드러나도록 하는 방법을 익힐 수 있다. 또한, 경험을 통해 얻은 깨달음을 구체화하는 방법도 익힐 수 있다.

1. 식사문

1) 식사문의 개념과 특성

식사문은 행사에서 청중을 상대로 낭독하는 글이다. 기념식, 입학식, 결혼식, 취임식 등 각종 행사에서 식사문을 낭독하게 된다. 식사문은 우리 일상생활에서 널리 쓰이는 글이라고 할 수 있다.

식사문은 청중을 상대로 낭독하는 글이므로 사적인 관계보다는 공적인 관계를 중심으로 하는 글이다. 식사문은 격식을 갖추어 각종 행사의 성격과 상황에 맞는 내용을 담아야 한다. 예를 들어 기념사, 축사, 환영사 등에는 기쁨과 즐거움의 감정이 충분히 드러나도록 해야 하고, 조사(弔辭)나 송별사 등에는 슬픔의 감정이 배어 나오도록 해야 한다.

2) 식사문 작성 방법

식사문은 청중이 있는 실제 현장에서 읽어야 하는 글이라는 점에서 다른 글과는 차이가 있다. 글을 쓸 때 다음 방법들을 참고하여 각 상황에 맞는 식사문을 작성하도록 한다. 첫째, 행사의 성격과 취지를 고려해야 한다. 식사문은 행사의 분위기에 크게 영향을 미칠 수 있으므로 행사의 전반적인 사항을 고려하여 작성할 필요가 있다. 둘째, 식사문을 낭독할 때의 상황을 미리 고려하여 작성해야 한다. 식사문은 현장성이 중요한 만큼 행사의 실제 모습을 머릿속에 그려 보고 그 상황에 맞게 표현이나 길이 등을 조정해야 한다. 아무리 훌륭한 식사문이라고 하더라도 청중으로부터 외면 당하면 아무 쓸모가 없으므로 예상 독자를 고려하여 준비해야 한다.

3) 식사문 작성 절차

식사문은 일반적으로 다음의 절차에 따라 쓰는 것이 좋다.

① 계획하기

○ 행사의 성격 분석하기: 행사는 내용과 목적에 따라 분위기가 다르다. 따라서 글을 쓰기 전에 행사의 성격을 분석하고, 행사 분위기에 맞는 내용을 구상해야 한다.

○ 청중 분석하기: 청중의 직업, 지적 수준, 성별, 관심사 등을 분석해야 그에 맞는 내용을 작성할 수 있다. 청중이 누구냐에 따라 글의 내용이나 표현이 달라지기 때문이다.

○ 자료 수집하기: 행사의 취지에 맞는 자료를 충분히 수집하여 청중의 관심과 흥미를 유발하도록 한다.

② 조직하기

식사문은 '처음-가운데-끝'의 3단 구성으로 쓰는 것이 기본이며, 대체로 다음과 같은 순서에 따라 조직한다.

○ 처음 부분
- 청중의 주의 환기
- 목적 제시

○ 가운데 부분
- 핵심 내용 제시
- 풍부한 예 제시

○끝 부분
- 핵심 내용 강조
- 인상적인 마무리

③ 표현하기

수집한 자료를 일정한 순서에 따라 제시하고 적절한 표현 방법을 활용하여 다음 〈예문 1〉과 같이 식사문을 쓴다.

〈예문 1〉

사랑하는 졸업생 여러분! 오늘 여러분의 이 졸업식은 새로운 세계를 찾아가는 힘찬 항해의 시작입니다. 여러분이 선택한 항해의 길을 향해 전진해 가시기 바랍니다.

위 〈예문 1〉에서는 졸업식을 '힘찬 항해'에 비유하고 있다. 즉, 원관념(졸업식)을 보조 관념(힘찬 항해의 시작)에 빗대어 나타낸 것이다. 이처럼 식사문의 상황과 내용에 따라 비유법, 강조법, 변화법 등의 방법을 활용하여 표현할 수 있다.

④ 고쳐쓰기

논지의 적절성, 논리 전개의 일관성 등을 고려하여 수정해야 한다. 적절한 논거를 사용했는지, 글의 흐름이 자연스러운지, 표현상의 오류는 없는지, 문장 성분의 호응은 적절한지 꼼꼼하게 검토하고 수정·보완한다. 식사문을 고쳐 쓸 때에는 아래의 사항에 유의하도록 한다.

• 행사의 성격과 취지에 맞는 내용으로 구성했는가?
• 청중의 특성에 비추어 볼 때 주제가 적합한가?
• 처음 부분에 청중의 주의를 환기하는 내용이 들어 있는가?
• 전체 조직에서 짜임새가 엉성하거나 주제에서 벗어난 내용은 없는가?
• 격식을 갖추어 정중하게 표현했는가?
• 어휘 선택 및 문장 표현이 낭독하기에 적절한가?

2. 서간문

서간문은 상대방에게 전하고 싶은 내용이 있을 때 쓰는 글로, 그 목적은 사연을 전하는 데 있다. 또한 서간문을 쓸 때에는 다음과 같은 사항에 유의해야 한다. 첫째, 개인적인 교류나 친교를 목적으로 쓰는 글이므로 대화를 하듯이 자연스럽게 써야 한다. 둘째, 서간문을 받아 보는 사람에게 알맞은 예절을 갖추어 써야 한다. 셋째, 서간문 글의 형식적 요건에 맞추어 써야 한다.

서간문은 글을 쓰는 목적에 따라 사교적인 서간문과 실용적인 서간문으로 나눌 수 있다. 사교적인 서간문에는 문안 서간문, 축하 서간문, 위문 서간문, 조문 서간문, 감사 서간문, 사과 서간문 등이 있다. 실용적인 서간문에는 안내 서간문, 초대 서간문, 소개 서간문 등이 있다.

서간문을 쓸 때에는 일정한 격식에 맞추어 써야 한다. 서간문은 일반적으로 서두, 본문, 결말, 추신 등의 구조를 갖는다. 서간문의 서두에는 받는 사람의 호칭과 첫인사, 안부 등을 적는다. 본문에는 서간문을 쓰는 의도와 용건을 적는다. 결말에는 끝인사, 부탁하는 말, 서간문 쓴 날짜, 보내는 사람의 이름 등을 적는다. 그리고 빠뜨린 말이나 덧붙여야 할 사연이 있을 경우에는 '추신'이라고 쓰고, 빠뜨린 말이나 사연을 적는다.

1) 서간문의 개념과 종류

서간문은 상대방의 안부를 묻고 자신의 근황이나 용건을 상대방에게 알리는 글이다. 요즘은 통신 수단이 발달해 전화나 전자 우편 등이 서간문의 기능을 대신하기도 한다. 그러나 서간문은 직접 대면하기 어려운 사람을 대상으로 하는 글이기 때문에 말로는 표현하기 어려운 깊은 정을 나눌 수 있는 수단이기도 하다.

서간문은 쓰는 목적이나 의도에 따라 여러 가지로 나눌 수 있다. 상대방의 안부를 묻거나 보내는 사람의 안부를 알리는 안부 편지, 특별한 행사에 상대방이 참석하기를 바라는 초대 편지, 위로의 뜻을 전하는 위문편지, 상대방의 기쁜 일을 축하하는 축하 편지, 상대방에게 자신의 잘못을 사과하는 사과 편지, 새로 나온 책·여행지·축제·행사 등에 대해 알려 주는 소개 편지, 상대방에게 감사하는 마음을 전하는 감사 편지 등 서간문의 종류는 매우 다양하다.

2) 서간문 작성 방법

서간문을 쓸 때에는 다음 사항에 유의해야 한다. 첫째, 예의를 갖추어야 한다. 상대방의 신분, 나이, 나와의 친분 정도 등을 고려하여 상대방을 배려할 필요가 있다. 둘째, 용건을 명확하게 전달해야 한다. 서간문은 하고 싶은 말을 상대방에게 전달하기 위한 목적으로 쓰는 글이므로, 받는 사람이 보내는 사람의 의사를 알 수 있도록 용건 및 근황을 조리 있게 써야 한다. 셋째, 상대방과 직접 만나서 이야기하듯 자연스럽게 써야 한다. 무엇보다 진솔한 마음과 정성이 상대방의 마음을 움직일 수 있기 때문이다.

3) 서간문 작성 절차

서간문은 일반적으로 다음의 절차에 따라 쓰는 것이 좋다.

① 계획하기

○ 예상 독자 분석하기: 서간문은 받는 사람이 정해져 있으므로 예상 독자에 맞는 표현을 사용해야 한다. 그러기 위해서는 보내는 사람과의 관계, 받는 사람의 나이, 직업, 지적 수준, 성별, 관심사 등을 고려할 필요가 있다.

○ 목적과 의도 정하기: 서간문은 목적과 의도에 따라 다양한 종류로 나눌 수 있다. 자신이 서간문을 쓰는 이유를 명확히 정해 그것에 맞게 표현해야 한다.

② 조직하기

서간문은 '서두-사연-결미'의 3단 구성으로 하는 것이 기본이며 부기(추신)는 필요에 따라 사용하도록 한다.

서두	사연	결미	부기(추신)
• 호칭 • 첫인사(계절 인사, 상대방의 안부, 자신의 안부 등)	• 용건 • 핵심 내용	• 끝인사 • 날짜 • 보내는 사람의 이름	• 더 쓰고 싶은 내용

③ 표현하기

서간문을 쓸 때에는 작성하는 사람의 진심이 드러나도록 쓴다. 아래 〈예문 2〉처럼 평소에 잘 표현하지 못했던 마음을 진솔하게 쓰는 것이 좋다.

〈예문 1〉

사랑하는 어머니께

안녕하세요? 나뭇잎들이 금세 색을 바꿔 아름다운 계절이에요. 오랜만에 이렇게 편지를 써요.

지난주에 투정 부리고 짜증 내서 죄송하다는 말씀 전하려고 펜을 들었어요. 어머니께서도 직장에 나가셔서 힘들게 일하시고, 퇴근 후에는 저와 동생을 챙겨 주시는데 제가 너무 철이 없었나 봐요.

다시는 그런 일이 없도록 할게요. 저도 모르게 화를 내고 나서 많이 후회했어요. 앞으로 어머니 말씀 잘 듣고 공부도 열심히 하는 예쁜 딸이 될게요.

이번 주말은 어머니와 함께 공원을 산책하고 싶어요. 건강이 제일 중요한 거 아시죠? 늘 밝게 웃으시는 어머니, 사랑해요. 안녕히 계세요.

20○○년 ○○월 ○○일

사랑하는 딸 민희 올림

④ 고쳐쓰기

서간문을 고쳐 쓸 때에는 아래의 사항에 유의하도록 한다.

- 받는 사람이 오해할 만한 표현은 없는가?
- 예의에 어긋나는 표현은 없는가?
- 서간문의 일반적인 형식을 갖추었는가?

3. 수필과 감상문

수필이란 인생에 대한 관조(觀照)와 체험을 개성적인 문체로 표현하여 작가 자신을 진실하게 드러내는 문학 양식이다. 수필은 형식상 제약이 없는 자유로운 형태의 글이므로, 어떤 경우에는 비평적인 형식이 사용되기도 하고, 어떤 경우에는 소설이나 일기, 서간문의 형식을 취하기도 한다. 수필은 진술 방식에 있어서 작가의 행동이나 심경을 독자에게 직접 이야기하는 방법을 사용한다.

다음 〈예문 2〉는 작가의 직접적인 진술이 돋보이는 수필 작품이다. 작가가 체험한 내용과 거기서 느낀 정감을 직접 독자에게 이야기하듯이 전개하고 있다. 바로 이러한 점이 소설이나 시와 다른 수필의 독특한 특징이다.

〈예문 2〉

이따금 눈송이가 뺨을 때린다. 이렇게 조용히 걸어가고 있는 내 맘 속에 사라지지 못할 슬픔과 무서운 고독이 몸부림쳐, 거의 내가 견디어 내지 못할

지경인 것을 아무도 모를 것이다. 이리하여, 사람은 영원히 외로운 존재인지도 모른다. 뉘 집인가 불이 환히 켜진 창에선 다듬이 소리가 새어 나온다. 어떤 여인의 아름다운 정이 여기서 흐르고 있음을 본다. 고운 정을 베풀려고 옷을 다듬는 여인이 있고, 이 밤에 딱다기를 치며 순찰을 돌아 주는 이가 있는데, 나도 아름다운 마음으로 돌아가야 할 것이다.

-노천명의 '설야 산책'에서-

수필을 '붓 가는 대로 쓰는 글'이라고도 하지만, 반드시 일관된 주제를 지닌다. 그러나 수필의 주제는 글 속에 명백히 제시될 필요는 없으며 다만, 암시나 상징을 통해 독자가 추측할 수 있도록 하는 것으로 족하다. 대부분의 글들이 주제의 확정에서 시작하여 재료를 모으고 정리하여 구상을 통해 쓰여지듯이 수필 또한 그렇게 쓰여질 때 자유로운 형식 속에서도 완결성을 지닌 글이 될 수 있을 것이다.

감상문은 어떤 사건이나 사물에 대하여 필자 자신이 가지고 있는 정서나 감정을 표현한 글이다. 일기가 필자 자신을 독자로 하여 정서나 감정을 표출하는 글이라면 감상문은 불특정 다수를 예상 독자로 하여 정서나 감정을 표출하는 글이다.

감상문이 지닌 특징은 다음 두 가지로 요약할 수 있다. 첫째, 감상문의 내용은 어떤 사건이나 사물에 대한 필자 자신의 감상을 위주로 하여 구성된다. 둘째, 감상문은 그 형식이 비교적 자유롭다. 이러한 특성 때문에 감상문은 넓은 의미의 수필에 포함될 수 있다.

다음에 제시된 〈예문 3〉은 독서 감상문의 일부이다. 이 글에서 필자는 책의 내용에 대한 자신의 감상을 깊이 있게 드러내고 있다.

〈예문 3〉

'파우스트'의 주인공 파우스트는 인간의 온갖 욕망과 고뇌와 모순을 한몸에 지니고 죄와 애욕과 명예와 쾌락과 사업과 타락 등 인간의 일체의 체험을 다 치르고 난 뒤에 그의 영혼이 하늘 나라에서 구원을 받는다. 주인 파우스트는 인간의 모든 것을 상징한다.

파우스트의 마음 속에는 서로 대립하고 서로 모순되는 두 개의 욕망이 늘 싸우고 있다. 하나는 높이 천상의 세계로 올라가려는 욕망이요, 또 하나는 이 지상의 현실의 세계에 연연하게 집착하려는 요강이다. 파우스트의 마음은 또한 우리의 마음이다. 우리의 마음 속에는 언제나 두 개의 자기가 서로 싸우고 있다.

-안병욱의 '파우스트를 읽고'에서-

1) 수필의 개념과 특성

수필은 형식에 크게 얽매이지 않고 자신의 느낌, 기분, 정서 등을 표현하는 글이다. 이 때문에 수필을 무형식(無形式)의 산문이며 개인적이고 서정적인 특성이 있다고 한다. 일반적으로 수필은 다음과 같은 특성이 있다.

첫째, 수필은 자유로운 형식의 글이다. 시와 소설은 일정한 형식에 맞추어 써야 하지만 수필은 형식에 구애받지 않고 자신이 보고, 듣고, 느낀 바를 자유롭게 표현할 수 있다.

둘째, 수필은 개성적인 글이다. 수필은 다양하고 폭넓은 자신의 경험을 직접 드러낼 수 있어, 어떤 갈래의 글보다 자신의 개성을 마음껏 발휘하여 표현할 수 있다.

셋째, 수필은 삶의 지혜를 끌어내는 글이다. 자신의 삶의 경험을 진솔하게 보여 주고 이를 통해 자기 성찰을 가능하게 한다. 이때 지혜를 끌어내려고 경험을 과장하거나 억지로 꾸며서는 안 된다.

2) 감상문의 개념과 특성

감상문은 문학 작품, 연극, 영화, 미술 작품, 음악 등 감상 대상에 대한 느낌이나 생각을 정리하여 쓴 글이다. 어떤 사물이나 현상을 접했을 때 일어나는 필자의 정서적 감흥을 다루기 때문에 감상의 깊이는 따질 수 있어도 감상의 옳고 그름을 따지기는 어렵다. 필자는 감상문을 쓰면서 추상적이었던 생각을 구체화할 수 있고 대상을 새롭게 인식할 수도 있다. 또한, 감상문을 씀으로써 자신의 생각을 다듬고 그것을 표현하는 능력을 기를 수 있다.

일반적으로 감상문은 다음과 같은 특성이 있다.

첫째, 감상문은 필자의 개성, 주관이 분명하게 드러나는 글이다. 감상문은 필자 개인의 느낌과 생각을 다루기 때문에 같은 대상에 대해 쓰더라도 쓰는 사람에 따라 전혀 다른 글이 나오게 된다. 따라서 남의 감상을 그대로 옮겨 적거나 남의 작품을 그대로 고방해서는 안 되고, 자신의 느낌과 생각이 분명히 드러나도록 써야 한다. 또한, 대상에 대한 전체적인 소개와 개략적인 설명보다는 느낀 점을 중심으로 서술해야 한다.

둘째, 감상문은 진솔한 내용을 담아야 한다. 예상 독자를 고려하여 대상에 대한 필자의 느낌과 생각을 있는 그대로 솔직하게 작성하는 것이 중요하다. 감상문은 필자 중심의 글이기 때문에 예상 독자에 대한 인식이 다른 글에 비해 잘 드러나지 않는다. 감상문의 목적은 감상의 내용을 독자에게 설득시키는 것이 아니라 필자 자신의 느낌과 생각을 표현하고 전달하는 데 있으므로 자신의 생각을 진솔하게 드러낼 필요가 있다.

셋째, 감상문은 대상을 직접 접하고 그에 대한 정서적 반응을 다루는 글이므로 필자의 능동성과 자발성이 더욱 중시되는 글이다. 문학, 연극, 영화, 미술 등 대상을 직접 보지 않고는 감상문을 쓸 수 없다. 실제적인 대상을 직접 경험함으로써 감상의 깊이를 심화하고 좀 더 생생한 정서적 반응을 담을 수 있다.

3) 수필과 감상문 작성 절차

수필과 감상문은 다음의 절차에 따라 쓰는 것이 좋다.

① 계획하기

수필에서는 먼저 글감을 찾고, 제목과 주제를 정해야 한다. 이를 위해서는 일상 속에서 자신의 경험을 통해 의미를 발견하는 과정이 선행되어야 한다. 감상문의 경우, 작품의 주제에 대한 자신의 견해를 정리하면서 글쓰기를 준비한다. 일반적으로 '작품을 접하게 된 동기, 작품의 내용이나 개략적인 성격 소개, 작품을 접하고 얻게 된 인상이나 감상, 작품을 접하고 난 후 행동의 변화' 등을 기록하는 것이 좋다.

② 조직하기

수필과 감상문은 여러 가지 형식으로 쓸 수 있다. 일반적으로 수필과 감상문은 '처음(머리말, 도입)-가운데(본문, 전개)-끝(맺음말, 정리 및 제언)'의 3단 구성을 따른다.

③ 표현하기

수필은 솔직하고 소박하게 표현해야 한다. 과장하거나 거짓으로 화려하게 꾸며 표현하는 것은 좋지 않다. 또한, 수필은 생활 경험에 대해 성찰하고 그 의미를 구체적으로 써야 한다. 일상의 깨달음에 대한 필자의 독특한 개성이 글 속에 드러남으로써 독자의 마음을 움직일 수 있다. 감상문은 감상의 단서를 제공하는 '내용'과 그에 대한 필자의 '감상'이 균형을 이루어야 한다. 이때 감상이 추상적으로 흐르지 않도록 구체적인 언어로 표현하는 데 유의한다.

④ 고쳐쓰기

수필과 감상문을 고쳐 쓸 때에는 다음의 사항에 유의하도록 한다.

- 솔직하고 진실한 내용이 담겨 있는가?
- 글을 쓰는 동기, 느낌, 생각 등이 제대로 나타났는가?
- 자신의 생각이 잘 드러나도록 효과적인 표현을 사용했는가?

4. 회고문

1) 회고문의 개념과 특성

회고문은 자신의 지난 삶 가운데 의미 있는 사건과 활동, 경험 등을 되돌아보고 기록한 글이다. 자신의 경험을 통해 얻은 생각과 느낌을 쓰기 때문에 매우 주관적이고 추상적으로 흐를 가능성이 크다. 이러한 추상적인 생각과 감정을 글로 구체화하는 과정을 통해 자신에 대한 이해를 높일 수 있으며 긍정적인 정서를 함양할 수 있다. 그러므로 회고문을 작성할 때에는 화려한 수식을 피하고 진솔한 표현으로 구체적인 서술을 할 필요가 있다.

회고문과 유사한 글로 회고록과 자서전이 있다. 개인의 관찰을 통해 과거를 기록한다는 점에서는 성격이 비슷하지만, 회고록은 역사나 기록 등 외적 사건을 강조하고, 자서전은 자기 자신을 중심에 놓고 내적 측면을 다룬다는 점에서 회고문과는 차이를 보인다.

회고문은 반성적 성격이 강한 글이다. 필자가 자신의 인생을 성찰적으로 돌아보고, 그중에서 유의미한 사건을 중심으로 작성하기 때문이다. 이때 필자는 자신이 살아온 환경과 시대에 중점을 두어 서술하게 된다.

회고문은 진솔한 성격이 강한 글이다. 필자의 경험을 토대로 쓰는 회고문은 부풀리거나 과장하면 독자의 오해를 살 수 있고 사실을 왜곡할 여지가 많아진다. 따라서 자신의 체험 및 당시의 시대 배경에 대해 최대한 객관적인 시선을 유지해야 한다.

2) 회고문 작성 절차

회고문은 일반적으로 다음의 절차에 따라 쓰는 것이 좋다.

① 계획하기

먼저 글감을 찾고, 제목과 주제를 정하며, 필요한 자료를 준비한다.

② 조직하기

시간적 순서에 따른 구성과 역순행적 구성 등의 방법으로 조직한다. 일반적으로 '처음-가운데-끝'의 3단 구성을 많이 사용한다.

③ 표현하기

회고문은 사실적이고 객관적으로 표현해야 한다. 과장하거나 거짓으로 화려하게 꾸미는 등 조작하여 표현하면 진솔한 내용이 될 수 없다. 다음 〈예문 4〉는 자신의 경험을 구체적이고 진솔하게 담은 글이다. 이 글에서 필자에게 뜻깊은 일은 고등학생 시절 학교 근처 개천 옆에 여러 그루의 나무를 심었던 일이다. 이러한 경험을 통해 필자는 존재의 근거를 환기할 수 있었다는 내용을 진솔하게 서술하고 있다.

〈예문 4〉

지금 되돌아볼 때, 그래도 내 삶에서 뜻있는 일이었다고 말할 수 있는 것은 고등학교 학생이었을 때 생물 선생님의 극성스러운 채근으로 친구들과 함께 학교 근처 개천 옆에 여러 그루의 나무를 심었던 일이 아닌가 싶다. 가끔 고향에 갔다가 그 근처로 지나면서 나는 이제는 그것들이 키가 크고 그늘이 짙은 나무들이 되어 있음을 보곤 한다. 그 나무들을 보는 순간은 내게 순수한 기쁨의 시간이다. 그것은 그 나무들을 보면 내 소년 시절이 회상되기 때문만이 아닐 것이다. 아마도 그 나무들은 땅을 떠나서는 있을 수 없는 우리의 존재 근거를 환기시켜 준다는 좀 더 근원적인 맥락이 작용하고 있는지 모른다.

– 김종철, '간디의 물레'에서

④ 고쳐쓰기

회고문을 고쳐 쓸 때에는 다음의 사항에 유의하도록 한다.

- 자신의 삶을 성찰한 내용이 들어 있는가?
- 자신의 삶에서 뜻깊은 일을 다루었는가?
- 과장하거나 왜곡한 내용은 없는가?
- '처음-가운데-끝'의 구성이 제대로 갖춰졌는가?

제4장 학습과 업무를 위한 글

전통적으로 작문은 모든 학문 분야 또는 교과에서 대단히 중요한 교육 목표로서 인식되었다. 어떤 학문 분야 또는 교과에서 교육을 통하여 어느 정도의 학문적 성취를 이루었는지를 판가름하는 가장 중요한 척도는 작문 능력이었다. 그런데 오늘날 우리의 학교 교육 상황은 어떠한가? 교육 평가의 공정성 및 객관성을 기한다는 명목 하에 선택형 또는 단답형의 평가 문항을 활용한 평가 방식이 모든 교과의 교육 평가에서, 심지어는 국어 교과의 교육 평가에서 조차 주류를 이루고 있다. 이러한 평가 관행과 관련하여 각 교과의 교수·학습에 있어서도 사실 혹은 개념의 학습에만 치중하여 그 교과 영역 내에서의 지식을 서로 연결 짓거나 조직하여 총체적이고 포괄적인 지식의 구조체로 환원하여 표현하는 작문 활동은 거의 무시되고 있는 실정이다. 우리나라와는 사정이 다르기는 하지만 외국에서도 작문 교육의 문제점을 지적하고 범교과적 작문의 중요성을 강조하는 교육학자 및 작문 이론가들이 많다. 이와 같은 비판에 대응하여 미국이나 영국에서는 '범교과적 작문'(Writing across curriculum)교육이 확산되어 왔다.

'범교과적 작문'의 중요성에 대한 인식은 작문 활동과 교과 학습 사이의 연관성에 관한 이론적 연구의 결과라고 할 수 있다.(Emig,

1977 ; Beach와 Bridwell, 1983) 이들 이론가들은 작문 행위를, 아이디어를 발견하고 조직하고 표현하는 심리적 활동임과 동시에 지식을 구조화하는 인지 작용이라고 주장한다. 교수 학습의 목적이 학생들에게 일련의 체계화된 지식을 가르침과 아울러 해당 학문 분야의 전문가들이 주어진 문제에 대하여 사고하는 과정과 유사하게 사고할 수 있도록 돕는 데 있는 교과인 경우, 논술은 그러한 목적을 달성하는 데 매우 적합한 학습 양식이 될 수 있다.

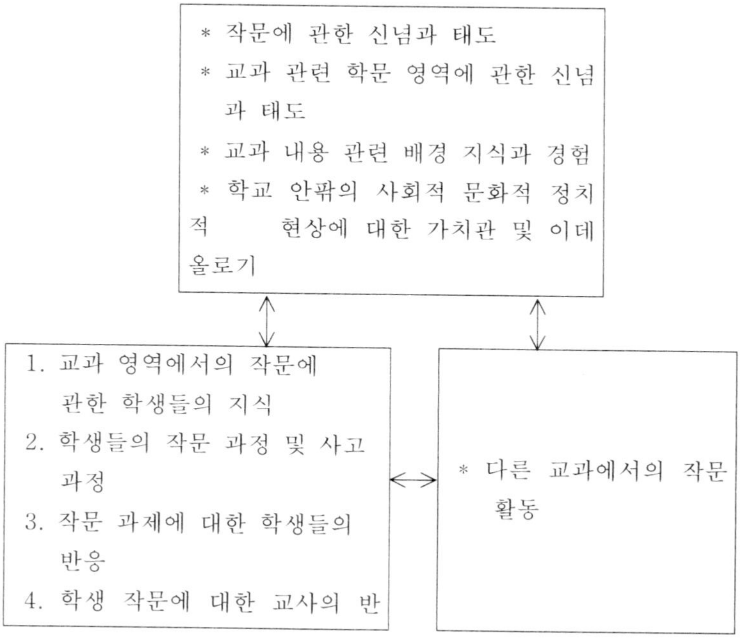

〈그림 1〉 범교과적 작문의 특성

범교과적 작문이 지닌 특성은 〈그림 1〉과 같이 도식화할 수 있다(Anson, 1988). 이 그림은 여러 교과 내에서의 작문과 학습에 관한 몇 가지 기본 가정과 절차를 보여 주고 있다. 특정 교과와 직결된 작문의 절차와 내용에 관한 학생들의 지식은, 그 교과의 지도 교사가 제시한 작문 과제에 대하여 실제로 텍스트를 만들어 내고 그 텍스트에 대하여 필요한 평가를 받는 과정에서 점진적이고도 체계적으로 늘어나게 된다. 또한 이러한 작문의 과정에서 학생들은 주어진 작문 과제와 관련하여 문화적 혹은 정치적 가치에 대한 해석을 내리게 되는데, 이러한 해석의 경험은 학생들의 사고 양식과 행동 양식에 영향을 미치게 된다. 즉 어떤 특정 교과에서의 작문 활동을 통한 학습은 학생들의 가치관이나 신념 혹은 이데올로기를 점진적으로 변화시켜 나간다.

해당 교과와 관련된 학문 공동체에서 요구하는 작문 능력을 신장하기 위하여 학생들은 다음과 같은 네 가지 유형의 지식과 기능을 갖추어야 한다. (Jollife와 Brier, 1988) 첫째, 텍스트 공동체로서의 학문 영역 혹은 교과에 대한 지식을 갖추어야 한다. 둘째, 학문 영역 혹은 교과 영역 내에서 필자가 글을 쓰는 과정에서 다루게 될 내용과 그 내용에 대한 지식을 갖추어야 한다. 셋째, 학문 영역 혹은 교과 영역 내에서 필자가 텍스트를 조직하고 배열하는 방법에 대한 지식과 기능을 갖추어야 한다. 넷째, 학문 영역 혹은 교과 영역 내에서 필자가 선택해야 하는 적합한 문체 즉 표현 방식에 대한 지식과 기능을 갖추어야 한다.

해당 교과 영역에서 성공적인 작문을 하기 위해서 필자가 갖추어야 할 가장 중요한 지식은, 학생들이 작성한 텍스트를 읽고 평가하게 될 해당 교과 교사가 속해 있는 학문 공동체에 대한 지기이다. 이러한 지식은 수사론에서 강조하는, 예상 독자를 결정하고 분석하고 변화시키는 방법에 관한 지식과는 다르다. 해당 교과의 지적 공동체에 속하는 예상 독자는 해당 학문 분야의 작문에 있어서의 관습적인 행동, 즉 필자가 사고 양식, 조직 방식, 문체 등의 측면에서 반드시 지켜야 하는 표준적인 행동을 창조하고 공유하는 사람들이다.

학생들은 어떤 교과와 관련되는 학문 체계를 학습하면서 해당 학문 영역에서 탐구의 대상이 되는 내용에 대한 개념적 지식과 그러한 내용을 발견하기 위하여 해당 학문 공동체가 흔히 사용하는 논증 및 탐구의 방법에 대한 절차적 지식을 획득하게 된다. 스키마(schema)이론이 시사하는 바와 같이 필자는 주어진 작문 과제에 대하여 서로 다른 수준의 지식을 동원하게 된다. 가장 일반적인 수준에서의 스키마는 사전 경험에 바탕을 둔, 세상사에 대한 필자의 일반적인 견해를 표상한다. 그리고 또 다른 종류의 스키마는 계층적인 구조를 지닌 일반적인 스키마의 하위 구조로서 조직화 되어 보다 구체적인 수준의 지식을 표상한다. 교과 내용에 대한 필자의 지식을 이해하는 데 있어서 스키마 이론의 적용은 매우 유용한 틀을 제공한다. 예를 들어 아동 발달을 처음 공부하는 학생이 아동 발달에 관한 작문을 하는 경우, 처음에는 그의 작문 내용을 구성하는 데 도움이 되는 스키마가 매우 일반적인 수준의 것이겠지만 아동 발달과 관련되는 세부 내용에 익숙해지면서 아동의 행동과 신체적·사회적·정서적 발달 사이의 관계에 대한 보다 구체적인 하위 스키마를 작문의 과정에서 활용할 수 있게 될 것이다.

단편적 사실이나 개념적 지식 (Conceptual Knowledge)의 기억을 위한 학습이 아니라 절차적 지식 (Procedural Knowledge)과 문제 해결력 및 창의적 사고력의 신장을 위한 학습에 있어서 교과 관련 작문 활동의 경험은 필수적인 것이다. 이를 위해 학생들은 교과 학습을 통하여 교과 관련 학문 영역 내의 텍스트 공동체에 참여하는 방법을 배우고, 관습적으로 허용된 방식으로 교과 세부 내용에 대한 체계적이고도 구조화된 지식을 습득해야 한다. 이와 아울러 학생들은 교과 학습을 통하여 해당 학문 영역에서 주로 활용되는 텍스트의 조직 형태, 배열 방식, 글의 형식 및 장르 등에 관한 지식을 갖추어야 한다. 교과의 내용에 대한 지식과, 그 교과와 관련되는 학문 공동체에서 특징적으로 사용되는 글의 조직 방식과 형식에 대한 지식은 서로 밀접한 연관을 맺고 있다. 교과 내용에 대한 구조화된 지식의 개발은 그러한 지식을 표현하는 텍스트의 조직 방식과 형식의 제약을 받는다. 다시 말하면 해당 교과의 지식을 체계적으로 표상하는 텍스트의 조직 방식을 알게 됨으로써 학생들은 그 교과의 내용을 보다 체계적으로 이해할 수 있다.

작문 혹은 논술의 결과만을 놓고 볼 때, 필자의 지식을 드러내는 가장 명시적인 요소는 표현 방식 또는 문체라고 할 수 있다. 문체를 결정 짓는 자질들로서는 어휘 선택, 문장 구조, 표현 기법 등을 들 수 있다. 교과 내에서 이루어지는 대부분의 작문은 해당 학문 영역의 지식 체계에 관한 지적인 대화에 기여할 목적으로 이루어지는데, 학문 영역 내에서의 작문을 연구하는 학자들은 문체는 단지 내용에 옷을 차려 입힌 것이 아니라고 주장한다.(Kinneavy, 1971) 텍스트의 형식 및 장르와 마찬가지로 해당 학문 영역 내에서의 문체는 그 학문 분야에서의 탐구의 기저를 이루는 이데올로기를 반영하고 있기 때문이다.

지금까지 범교과적 작문과 관련하여 각 교과 내에서의 작문의 학문적 성격과, 논술 기능의 신장을 위해 학생들이 갖추어야 할 기본적인 지식의 유형에 관해 살펴 보았다. 각 교과 내에서 이루어져야 할 작문은 해당 교과 관련 지식을 체계화하고 구조화 하는 데 기여할 뿐만 아니라 교과 관련 학문 공동체에서 요구하는 문제 해결력과 창의적 사고력을 보다 효과적으로 길러줄 수 있다는 데서 그 교육적 의의를 찾을 수 있다. 또한 각 교과 내에서 요구하는 논술 기능을 신장하기 위하여 학생들이 필수적으로 갖추어야 할 절차적 지식의 유형은, 텍스트 공동체로서의 교과 영역에 대한 지식, 교과의 내용과 그 내용의 탐구 방법에 대한 지식, 교과 영역 내에서의 전문적인 필자들이 텍스트를 배열하고 조직하는 방법에 관한 지식, 교과 영역 내에서의 전문적인 필자들이 텍스트를 표현하는 방법, 즉 문체에 대한 지식의 네 가지로 구분할 수 있다. 우리의 학교 교육이 단편적인 지식 위주의 주입식 교육에서 벗어나 보다 전인적이고 미래 지향적이고 국제 사회에서의 경쟁력을 높일 수 있는 교육이 되기 위해서는 각 교과의 교수 학습 상황에서 논술 활동의 기회가 학생들에게 충분히 그리고 계획적으로 주어져야 할 것이다.

학습을 위한 글은 학습한 내용을 정리하거나 지식을 정교화, 내면화하기 위한 목적으로 쓰는 글이다. 글을 쓰는 과정에서 우리는 기존의 지식과 새로운 지식을 결합하여 어떤 주제에 대해 좀 더 명확하게 이해하고 자신의 관점을 명료하게 할 수 있다. 따라서 학습한 내용을 기존의 지식 및 경험과 관련지어 자신의 관점에서 한 편의 글을 써 보는 것은 학습에 크게 도움이 된다.

업무를 위한 글은 목표 지향적 태도와 일련의 전략을 가지고 직업 세계에서 만나게 되는 문제를 발견하고 해결하기 위한 목적으로 쓰는 글이다. 직업의 세계에서 살아남기 위해서는 직면한 문제를 분석해야 하고, 다른 사람들과 자신의 의사를 소통해야 하며, 새로운 상황에 들어가서 다른 사람들이 필요로 하는 것이 무엇인지를 규명해야 한다.

다음에서는 학습을 위한 작문과 업무를 위한 작문의 실제에 대해 간단히 정리해 보기로 한다. 이룽 위해 보고서, 논술문, 직업 세계에서의 작문 등의 실제에 대하여 살펴보기로 한다.

1. 보고서

1) 보고서의 개념과 유형

보고서는 어떤 목적을 가지고 조사, 실험, 행사, 연구 등의 과정이나 결과를 일정한 사람들에게 알리고자 체계적으로 쓴 글이다. 보고서는 내용의 성격에 따라 크게 문헌 보고서, 탐구 보고서, 관찰 보고서, 실험 보고서 등으로 나눌 수 있다.

문헌 보고서는 주로 논문이나 책을 바탕으르 하여 특정한 문제에 대해 심도 있게 분석하고 정리한 글을 말한다. 다른 사람의 생각을 단순히 요약하고 정리하는 것이 아니라 자료를 분석, 비판, 종합하고 자신의 생각을 논리적으로 정리한 글이라야 보고서로서의 가치가 있다.

탐구 보고서는 사회 문제에 대한 과제를 수행하고 이를 보고하는 형식의 글로, 조사의 형식을 띤 조사 보고서나 특정한 장소에 직접 가서 조사한 것을 정리·발표한 답사 보고서 등이 있다. 우리말 오염 실태에 대한 조사나 하천의 오염 실태에 대한 조사 등은 조사 보고서의 형태로, 특정 지역을 방문하여 그 지역의 방언을 조사한 내용은 답사 보고서의 형태로 쓸 수 있다.

관찰 보고서는 특정한 문제에 대해 깊이 있게 관찰한 것을 정리·발표하는 글로, 해당 현상을 인위적으로 조작하면 안 된다.

실험 보고서는 실험을 수행하고 그 과정, 절차, 결과를 알리는 형식의 글이다. 이는 가설을 설정하고 그 가설을 검증하기 위해 실험한 것을 정리·발표한 글로, 관찰한 내용을 있는 그대로 기술한 관찰 보고서와 구별된다.

2) 보고서의 특성

보고서는 다음과 같은 특성을 지니고 있다.

첫째, 보고서는 체계적인 글이다. 일반적으로 보고서는 전달할 내용을 장, 절, 항 등으로 나누고 각각의 범주에서 다루어야 할 내용을 정해 두고 있으므로, 이에 따라 내용을 제시해야 한다.

둘째, 보고서는 객관적인 글이다. 정보를 다루는 태도, 표현 방식 등에서 객관성을 유지해야 한다. 필자가 정보에 대해 부정적인 태도를 드러내거나 감정을 표현하면 그 정보는 객관성을 의심받을 수 있다. 보고서의 내용은 정확하고 타당해야 하며 객관적으로 신뢰할 수 있어야 한다.

3) 보고서의 구성

보고서는 어떤 목적을 가지고 작성한 글이냐에 따라 체계가 달라지지만 대체로 '서론 - 본론 - 결론'으로 구성된다.

서론에서는 조사나 실험의 필요성이나 목적 등을 제시한다. 조사의 내용과 범위를 설정하기도 하고, 필요한 경우 선행 연구에 대한 검토나 주요 용어에 대한 정의를 밝히기도 한다.

본론에서는 실제로 조사한 내용을 제시한다. 조사 대상에 대한 이론적 배경이나 기존의 조사 내용 등을 소개하고, 조사하거나 답사한 내용과 이에 대한 분석 결과를 제시한다. 실험 보고서의 경우에는 실험의 설계 내용과 결과 및 논의점을 밝힌다.

결론은 조사 내용을 요약하고 결론을 맺는 형태로 구성한다. 필요에 따라 필자의 의견이나 생각을 덧붙일 수 있다.

4) 보고서의 작성 절차

일반적으로 보고서를 작성할 때에는 '문제의 식별-세부 계획의 수립-정보 수집 및 분석-정보 분류'의 과정을 거치는 것이 좋다.

① 문제의 식별

보고서는 보고할 내용을 정확하게 전달하는 것이 중요하므로 글을 쓰기 전에 보고할 대상을 분명하게 식별할 필요가 있다. 무엇을 보고할 것인지, 왜 보고하는 것인지를 분명하게 정하도록 한다.

② 세부 계획의 수립

문제를 분명히 밝혔다면, 보고서 작성을 위한 세부 계획을 세워야 한다. 세부적인 계획을 세울 때에는 동기, 목적, 대상, 방법, 시기 등에 대해 생각해 보도록 한다. 이를 충분히 생각하는 것이 쓸 내용을 명확하게 정리하는 데 도움이 되기 때문이다.

③ 정보 수집 및 분석

보고 대상을 분명하게 정했다면 다음으로는 필요한 정보를 충분히 수집하여 분석하는 작업을 거쳐야 한다. 이 작업을 통해서 어떤 내용을 어떤 방식으로 다루어야 효과적인지를 생각해 낼 수 있다. 또한, 같은 문제에 대해 이미 발표된 보고서가 있다면 반드시 참고하도록 한다. 이를 참고하여 필자 자신의 관점을 정리하고, 이에 따라 주제와 관련된 지식이나 정보를 선별하는 것이 중요하다.

④ 정보 분류

수집한 정보를 분석하는 작업이 이루어진 다음에는 해당 정보들을 일정한 틀에 맞춰 분류하는 작업을 한다. 그리고 이 분류 틀을 바탕으로 하여 보고할 내용을 체계적으로 정리하고 글의 개요를 작성하도록 한다.

그 밖의 것들은 일반적인 글쓰기의 절차를 따르되 주제에 대한 자신의 지식과 관점이 명료하게 드러나도록 글을 써야 한다.

2. 논술문

1) 논술 기능의 성격

글을 쓴다는 것은 단순히 단어와 단어를 결합하여 문장을 엮어 나가는 행위 이상의 것이다. 글을 쓰는 과정에서 가장 핵심이 되는 부분은 필자의 사상과 감정 및 경험으로부터 내용을 선정하고 조직하여 표현하는 과정이다. 이러한 측면에서 볼 때 작문 기능은 고도록 복잡한 사고 과정 및 문제 해결 과정을 필요로 하는 고등 정신 기능이다. 다음에서는 논술 기능의 성격을 보다 구체적으로 이해하기 위하여 사고와 표현, 논술 기능의 구성 요인 논술의 관계 등에 대하여 살펴보기로 한다.

글을 쓴다는 것은 일종의 사고 행위라 할 수 있다. 논술에서의 사고 행위는 어떤 특별한 상황에서 특정의 독자를 대상으로, 특정한 내용에 대해 사고하는 행위라는 데서 다른 사고 행위와 구별된다. 논술 기능을 보다 효과적으로 신장시키기 위해서는 논술의 목적을 달성하는 데 필요한 사고의 원리를 통달하는 것이다. 논술에 필요한 사고의 원리중에서 가장 중요한 원리는 아이디어의 생성 원리, 아이디어의 조직 및 배열에 관한 원리, 적합한 언어로의 표현에 관한 원리라고 할 수 있다. 글을 쓴다는 것을 일종의 언어 사용 행위이다. 언어 사용 행위와 사고 행위 사이에는 밀접한 관계가 있다. 언어의 사용을 통하여 사람들은 새로운 사고는 물론 특정 사고의 내용 및 방향에 대해서 알게 된다. 언어의 사용을 통하여 사람들은 자신이 지녔던 신념이나 가치관을 변화시킬 수 있다. 또한 언어 사용 능력을 획득함으로써 사람들은 일정한 아이디어를 덧보탬으로써 자신의 사고를 확장할 수 있다. 이와 같은 사실들로 미루어 볼 때, 언어를 안다는 사실 그 자체만으로는 사고의 성질과 내용 및 방법에 대해서는 별다른 영향을 끼칠 수 없지만, 자신이 알고 있는 언어를 사용하는 과정에서 사람들은 특정 사고의 내용 및 방향에 대해 영향을 받게 된다는 사실을 알 수 있다. 따라서 논술이라는 표현 활동을 통하여 체계적이고도 조직적으로 사고하는 능력을 길러 나가는 일은 대단히 가치 있는 일이다.

글을 쓰는 과정에서 필자는 글씨, 맞춤법, 단어의 선택, 문장 구조, 문장의 연결 관계, 글의 조직, 문체, 글을 쓰는 목적, 예상되는 독자의 반응 등과 같은 여러 가지 문제들을 거의 동시에 해결하면서 글을 써 나가야 한다. 이와 같이 다양한 문제들을 동시에 처리하기 위하여 필자는 적어도 다음 세 가지 조건을 충족시켜야 한다. 첫째, 필자는 의도적인 주의 집중을 하지 않고서도 작문의 여러 가지 하위 과정들을 자동적으로 처리할 수 있어야 한다. 둘째, 필자는 시간을 많이 소비하거나 심한 장애를 받는 일이 없이 작문의 하위 과정들을 처리함에 있어서 대단히 숙련된 솜씨로 시간을 적절히 배분할 수 있어야 한다. 셋째, 위의 두 가지 조건을 제대로 충족시키기 위하여 필자는 필요한 만큼의 정보 처리 용량을 필자의 두뇌 속에 갖추고 있어야 한다.

위에 제시한 세 가지 조건은 숙련된 필자만이 제대로 충족시킬 수 있는 조건들이다. 이러한 조건을 제대로 충족시킬 수 있는 숙련된 필자가 가지고 있는 논술 기능은 다음과 같은 여섯 가지의 서로 다른 요소들로 구성되어 있다(Bereiter, 1980). 첫째, 문자 언어로 표현하는 데 막힘이 없어야 한다. 둘째, 글의 주제와 관련되는 아이디어를 풍부하게 생성해 낼 수 있어야 한다. 셋째, 논술에 관한 일반적인 규칙과 관습에 통달해야 한다. 넷째, 예상되는 독자 및 글을 쓰는 상황과 글의 주제를 적절하게 연결시킬 수 있어야 한다. 다섯째, 우수한 글에 대한 감상력과 비판력을 갖추고 있어야 한다. 여섯째, 글의 내용을 효과적으로 조직하고 적합한 언어로 표현하는 데 필요한 통합적 사고력과 통찰력을 지니고 있어야 한다.

이와 같은 논술 기능의 구성 요인들은 어느 정도 독립성을 지니면서 점진적으로 발달해 나가게 된다. 덜 숙련된 필자들은 대개의 경우 정보 처리 능력이 부족하기 때문에 앞에서 설명한 바와 같은 고등 정신 기능들을 한꺼번에 획득할 수는 없다. 그 대신 그들의 수준에서 성취가 가능한 논술 기능들을 점진적으로 획득해 나가게 된다. 다시 말하면, 어느 하나의 체계에 속하는 작문 기능들을 자동화된 기능으로 습득하고 난 다음에 보다 높은 수준의 체계에 속하는 논술 기능을 통합하여 자동화된 기능으로 획득하게 된다.

2) 논술문의 개념과 특성

논술문은 어떤 문제에 대한 자신의 생각이나 주장을 객관적으로 증명하고 논리적으로 표현하여 상대방을 설득하기 위해 쓰는 글이다. 즉 제시된 주제나 주어진 제시문에 대한 이해와 분석을 바탕으로 비판적·논리적 사고를 통해 문제에 대해 서술한 글이라고 할 수 있다.

논술문은 다음과 같은 특성을 지닌다.

첫째, 논술문은 체계적인 글이다. 필자는 자신의 생각이나 주장을 일정한 체계를 가지고 전개한다. 자신의 생각을 풀어 나가되, 낱낱의 부분이 짜임새 있게 통일된 모습을 지니는 것이 중요하다.

둘째, 논술문은 논리적인 글이다. 논술문은 문제에 대해 비판적 안목에서 자신의 생각을 펼치되, 감정에 호소하기보다는 이성적인 판단에 바탕을 둔 논리적인 흐름에 따라 전개하는 것이 효과적이다.

셋째, 논술문은 주관적인 글이다. 논술문은 어떤 논제에 관하여 자신의 주장을 펼치는 글이므로 필자의 주관이 드러날 수밖에 없다. 그러나 생각이나 주장으로 상대방을 설득시키려면 제삼자도 이해할 수 있는 객관적인 자료가 뒷받침되어야 한다. 그러므로 자기만의 목소리로 의견과 주장을 펼치되, 객관적 근거를 들어 논리적으로 서술해야 한다.

3) 논술문의 유형

일반적으로 논술문은 답안의 성격에 따라 문제 해결형, 찬반 논의형으로 나눌 수 있다. 문제 해결형 논술문은 어떤 현상이나 제도의 문제점이나 원인을 분석하고, 대책이나 해결 방안을 제시하는 가장 기본적인 형태의 논술문이다. 신문 사설이 이 유형의 전형이며 칼럼도 유사한 성격의 글이다. 문제점이나 원인을 분석하고 대책을 논의하는 가운데 서로 의견이 엇갈리는 쟁점이 등장할 수 있고 그런 문제에 대한 각자의 견해를 논거와 함께 제시하여 합리적으로 논쟁하는 과정이 발생하게 된다. 찬반 논의형 논술문은 쟁점을 놓고 찬반 논의를 하는 글의 형태이다. 두 가지 입장으로 나뉘어 논의하는 방식만 가능한 것은 아니고 여러 가지 선택지를 주고 입장을 선택하게 하는 경우도 찬반 논의형에 속한다.

〈논술문의 유형〉

유형	내용
문제 해결형	제시된 자료나 문제 상황을 참고하여 주어진 문제를 해결함.
찬반 논의형	대립한 견해가 담긴 제시문을 읽고, 그중 하나를 선택하거나 제3의 견해를 제시함.
	하나의 견해가 담긴 제시문을 읽고 찬성이나 반대를 선택하거나 제3의 견해를 제시함.

4) 논술문의 소재

논술문은 자신의 생각이나 주장을 체계적으로 증명하고 서술하는 글로, 주로 해결되지 않은 논제를 다룬다. 이미 증명되었거나 보편화된 사실, 비판할 수 없는 사실에 대해서는 다루지 않는다. 이러한 글의 특성상 논술문은 다음과 같은 소재를 주로 다루게 된다.

- 아직 해결이 되지 않은 문제나 일상생활과 관련되는 일에 대해 다룬다.
- 일상생활의 문제 중 직접 관심을 두고 해결해야 하는 과제를 다룬다.
- 아직 확실히 밝혀지지 않은 문제나 의견이 대립하는 문제에 대해 다룬다.

5) 논술문의 구성

논술문은 주로 '서론 - 본론 - 결론'의 3단 구성을 가진다.

서론은 본론을 쓰기에 앞서 논술의 방향을 제시하는 역할을 한다. 본론에서 구체적으로 다룰 문제점을 먼저 언급하고, 그 문제의 위치와 범위를 설명한다.

본론은 서론에서 제시한 문제점에 대한 자신의 생각을 밝히고, 주장의 근거를 뒷받침하여 결론을 도출한다. 본론은 논술문에서 가장 중요한 부분으로 문제점을 항목화하고, 항목별로 적절한 자료와 논거를 충분히 활용하여 설득력 있고 짜임새 있게 구성해야 한다.

결론은 본론에서 밝힌 생각을 간추려 한눈에 볼 수 있도록 제시한다. 이미 본론에서 충분히 다룬 내용을 다시 자세히 설명할 필요는 없으며, 본론에서 언급하지 않은 문제를 덧붙여 논의하는 것도 바람직하지 않다. 본론에서 다룬 주요 문제들과 이에 대한 생각을 잘 정리하여, 자신의 생각이 분명하게 드러날 수 있도록 간결하게 마무리한다.

6) 논술 문제의 구성

논술 문제의 가장 일반적인 구성은 '논제 - 제시문 - 유의 사항'

의 세 부분으로 이루어진다. '논제'는 무엇을 쓰라고 지시하는 것, 즉 문제의 요구 사항을 드러내는 부분이다. 논제에서 요구하는 사항을 분명히 인식해야 논술의 첫 단추를 제대로 끼울 수 있다. '제시문'은 논제를 해결하기 위한 단서를 제공해 주는 부분이다. 논술 문제 대부분은 학생의 글쓰기 능력만이 아니라 글 읽기 능력까지 측정하기 위해 제시문을 준다. '유의 사항'은 대부분 형식적인 조건이나 분량에 대한 지시로 이루어진다. 때로는 중요한 요구 사항이 들어 있으므로 이에 대해 명확하게 이해해야 한다.

7) 논술문 작성의 절차

일반적으로 논술문을 쓸 때에는 다음과 같은 절차를 따른다.

계획하기	내용 생성하기	내용 조직하기	표현하기	고쳐 쓰기
• 논제 파악 • 문제의 요구 조건 분석 • 제시문 독해 • 논지 설정	• 주장 생성 • 논거 생성	• 개요 작성 • 단락 구성	• 서론 쓰기 • 본론 쓰기 • 결론 쓰기	• 단어 수준 • 문장 수준 • 문단 수준 • 글 수준

① 계획하기

○ 논제 파악: 문제의 대상을 분명하게 파악한다. 글을 쓰기 전에 논제의 의미를 파악하고, 논제를 여러 측면에서 분석해야 한다. 문제를 평가하고 그에 대한 논지를 설정한다.

○ 제시문 독해: 논제를 분명히 파악했으면, 논술문 작성을 위한

세부 계획을 세워야 한다. 이때 가장 기초가 되는 것은 제시문을 정확하게 읽고 이해하는 것이다.

② 내용 생성하기

설정한 논지에 따라 타당하고 적절한 논거를 마련한다. 자신의 주장에 따른 근거는 제삼자가 보더라도 객관적이고 타당해야 한다.

③ 조직하기

생성한 논거를 글 전체의 맥락에서 유기적으로 연결되도록 순서대로 배열하고, 개요를 작성한다. 개요는 글 전체 논지를 일관되고 체계적으로 조직하는 역할을 한다. '서론-본론-결론'의 3단 구성이 되도록 하고, 각 단락이 전체 흐름에서 벗어나지 않도록 유기적이고 체계적으로 구성한다.

④ 표현하기

작성한 개요를 바탕으로 하여 논의를 전개해 나가면서 논술문을 작성한다.

○ 서론: 서론에서는 용어를 풀이하거나 정의하며 시작한다. 시사적인 내용이나 세부 사실을 언급할 수도 있다. 질문을 하면서 관심을 촉구하는 방법을 통해 앞으로 말하고자 하는 내용을 분명히 밝힌다.

○ 본론: 본론에서는 주장하고자 하는 내용을 명확하게 언급하고 이에 대한 타당한 논거를 제시해야 한다. 이때는 제시문에 나온 논거를 정리하고 보완·설명하는 수준에 그치지 말고, 추가적인 논거를 확보해야 한다. 또한, 논거의 양에 치중하려고 하지 말고, 논거의 질을 중시해야 한다. 그리고 한 문단에 한 가지 내용을 배치하면서 각 문단의 연결에 논리적인 비약이 없도록 전체를 짜임새 있게 구성해야 한다.

○ 결론: 결론에서는 주장을 마무리하고, 내용을 요약하여 제시하고 제언(전망)을 한다. 본론의 내용을 정리하는 것은 논의를 마무리하면서 다시 한번 논지를 분명하게 확인하려는 것이다. 결론에서는 논제에 대한 환기와 본론 요약, 핵심 주장의 제시가 필수적이다.

⑤ 고쳐쓰기

논술문을 고쳐 쓸 때에는 단어 수준, 문장 수준, 문단 수준, 글 수준에서 글을 평가하도록 한다. 논술문의 내용과 조직, 표현 면에서 부족한 부분이 있는지 살피고 부족한 점이 있다면 수정하거나 보완한다. 평가할 때에는 다음 항목을 고려하도록 한다.

- 주장이 명료하게 드러나 있는가?
- 근거가 주제에서 벗어나지 않았는가?
- '서론 - 본론 - 결론'의 단계별 논의 전개가 적절한가?
- 문장과 문장의 연결이 적절한가?
- 문단 조직이 짜임새 있는가?
- 어법에 어긋나는 표현은 없는가?

3. 직업 세계에서의 작문

직업 세계에서의 작문이란 전문 직업 생활의 과정에서 목표 지향적 태도와 일련의 전략을 가지고 문제를 발견하고 해결하기 위한 작문을 뜻한다(Flower와 Ackerman, 1994). 전문 직업의 세계에서 살아남기 위해서는 직면한 문제를 분석해야 하고, 다른 사람들과 자신의 의사를 소통해야 하며, 새로운 상황에 들어가서 다른 사람들이 필요로 하는 것이 무엇인지를 규명해야 한다.

문제 해결자는 다른 사람들과의 의사소통 및 상호작용과 의미 구성을 위하여 목표 지향적 태도를 취한다. 그리고 목표에 도달하기 위하여 일련의 강력하고도 대안적인 전략들에 의존하며 경우에 따라서는 그러한 전략들을 개발하기도 한다. 문제는 갈등으로부터 생겨난다. 하나의 상태에서 다른 상태로의 변화가 요구되는 경우, 또는 서로 다른 목적이나 의제 사이에 갈등이 생길 때 문제가 발생한다.

문제 해결은 수사론적 상황과 담화 공동체 내에서 행해지는 문제의 발견에서 시작된다. 어떤 상황에서 사람들 사이의 공통된 의제나 내재적 목적들 사이에 갈등이 일어났을 때 그 갈등의 실체를 진술해 봄으로써 문제를 규정하게 된다. 필자는 자신의 앞에 가로 놓인 수사론적 상황과 담화 공동체의 측면에서 작문의 과제와 예상 독자를 분석함으로써 문제를 발견하고 규정하는 과정을 거쳐야 함. 이러한 과정을 통하여 필자는 마음 속으로 큰 그림을 그리게 된다. 이 그림은 의사소통의 입장을 드러낼 뿐만 아니라 문제 해결과 전략적 행위의 기초가 된다. 여기에서 수사론적 상황은 필자를 둘러싸고 있는 사회적 맥락, 표현 행위를 촉구하는 이유 혹은 사건, 교호작용에 참여하고 있는 사람들이다. 담화공동체는 공통의 목표와 관심을 공유하는 사람들이 공통의 언어, 공동의 전제, 일련의 공유된 기대와 관습을 바탕으로 의사소통을 함으로써 형성되는 집단이다.

다음에서는 직업 세계에서의 작문 과정에서 요구되는 작문 전략을 작문 맥락의 독해 전략, 계획을 위한 전략, 계획의 실행을 위한 전략, 평가와 검증 전략 등에 간단히살펴 보기로 한다.

1) 작문 맥락의 독해 전략

직업 세계에서의 작문 과정에서 요구되는 작문 맥락의 독해 전략에는 수사론적 상황의 재구성 전략, 텍스트에 대한 정보전달적 독해와 수사론적 독해 전략, 문제의 발견과 분석 전략 등세 가지 가 있다.

① 수사론적 상황의 재구성 전략

수사론적 상황을 구성하는 특징적인 요인에는 예상 독자, 예상 독자들 사이의 관계, 서로 다른 목표들을 위한 투자, 과제와 그 과제를 유발하는 사건, 돈과 시간과 공간과 장비 등의 제약, 조직 구조, 문제와 상황과 참여 인사 등의 역사, 모델과 예시와 기여 텍스트 등의 기록의 흔적, 가치와 그 가치를 규정하는 행동 윤리 등 모두 아홉 가지가 있다. 직업 세계에서의 작문 과정에서 수사론적 상황을 재구성하기 위해서는 이들 아홉 가지 요인에 대한 분석이 필요하다.

② 텍스트에 대한 정보 전달적 독해와 수사론적 독해 전략

직업 세계에서의 작문 과정에서 연관되는 텍스트는 수사론적 상황에 관한 최선의 정보를 제공해 준다. 연관 텍스트에 대한 정보 전달적 독해는 화제 구조도, 요약, 주장과 근거, 요점, 반응 등을 중심으로 이루어질 필요가 있다. 연관 텍스트에 대한 수사론적 독해는 작문 의도의 독해, 작문 관습의 독해, 작문 맥락의 독해 등을 중심으로 이루어질 필요가 있다.

③ 문제의 발견과 분석 전략

문제를 분석하고 그 해결책을 찾기 위해서는 우선 무엇보다도 먼저 문제를 명확하게 인식하고 규정할 수 있어야 한다. 문제 분석을 체계적으로 하기 위해서는 갈등 혹은 핵심 문제의 규정, 다른 시각에서 문제 접근, 문제의 조작적 정의, 문제를 구성하는 하위 문제 혹은 부분의 탐색, 개방적 결론에의 도달 등 다섯 단계가 필요하다.

2) 계획을 위한 전략

계획을 위한 전략은 작문 맥락의 번역을 통한 작문 행위 전략으로서 크게 내용 전략과 행위 전략으로 구분할 수 있다. 직업 세계에서의 작문 과정에서 요구되는 계획을 위한 전략에는 편집기의 정지와 브레인스토밍 전략, 계획 혹은 초고 다음의 휴식과 배양 전략, 자신의 아이디어에 대한 간결한 설명 전략, 화제 구조도 작성 전략, 협동적 계획 전략 등이 있다.

① 편집기의 정지와 브레인스토밍 전략

경우에 따라서는 문제를 구성하는 부분들을 무시하는 일이 문제 해결의 최선책이 될 수도 있다. 브레인스토밍(brainstorming) 전략은 어떤 중요한 목표나 핵심 문제에 초점을 두고 다른 여타의 문제는 무시한 채 아이디어를 생성하기 위한 전략이다. 브레인스토밍의 과정에서는 아이디어 검열하지 않기, 잘 다듬어진 글을 쓰려하지 않기, 주요 목표와 핵심 문제에 주의 집중하기, 아이딩어 생성을 위해 잘 대비하기 등의 전략이 필요하다.

② 계획하기 혹은 초고쓰기 다음의 휴식과 배양 전략

작문의 과정에서 요구되는 가장 생산적인 전략 중의 하나는 바로 휴식과 배양 전략이다. 계획하기 국면이나 초고쓰기 국면의 사이사이에 가지는 휴식으로 인하여 필자로 하여금 더 나은 통찰과 초고를 가질 수 있게 된다. 휴식과 배양을 현명하게 하기 위해서는 작문의 목적과 지금까지의 작문 결과에 대한 재고하기가 필요하다.

③ 자신의 아이디어에 대한 간결한 설명 전략

직업 세계에서의 작문에 있어서 사람들은 필자가 어떤 핵심적인 내용을 제시랄 때까지 기다려 주지 않는다. 예상 독자가 관심을 가지고 필자의 주장을 들을 수 있게 만들기 위해서는 필자가 사무실 안으로 걸어 들어가서 핵심 내용을 간결하게 설명하는 상항을 가상할 필요가 있다.

④ 화제 구조도(topical issue tree)의 작성 전략

화제 구조도는 요지 혹은 핵심 내용의 수준에서 필자의 전체적인 생각과 논의를 시각적으로 보여 주는 구실을 한다. 중심 내용들 사이의 계층적 관계를 보여 주는 화제 구조도는 소주제 혹은 종속제재를 평면적으로 나열하는 전통적인 개요에 비해 여러 가지 장점을 지닌다. 화제 구조도는 브레인스토밍의 조직, 세부 내용의 개발, 초고의 확장 등에 이용될 수 있다.

⑤ 협동적 계획(collaborative planning) 전략

협동적 계획하기는 필자의 아이디어와 목적과 파악된 상황 등을 통합적이고도 수사론적인 행위 계획으로 옮겨 가기 위한 전략이라고 할 수 있다. 협동적 계획하기에 있어서 계획자의 역할은 핵심 문제의 제시, 숨은 이유와 목적의 현시, 보다 나은 계획의 탐색, 조정 등이다. 그리고 지원자의 역할은 질문과 재고, 문제 발견, 협동 등이다.

3) 계획의 실행을 위한 전략

계획의 실행을 위한 전략은 계획을 초고로 전환하기 위한 전략이다. 계획의 실행을 위한 전략에는 기존 텍스트의 재활용 전략, 특정 텍스트의 모방 전략, 작문 모델의 참조 전략, 필자 고유의 모델 설계 전략, 내용 전개를 위한 텍스트 작성 규칙의 이용 전략 등이 있다.

① 기존 텍스트의 재활용 전략

기존 텍스트는 안정적이고 관습화된 텍스트라고 할 수 있다. 기존 텍스트를 재활용할 때에는 단순한 표절에 그칠 것이 아니라 창의적인 재생산 활동이 필수적이다.

② 특정 텍스트의 모방 전략

특정 텍스트의 모방에 있어서 중요한 것은 그 내용이 아니라 텍스트의 전체적 구조나 조직 방식을 모방하도록 해야 한다.

③ 작문 모델의 참조 전략

작문 모델에는 일반적 모델과 구체적 모델이 있다. 모델이 제공하는 정보에는 조직 형식 혹은 유형, 논리 전개의 양식 및 독자의 기대를 충족하는 전개 방식, 텍스트의 특정 부분에서 사용되는 언어사용 방식 등이 있다. 모델이 제공할 수 없는 정보는 독자의 요구 및 상황에 가장 적합한 조직 유형, 상황에 적절한 세부 내용 및 논리 전개 양식, 문체 와 어조 와 개성적 표현 등이다.

모델을 참조하여 초고를 작성할 때의 유의점은 다음과 같다. 첫째, 텍스트 관습, 수사론적 상황 및 예상 독자에 의해 표현된 정보 요구의 측면에서 모델을 검증해야 한다. 둘째, 특정 모델을 참조할 경우 수사론적 상황의 특성과 일반적 모형의 특성 등의 측면에서 모델을 검증해야 한다. 셋째, 필자 자신의 사고를 조직하고 형성하기 위한 수단으로 모델을 이용할 수 있음. 그러나 명시적인 세부 내용을 제공받기 위해서나 일관성을 유지하기 위해 모델을 이용해서는 안 된다. 넷째, 모델의 언어가 예상 독자의 수준에 적절한지, 즉 모델의 언어가 미지의 용어인지 여부, 부적절한 문체 혹은 어조로 되어 있지 않은지 여부 등을 검증해야 한다. 다섯째, 모델의 내용을 채우면서 잉여적인 내용을 만들지 않도록 유의해야 한다. 여섯째, 초고가 완성되었다고 생각될 때, 자신이 드러내고자 하는 어조 개성 이미지 등이 수사론적 상황에 잘 어울리는지 여부를 검증해야 한다.

④ 필자 고유의 모델 설계 전략

필자가 사용하는 가장 보편적인 전략 중의 하나는 일련의 구체적인 예들을 찾아보고, 그러한 예들로부터 필자 자신이 애호하는 특성들을 찾아내어 필자 고유의 모델을 짜내는 것이다.

⑤ 내용 전개를 위한 텍스트 작성 규칙의 이용 전략

내용 전개를 위한 텍스트 작성 규칙에는 요점을 중심으로 하여 텍스트 조직하기 규칙, 일반적인 것에서 구체적인 것(혹은 역순)의 순서로 아이디어를 배열하기 규칙, 주장과 근거로써 논증을 구성하기 규칙, 수사론적 규칙을 바탕으로 읽고 쓰기 규칙, 그림 정보를 바탕으로 텍스트 작성하기 규칙 등이 있다.

아이디어를 연결하기 위한 표준적인 수사론적 유형에는 서사와 연대기 (배경, 에피소드, 갈등, 전개, 절정, 해결 등), 묘사 (속성, 세부, 부분에서 전체, 시리즈 등), 비교 (유사성, 차별성 등), 인과 (원인-결과, 결과-원인 등), 문제-해결 등이 있다.

문제 해결을 위한 질문 대답 전략에는 공유하는 문제토서의 핵심문제를 조작적인 방식으로 정의하는 문제/목적 진술로 시작하기, 하위 문제를 식별하고 대안을 제시하기 위하여 그 문제를 분석하기, 문제 혹은 문제의 초점을 재규정하고, 대안적인 결론을 식별하고, 적절한 행동의 방향을 제시함으로써 결론 짓기 등의 하위 전략이 있다. 그리고 문제 해결의 다섯 단계는 문제의 설정, 문제 맥락의 설정, 주장 혹은 해결 방안의 제시, 해결 방식에 대한 평가, 결론 짓기 등이다.

⑥ 구두 발표를 이끌어 나갈 총체적 아이디어 발견 전략

구두 발표를 이끌어 나갈 총체적 아이디어 발견을 위한 하위 전략에는 다음 네 가지가 있다. 첫째, 표현의 과정을 이끌어 갈 핵심 문제 혹은 총체적 아이디어를 드러내라. 둘째, 총체적 아이디어에 대해 간단 명료하게 초점을 맞춘 조직 계획을 선택하라. 셋째, 시간과 형식과 청자의 관심 등을 고려하여 필요하고도 적절한 세부 내용을 선정하라. 넷째, 이미 작성된 텍스트로부터 핵심적인 해설 자료나 그림 자료를 선정하여 처자에게 제공하라.

4) 평가와 검증 전략

평가와 검증 전략은 단어 및 문장 수준에서는 가독성을 높여 주고 텍스트 전체 수준에서는 통일성을 높여 주기 위한 전략이다. 평가와 검증 전략의 하위 전략에는 필자 중심의 텍스트를 독자 중심의 텍스트로 전환하기 전략, 자신의 텍스트가 독자 중심의 구조로 되어 있는지 여부 검증하기 전략, 텍스트 작성의 미시적 규칙과 거시적 규칙의 측면에서 초고 검증하기 전략, 독자의 검토 과정을 통한 초고 검증하기 전략 등이 있다.

① 필자 중심의 텍스트를 독자 중심의 텍스트로 전환하기 전략

필자 중심의 텍스트를 독자 중심의 텍스트로 전환하기 위해서는 무엇보다도 먼저 필자 자신에게 초점을 둔 내용이 없는지 여부를 확

인해야 한다. 그리고 서사 구조나 조사 구조의 조직 형태는 없는지 여부를 확인할 필요가 있다.

② 자신의 텍스트가 독자 중심의 구조로 되어 있는지 여부 검증하기 전략

자신의 텍스트가 독자 중심의 구조로 되어 있는지 여부를 검증하기 위해서는 필자 자신의 최초 계획대로 초고가 작성되었는지 여부, 이 계획을 독자에게 드러내기 위해 단서를 제공했는지 여부, 필자 스스로 한 약속을 일관성 있게 지켰는지 여부 등을 검증할 필요가 있다.

③ 텍스트 작성의 미시적 규칙과 거시적 규칙의 측면에서 초고 검증하기 전략

텍스트 작성의 미시적 규칙에는 구정보와 신정보, 내포된 정보, 대등적 정보와 종속적 정보, 반복과 지시, 능동문과 피동문 등의 적절성 확인하기 규칙 등이 있다. 텍스트 작성의 거시적 규칙에는 화제의 전개 과정, 수사론적 유형 등의 적절성 확인하기 규칙 등이 있다.

④ 독자의 검토 과정을 통한 초고 검증 전략

독자 검토를 위한 절차는 검증하고자 하는 텍스트의 특성 결정, 독자의 선택, 검증 방법의 선택, 수정 보완할 내용의 정리 등이다.

5) 집단 작문 전략

집단 작문을 위한 하위 전략에는 집단 내에서의 자신의 역할 결정 전략 (작문 과제와 집단 상호작용을 강조하는 역할 선택 전략), 의제와 의사결정의 통로 결정 전략 (목표, 계획, 활동의 활용전략), 작업 집단에의 유연하고도 전략적인 참여 전략, 전략적 계획과 프로젝트

관리 도구의 이용 전략, 진전 상황 갈등 윤리 등의 문제에 대한 심사숙고와 신중한 행동 전략 등이 있다.

참 고 문 헌

김봉군(1993), 문장 기술론(3판), 삼영사.

문덕수(1986), 문장 강의, 시문학사.

박영목(1987), 작문 수행 능력에 영향을 미치는 요인, 한국교육 제14권 제1호, 한국교육개발원.

박영목(1987), 작문의 인지적 과정에 대한 저약, 국더교육 61-6호, 한국국어교육연구회.

박영목(1994), 의미의 구성에 관한 설명 방식, 선청어문 16-17, 서울대학교 사범대학 국어교육과.

박영목(1994), 작문 능력 신장 방안 연구, 교육연구 10집, 홍익대학교 교육연구소.

박영목(1996), 고등학교 작문 교과서, 한샘출판.

박영목(1999), '국어 표현 과정과 표현 전략', 독서 연구 제4호, 한국독서학회.

박영목(1999), 작문 능력 평가 방법과 절차, 국어교육 99호, 한국국어교육연구회.

박영목(2002), 협상을 통한 의미구성과 협동 작문, 국어교육 107, 한국국어교육연구학회.

박영목(2005), 작문교육의 발전 방향, 국어교육른 2, 한국어교육학회 편, 한국문화사.

박영목 김상호 허익 (2003), 고등학교 작문 교과서, 교학사.

박영목 이재승 박재현 이규철 오택환 (2012), 고등학교 화법과 작문 교과서, Ⅰ, Ⅱ, 천재교육.

서정수(1991), 문장력 향상의 길잡이, 한강 문화사.

이대규(1994), 수사학. 한글과 컴퓨터.

이재승(2002), 글쓰기 교육의 원리와 방법, 교육과학사.

이태준(1988), 문장 강화, 창작과비평사.

Anson, C. (1988), Toward a multidimensional model of writing in the academic disciplines, In D. Jollife(Ed.), Advances in writing research, Vol. 2. N.J. : Ablex.

Applbaum, R., Bodaken, E., Sereno, K., & Anatol K. (1974), The process of group communication, IL : SRA.

Applebee, A. N. (2000), Alternative models of writing development, In R. Indrisano & J. R. Squire (Eds.) Perspectives on writing, Delaware : IRA.

Aristotle (1954), "The Rhetoric" and "The Poetics" of Aristotle, (W. R. Roberts and I. Bywater, Trans.), New York : Modern Library.

Bakhtin, M. M. (1986), Speech genres and other late essays(V. W. McGee Trans.; C. Emerson & M. Holquist. Eds.), University of Texas Press.

Bazerman, C. (1991), How natural philosophers can cooperate, In C. Bazerman & J. Paradis (Eds.), Textual dynamics of the professions, University of Wisconsin Press.

Bazerman, C. (Ed.). (2008), Handbook of research on writing.

NewYork:LEA.

Bereiter, C. (1980), Development in writing, In L. Gregg & E. Steinberg (Eds.), Cognitive processes in writing, N.J. : LEA.

Bereiter, C., & Scardamalia, M. (1987), The psychology of written composition, NJ : Erlbaum.

Berlin, J. (1987), Rhetoric and reality, Southern Illinois University Press.

Berkenkotter, C., & Huckin, T. (1993), Rethinking genre from sociocognitive perspective, Written Communication, 10, 475-509.

Bizzel, P., & Herzberg, B. (1990), The Rhetorical Traditin, NY, Bedford Books.

Brooks, C. & Warren, R. P. (1970). Modern Rhetoric, Harcourt College Publishers.

Collins, A. & Gentner, D. (1980), A framework for a cognitive theory of writing, In L. Gregg & E. Steinberg(Eds.), Cognitive processes in writing, N.J. : LEA.

Daiute, C. & Dalton, B. (1989), Let's brighten it up a bit : collaboration and cognition in writing, In B. Rafoth & D. Rubin (Eds.), The social construction of written communication, NJ : Ablex.

D'Angelo, F. J. (1994). Process and thought in composition. Haper Collins.

Flower, L. & Ackerman, J. (1994), Writers at work, NY : Harcourt Brace.

Flower, L. & Hayes. J. R. (1980), A cognitive process theory of writing, College composition and communication, 32, 365-387.

Flower, L. (1993), (4th ed.) Problem solving strategies for writing, New York : Harcourt.

Flower, L. (1994), The construction of negotiated meaning, Southern Illinois U.

Flower, L., & Ackerman, J. (1994), Writers at work, FL : Harcourt Brace.

Frederikson, C. H. & Dominic, J. F. (1981), Perspectives on the activity of writing, In C. H. Frederikson and J. F. Dominic (Eds.) Writing (Vol. 2) : Process, Development and Communication, N. J. : LEA, 1-20.

Geisler, C. (1991), Toward a sociocognitive perspective on literacy, In C. Bazerman & J. Paradis (Eds.), Textual dynamics of the professions, University of Wisconsin Press.

Greene, S. (1993), The role of task in the development

academic thinking through reading and writing in a college history course, Research in the Teaching of English, 26, 47-76.

Green, G. M. & Morgan, J. L. (1981), Writing ability as a function of the appreciation of differences between oral and written communication, In C. H. Frederiksen and J. F. Dominic (Eds.) Writing (Vol. 2) : Process, Development and Communication, N. J. : LEA, 177-188.

Hayes, J. R. (1996), A new framework for understanding cognition and affect in writing, In C.M. Levy & S. Ransdell (Eds.), The science of writing, NJ : LEA.

Hayes, J. R., & Flower, L. S. (1980), Identifying the organization of writing processes, In L. Gregg & E.R. Steinberg (Eds.), Cognitive processes in writing, NJ : LEA.

Hayes, J. R., & Nash, J. G. (1996), On the nature of planning, In C.M. Levy & S. Ransdell (Eds.) The science of writing, NJ : LEA.

Hillocks, G. (1986), Research on Written Composition : New Directions for Teaching, Urbana, IL : ERIC Clearinghouse on Research on Reading and Composition Skills.

Hull, G., & Rose. M. (1990), This wooden shack place : the logic of unconventional reading, College Composition and

Communication, 41, 287-298.

Jollife, D. A. (Ed.) (1988), Writing in academic disciplines, NJ : Ablex.

Jollife, D., & Brier, E. (1988), Studying writers' Knowledge in academic disciplines, In D. Jollife (Ed.), Advances in writing research, Vol.2, N.J. : Ablex.

Kinneavy, J. L. (1980), A theory of discourse, (2nd ed.) New York : Norton.

Langer, J. A., & Applebee, A. N. (1987), How writing shapes thinking, NCTE.

Miller, C. (1984), Genre as social action, Quarterly Journal of Speech, 70, 151-167.

Nystrand, M. (1989), A social interactive model of writing, Written communication, 10, 267-333.

Park, Y. M. (1988), 'Academic and ethnic background as factors affecting writing performance', A. C. Purves (ed), Writing Across Language and Cultures, CA : Sage Publication.

Park, Y. M. (1988), The Influence of task upon writing performance, Seoul : Tower P

Phelps, L. W. (1988), Composition as a human siences, New York : Oxford U.

Richards, I. (1936), The philosophy of rhetoric, New York : Oxford U. Press.

Vygotsky, L. S. (1978), Mind in Society : The development of higher psychological processes, MA : Havard University Press.

Whitman, R. F., & Boase, P. H. (1983). Speech communication: Principles and contexts. New York: Macmillan.

Witte, S. P., & Faigley, L. L. (1981), Coherence, cohesion, and writing quality, College Composition and Communication, 32, 189-204.

Witte. S. P. (1992), Context, text, and intertext : Toward a construtivist semiotic of writing, Written Communication, 9, 237-308.

저자 소개

박 영 목

서울대학교 사범대학 국어교육과 및 동 대학원 국어교육과 졸업
미국 일리노이대학교(어배나-샘페인) 대학원 교육심리학과 졸업 (철학박사)
한국교육개발원 국어교육연구부장(책임연구원) 역임
홍익대학교 교육대학원장, 및 사범대학 학장 역임
한국독서학회 회장, 한국어교육학회 회장, 한국작문학회 회장 등 역임
현, 홍익대학교 사범대학 국어교육과 교수,

주요 저서

'국어과 교육론'(공저), '국어 이해론',
'국어과 교수 학습 방법 탐구'(공저), '국어과 교수 학습론'(공저), '국어교육학 원론'(공저), '작문교육론', '독서교육론',
'국어과교육과정론', 고등학교 '작문' 교과서와 '독서' 교과서,
중학교 '국어' 교과서와 '생활국어' 교과서(공저),
고등학교 '국어' 교과서와 '화법과 작문' 교과서와 '독서와 문법' 교과서(공저)

저자와의
협의하에
인지생략

작문의 원리와 전략	2013년 1월 11일 초판 인쇄 2013년 1월 18일 초판 발행

저 자 박영목

발행자 오동석

발행처 **강현출판사**
서울 중랑구 묵동 58-5 제1호
전화 : 02)965-4955, 010-5712-9630
등록 : 2007년 5월 21일(제307-2007-29호)
ISBN : 978-89-94320-38-0 93370
E-mail : oods1205@hanmail.net

※잘못된 책은 교환해 드립니다.

값 15,000원